한국 현대사 산책 **1990년대 편 1권**

한국 현대사 산책 **1990년대 편**(전3권)
3당합당에서 스타벅스까지 · 1권
ⓒ 강준만, 2006

초판 1쇄 2006년 6월 26일 펴냄
초판 11쇄 2017년 9월 13일 펴냄

지은이 | 강준만
펴낸이 | 강준우
기획 · 편집 | 박상문, 박효주, 김예진, 김환표
디자인 | 최진영, 최원영
마케팅 | 이태준
관리 | 최수향
인쇄 · 제본 | 제일프린테크

펴낸곳 | 인물과사상사
출판등록 | 제17-204호 1998년 3월 11일

주소 | 04037 서울시 마포구 서교동 392-4 삼양E&R빌딩 2층
전화 | 02-325-6364
팩스 | 02-474-1413

www.inmul.co.kr | insa@inmul.co.kr

ISBN 978-89-5906-032-0 04900   ISBN 978-89-5906-035-6 (세트)

값 12,000원

3당합당에서 스타벅스까지 **1990년대 편 1권**

한국 현대사 산책

강준만 저

인물과
사상사

'이념의 시대'에서 '소비의 시대'로

1989년 11월 9일 베를린 장벽이 붕괴되었고, 1990년 10월 3일 독일은 공식적으로 통일을 선포하였다. 프랜시스 후쿠야마는 90년대가 '역사의 종말'이 될 것이라고 보았다. 그가 종말이 왔다고 주장한 것은 심각한 대사건을 포함한 여러 역사적 사실의 발생이 아니라 역사 그 자체였다. 오늘날 사실상 모든 선진국이 자유민주주의라는 정치제도를 받아들였거나 받아들이고 있으며, 따라서 최종 목표를 향해 나아가는 인류 사회의 폭넓은 진화라는 맑스주의적 · 헤겔주의적 의미의 역사는 이제 끝났다는 것이었다.

물론 그의 선언은 성급한 것임이 드러났지만, '역사의 종말'은 90년대를 지배한 정서였음에 틀림없다. 세계 곳곳에서 이념은 여전히 펄펄 살아 움직였지만, 미국과 소련의 지도하에 세계가 양분돼 싸움을 벌이는 '이념의 시대'는 90년대의 개막과 함께 안녕을 고하기 시작했다.

한국에선 민주화 투사 김영삼이 1990년 1월 22일 그가 평생 타도의 대상으로 삼았던 세력과 손을 잡고 살을 섞음으로써 역사의 자연스러운 발전이라기보다는 인위적인 결단에 의해 '이념의 시대'가 몰락하기 시작했다. 그걸 가능케 한 건 한국 특유의 지역주의와 지도자 추종주의였지만, 87년 6월항쟁의 비전은 대통령 직선제 쟁취와 더불어 사실상 고갈되었다는 점도 간과할 수 없다.

수많은 지식인들이 90년대는 '문화의 시대'라고 했다. 그러나 그 문화는 전통적인 의미의 문화는 아니었다. 정확히 말하자면, 시장논리의 지배를 받는 소비문화였다. 90년대는 '소비의 시대'였다. 절제 없는 소비였다. 허세가 난무했다. 그건 지도층까지 지배한 시대정신이었다. 이른바 'IMF 환란'은 그 틈을 파고들었고, 한국 사회는 한동안 통곡하고 신음했다.

그런 소비 이데올로기는 정치 이데올로기보다 더 강하고 끈질긴 것이어서 'IMF 환란'이 표면적으로 극복되는 조짐을 보이기 무섭게 다시 살아났고 이후 2000년대까지 한국인, 아니 세계인의 삶을 지배하는 기본 문법이 되었다.

90년대 말의 소비문화를 상징한 건 미국의 대형 커피유통업체인 스타벅스의 국내 진출이었다. 스타벅스는 이미지와 욕망과 체험을 팔았다. 그건 이전 소비문화와 차원을 달리 하는 2000년대의 새로운 소비문화를 예고하는 것이기도 했다.

'3당합당'과 '스타벅스'는 전혀 어울리지 않는 것 같지만 묘한 대조를 이루는 개념들이다. 3당합당은 '분열을 내장한 통합'이었던 반면, 스타벅스는 '분열을 긍정하는 노마드(nomad)'였다. 스타벅스는 에머슨의 금언 같은 글로 벽을 장식하는 등 '이상(理想)의 상품화'를 추진한 반면, 3당합당은 욕망에 명분을 씌우고자 애쓴 '상품의 이상화'였다.

출발은 탐욕과 위선이었을망정 '이념의 시대' 극복과 종언을 전제로 해 성사된 3당통합은 실제로 '자기이행적 예언'으로 가는 길을 내달렸고, 그 결과 정치와 소비의 합일화는 더욱 진전되었다. 민주화 투사 출신인 이른바 '양김'의 집권이 이루어진 90년대를 거치면서 민주화는 과거의 찬연했던 빛이 고갈되었고, 정치는 일회적인 카타르시스를 해소하는 소비행위로 전환되었다.

한국 현대사 산책 1990년대편은 모두 3권으로, '3당합당'에서 '스타벅스'에 이르기까지 90년대 한국 사회의 이모저모를 살필 것이다. 독자들은 "이제 2006년인데 90년대를 벌써 다뤄도 되는 것인가?" 하는 점에 관심과 더불어 의아심을 가질 것 같다. "미네르바의 부엉이는 황혼녘에 날아오른다"는 명언을 떠올리면서 아직 해도 뜨지 않았다고 염려하는 분들이 있을지도 모르겠다.

그 속설부터 잠시 의심해 볼 걸 제안하고 싶다. 미네르바는 고대 로마신화에 나오는 지혜의 여신으로 황혼녘 산책을 즐기며 그때마다 부엉이를 데리고 다닌다. 부엉이가 아니라 올빼미라는 사람도 있지만 박쥐인들 어떠랴.

헤겔이 『법철학』에서 "미네르바의 부엉이는 황혼녘에 날아오른다"는 말을 쓴 이후로 '미네르바의 부엉이'는 철학을 상징하는 말로 쓰이기도 하지만, 그 핵심은 '거리두기'의 지혜다. 아침부터 낮까지 부산하게 움직이는 사람들을 그 즉시 관찰해선 모든 걸 제대로 알기 어렵다. 일이 끝난 황혼녘에 가서야 지혜로운 평가가 가능해진다는 주장이다. 역사학자들은 하루를 한 시대로 여겨, 적어도 한두 세대가 지난 다음에야 객관적인 역사 기록과 평가가 가능하다는 신념을 고수하고 있다.

더 독한 사람들도 있다. 중국의 저우언라이(주은래)는 1789년 프랑스대혁명의 영향에 관한 질문에 대해 "아직 얘기하기에는 너무 이르다"고 답했다. 그런 식으로 보자면 춘추전국시대에 관한 평가인들 이르지 아니하랴.

"미네르바의 부엉이는 황혼녘에 날아오른다"는 말에 시비 걸 건 아니다. 대체적으로 옳은 말이다. 다만, 그걸 '법칙'으로 삼는 것엔 단호하게 반대할 필요가 있다는 게 나의 생각이다. 필요한 일이 있다면, 새벽에 날면 어떻고 한낮에 날면 어떤가? 어느 때에 날건 일장일단이 있는 것이다. 황혼녘에 난다고 해서 모든 걸 다 볼 수 있는 건 아니며, 사냥꾼이 쳐들어오면 어느 때라도 날아야 한다.

젊은 학생들에게 슬그머니 물어보시라. 100년 전 사건은 알아도 10년 전 사건은 모른다. 100년 전 사건은 시험에 나오기 때문에 밑줄 그어가며 외우지만, 10년 전은 시험에도 안 나오고 읽을 만한 책도 없다. 왜 이게 잘 못됐다고 생각하는 사람들이 없는가? 그게 바로 전문주의의 함정이다.

100년 전보다는 10년 전을 알 때에 이 세상에 대한 이해가 선명해지는 경우가 아주 많다. 10년 전 역사에 대한 이해는 대단히 실용적이고 유익하다. 자신의 독특한 시각으로 해석해 보겠다는 욕심만 부리지 않으면 위험할 것도 없다. 자료의 선별이야 어차피 100년 후에 해도 마찬가지다. 너무 겁먹지 말고 같이 산책에 나서볼 걸 제안하고 싶다. 크게 얻는 게 있으리라 믿는다.

2006년 6월
강준만 올림

1990년

제1장

6공 체제를 지키기 위한 몸부림

- 3당합당: 이념은 가도 투쟁은 남는다
- 내각제 파동: 김영삼과 박철언의 갈등
- 부동산 투기: 재벌과의 힘겨루기
- 보안사 민간인 사찰과 '범죄와의 전쟁'
- KBS 사태: "정부 여당이 믿고 사랑하던 KBS"

3당합당: 이념은 가도 투쟁은 남는다

노태우-김영삼-김종필 3자연합

1990년 1월 22일 전국은 눈으로 뒤덮였다. 21일 낮부터 전국에 걸쳐 최고 10cm에서 3cm까지 눈이 내리면서 얼어붙어 22일 아침 전국의 주요 도로에서 극심한 교통체증으로 자동차들이 거북운행을 하는 가운데 사고가 잇따랐고 후기대 입시까지 겹쳐 직장마다 지각 사태가 빚어졌다.

바로 그날 대통령이자 민주정의당 총재 노태우, 통일민주당 총재 김영삼, 신민주공화당 총재 김종필 3인의 청와대 회동과 더불어 3당합당 공동발표문이 나왔다. 이들은 "4당으로 갈라진 현재의 구조로는 나라 안팎의 도전을 효율적으로 헤쳐 나라의 앞날을 개척할 수 없다"며 "자유와 민주의 이념을 함께 나누며 정책노선을 같이 하는 정치세력이 뭉쳐 정책 중심의 정당정치를 실천"해 "당파적 이해로 분열, 대결하는 정치에 종지부를 찍기로 했다"고 선언했다.

놀라운 선언이었다. 김종필은 그렇다 치더라도 민주투사 김영삼이 그간 불구대천의 원수쯤으로 여겨왔던 노태우와 당을 합쳐 동지가 되겠다니! 평소 "왔다 갔다 하거나 야당하다가 여당으로 간 사람 중에 국민의 인정을 받는 사람이 누가 있느냐"고 말해 온 김영삼이 아니었던가.

3당합당은 군사작전식으로 이루어졌기에 놀라움은 더했다. 1990년이 열리면서 세간엔 정계개편이니 연합이니 하는 말이 떠돌고 있었지만, 노태우 정권은 한사코 이를 부인했다. 이미 89년 말 여권에서 처음으로 민정당 대표위원 박준규가 『동아일보』 인터뷰를 통해 그 같은 정치권의 흐름을 밝혔을 때 청와대 측은 노태우의 말을 인용, "얼토당토않은 얘기"라고 딱 잡아뗐다.

또 노태우는 89년 12월 15일 청와대 대타협 이후 "이제부터 대화와 타협의 새 정치를 착근시키겠다"고 강조하며 4당 구조의 긍정적 측면을 치켜세우기도 했다. 노태우는 90년 1월 10일 대통령 연두기자회견에선 "정계개편이다 연합이다 하는 문제는 인위적으로 급작스럽게 이뤄져서는 안 되고 신중을 기하지 않으면 안 된다고 생각한다. 어느 특정 야당과 제휴를 하거나 또 다른 뭘 하거나 하는 것은 검토하지 않았다"고 강력 부인했다.

불과 12일 후면 뻔히 드러날 일을 그렇게까지 연막을 쳤던 것이다. 선언만으론 부족했던지 노 정권은 기관투자가들의 적극적인 주식매입을 지시하는 등 공격적인 증시개입으로 이른바 '합당 주가'를 조작해 냈으며, 문교부는 각 시도교육위원회에 새로운 정치질서의 당위성을 전 교육 공무원 및 사립학교 직원들에게 교육시키라고 지시하기도 했다.[1]

3당합당은 그 주역들에 의해 '구국적 영단', '살신성인의 결단', '역사의 도도한 흐름', '혁명적 신사고' 등으로 예찬되었다. 특히 김영삼은

---

1) 〈'합당주가' 부양 적극개입/재무부/투신 - 증권업협에 주식매입 지시〉, 『조선일보』, 1990년 1월 25일, 6면.

자신의 변신을 '신사고에 의한 구국적 결단'이라고 했으며, "이번의 결단은 이대한(위대한) 결정이요, 혁명이다"고 주장했다.[2]

1990년 2월 9일 민주자유당(민자당)이 창당되었고, 김영삼과 김종필은 민자당 최고위원이 되었다. 김영삼은 2월 12일 저녁 관훈클럽 토론회에서도 3당합당을 추진케 된 것은 '17, 18세기식 사고방식이 아닌 신사고'에서 비롯된 것임을 누누이 강조하였다. 평소 "보수연합은 상상할 수도 없는 일"이라고 외쳐왔던 그로서는 새로운 수사학이 필요했을 것이고, 그게 바로 '신사고'였던 셈이다.[3]

3당합당에 대한 세간의 반응

3당합당에 대한 세간의 반응은 크게 엇갈렸다.

변호사 김상철은 『국민일보』 1990년 1월 24일자 칼럼을 통해 "본질은 분석에서보다 오히려 장면 장면들의 감동에서 드러나는 법이다. 예컨대 청와대 회담 중 오찬을 하러 가는 노 대통령 등 통합정당의 3인 지도자들이 보여 준 우정어린 눈길과 환하고 천연한 표정으로부터 하나의 믿음을 느끼게 된다. 만약 사심에 집착하고 이해득실에 연연하고 있다면 온갖 풍상을 다 겪은 이 고수(高手)들 얼굴에서 그런 표정이 나올 수 없기 때문이다"고 주장했다.

"무엇보다도 정치나 모든 사회현상의 분석에 있어 유불리(有不利)와 이해타산의 관점에서만 보는 알량한 현실론만으로는 더 이상 이 격동시

---

2) 전진우, 『60점 공화국: '작가─기자' 전진우의 6공 비망록』(미문, 1992), 48쪽.
3) '신사고'의 원조는 당시 세계의 뜨거운 주목을 받고 있던 소련 공산당 서기장 미하일 고르바초프였다. 그가 제창한 '노보예 무이슈레니에' 또는 '신사고'라는 개념의 핵심은 인류 생존을 국가, 민족, 계급, 이념적 가치, 이익 등 모든 이해관계에 우선하는 보편적 가치로서의 우월성을 인정함으로써 핵전쟁을 방지하고 국제관계에서 무력 사용을 배제하자는 것이었다. 신사고는 또한 현존하는 실체를 인정하지 않거나 자신의 운명을 스스로 선택할 수 있는 권리를 배제한 어떠한 결정도 공허한 것으로 보았다.

1990년 1월 22일 노태우 대통령은 두 김 총재와 자리를 함께 한 가운데 민정, 민주, 공화 합당을 선언하였다.

대의 판단기준으로 맞지 않는다는 것을 알아야 한다. 어떤 독자투고에
보니 1로 2김의 통합은 '진실로 마음을 비우지 않았으면 불가능했을 것'
이라고 하던데, 만일 세 분의 용기가 진지함에도 불구하고 국민이 이를
비뚤어진 시각으로만 대하고 있다면 우리는 영영 올바른 정치를 누릴 수
는 없게 된다. 정치인을 경멸하는 국민은 경멸받아 마땅한 정치 아래 이
용당하기만 할 뿐인 것이다."

반면 『문학과 사회』 90년 봄호 권두언은 "90년대의 벽두에 우리가 직
면하게 된 것은 이른바 보수대연합에 의한 정계개편이라는 터무니없는
정치현실"이라며 "표면적으로 그것은 천박한 정치적 이익에 눈먼 자들
의 야합에 지나지 않지만, 그것에 잠재된 의미는 무척 심각한 것이라 여
겨진다"고 했다.

"그것이 상대적으로 기득권을 확보한 중산층의 지지를 얻게 된다면
노동운동 · 통일운동 · 전교조운동 등의 돌출된 부분들이 격심한 탄압을

받게 될 것이고 혁신적 움직임의 여러 부분들은 서로의 관계를 상실한 채 고립되어 무력화되거나 체제에 수렴당하고 이용당하게 되기 쉬울 것임이 예측되기 때문이다. 그것은 분명 혁신을 위한 정황적 조건의 심각한 악화를 예고하고 있는 것이다."[4]

고려대 교수 최장집은 "'3당통합'은 정서와 사회경제적 논리, 양자 모두에 의한 동맹이다. 구체제의 집권 여당인 민정당과 김영삼 지도하의 민주당의 동맹은, 정서적으로 경상남북도의 자연스런 결합을 의미한다. 또한 사회경제적 이해관계의 측면에서 볼 때 구체제의 보수세력과 민주당으로 대변되는 보수적 성향의 민주화세력은, 민주 개혁의 내용과 방향에서 다른 대안보다 더 가까웠다"고 분석했다.[5]

3당합당의 배경

김영삼은 3당합당에 대해 "호랑이를 잡으려면 호랑이 굴에 들어가야 한다"고 했지만, 그런 결심 과정이 순탄했던 건 아니었다. 그는 3당합당 후 가진 기자회견 등에서 당시의 심경에 대해 이렇게 토로했다.

"나는 고독한 선택을 많이 한 사람이다. 나는 일단 결심하고 나면 뒤돌아보지 않고 앞으로만 가는 사람인데 3당통합 때만은 그렇지 않았다. 아침에 결심했다가도 저녁에 마음이 돌아서고, 자고 일어나면 마음이 바뀌었다."

그렇게 흔들리는 김영삼의 마음을 3당합당 쪽으로 몰아간 결정적 계기가 동해 보궐선거 후보매수 사건 이후 김영삼을 겨냥하고 쳐들어오는 검찰의 칼이었다. 당시 매수의 장본인은 서석재였지만, 매수자금은 김영

---

4) 〈이번 호를 내면서〉, 『문학과 사회』, 1990년 봄, 21쪽.
5) 최장집, 〈'변혁주의'와 한국의 민주주의〉, 『사회비평』, 제13호(1995), 216쪽.

삼의 은행구좌에서 나왔기 때문에 김영삼으로선 치명타를 입을 수 있는 사건이었다.[6] 당시 김영삼의 비서실장이었던 서청원이 증언하듯이, "3당통합은 사실 동해 보궐선거 후보매수 사건이 결정적인 계기가 됐다."[7]

이용식은 김영삼에 대해 "어디를 가든 정치적으로 두 번째를 싫어한다. 3당통합을 결행하게 된 원인 중에는 제2야당 처지를 견디지 못했기 때문이라는 분석도 있다"고 했다.[8]

민정당 쪽 입장에선 3당합당의 이유 중 하나는 김대중이었다. 이와 관련, 김영삼 쪽의 3당합당 책사였던 황병태는 "DJ가 백마를 타고 달려 들어오는 위급한 상황에서 정권 재창출을 해낼 인물은 YS밖에 없으며 이제 YS를 선택하는 것은 여권 전체의 생존이 걸린 필연적 귀결"이라고 주장했다.[9]

통일민주당의 내부갈등

김영삼의 통일민주당은 한동안 홍역을 치러야 했다.

통일민주당의 이기택, 김현규, 신상우, 최형우 등 4명은 3당통합이 발표되기 이전에 김영삼을 따라가지 않겠다는 도원결의를 하였다. 그것도 손을 차곡차곡 포개고 아주 숙연한 표정으로 말이다. 그들은 "정치인의 양심으로 도저히 용납할 수 없다. 모두 죽는 길을 택할 수는 없다"고 했다. 당시 최형우의 심경을 들어보자.

---

6) 『월간조선』, 1995년 3월.
7) 이용호, 『청와대 극비문서: 제6공화국 정치비화 권력막후 ②』(경향신문사, 1995), 59쪽.
8) 이용식, 『김영삼 권력의 탄생: 3당합당에서 청와대까지 1,000일간의 파워게임』(공간, 1993), 102쪽.
9) 『월간조선』, 1990년 12월. 3당합당은 이미 88년 연말께 노태우와 김윤환의 정국타개 방안으로 구상된 것이며, 김윤환은 89년 1월 하순 김영삼의 차남인 김현철의 집에서 김영삼을 만나 민정당과의 통합을 권유했다는 설이 유력하다. 조명구, 『실록 청와대: 적과 동지』(한국문원, 1995), 335~336쪽. 그런가 하면 미 CIA 요원 제럴드 리는 3당합당은 노태우의 처남이자 육사 동기엔 김복동 중심의 정계개편론 대두에 대해 자신의 영향력 상실을 염려한 박철언이 그 대안으로 제시한 것이라고 주장했다. 이용수, 『서울에 남겨둔 제럴드 리의 코리아 파일』(지식공작소, 1996), 157~160쪽.

1990년 3당합당을 거부하는 의사를 밝히는 당시 노무현 통일민주당 의원.

"1990년 1월 22일 3당합당이 발표되었을 때 나는 통일민주당의 원내
총무로서 야권통합을 위해 동분서주하고 있었다. 통합소식을 듣고 나는
심한 충격으로 한동안 망연자실해 있었다. …… 눈 덮인 설악산을 온몸
이 지칠 때까지 걷고 또 걸었다. 그리고 하늘을 우러러 대답을 갈구하기
도 했다. 서울로 돌아와 동지들을 만났지만 그들 역시 방황을 거듭할 뿐
이었다. 방황의 끝에서 김영삼 총재를 만났다. 결국 평생을 믿고 따라온
지도자에 대한 신뢰가 나의 방황에 종지부를 찍었다. 결국 의리를 택한
것이다."[10]

민자당의 한 민주계 인사는 훗날 김영삼이 사전에 당내 의견 수렴을
전혀 거치지 않고도 합당이란 결단을 내리고 이를 실행할 수 있었던 것
은 동지애 덕분이었다고 회고했다.

---

10) 최형우, 〈결단의 순간: "3당합당 소식 듣고 눈 덮인 설악산 걸으며 고민했다"〉, 「윈」, 1995년 6월, 220쪽.

"당시 외부에 알려지지는 않았었지만 3당통합 발표가 있자 수많은 내부 토론이 있었다. 하급 당직자는 물론이고 지금 YS 정부의 실세라는 사람들 가운데도 끝까지 이에 반대한 사람이 있었다. 하지만 결국 합당에 동참하게 된 것은 다른 어떤 것도 아닌 동지애 때문이었다. 이념의 정치도 중요하지만 신의의 정치, 정(情)의 정치도 중요하다는 게 당시 대세였다."[11]

3당합당은 적어도 민주계 인사들에겐 '의리의 게임'이었지, 그 어떤 명분이 있었던 게 아니었다. 김영삼은 나중에 "만약 3당합당이 이루어지지 않았으면 헌정이 중단되었을 것이다"라고 주장했지만, 그렇게 생각하는 사람은 민주계 내에도 없었다.

3당합당에 참여하지 않고 남은 노무현은 민주계 사람들이 겪었던 고통에 대해 이런 증언을 남겼다. 야당 잔류 의사를 밝혔던 한 사람이 결국 김영삼의 줄에 서자 노무현은 그 사람을 찾아갔다고 한다.

"그 친구는 어디서 그렇게 술을 마셨는지, 아예 인사불성이 되어 있었다. 이층의 방 안에 틀어박힌 채 고래고래 질러대는 그의 고함 소리가 처절한 신음 소리로만 들릴 뿐이었다."

그 사람의 매형은 노무현에게 이런 말을 했다.

"우리 처남이 노 의원처럼 변호사거나 돈이 조금만 있었어도 한번 버텨 볼 수 있었을 텐데, 원체 돈이 없으니 어쩔 도리가 없군요."[12]

정치권의 한 젊은 인사는 "YS의 죄악은 혼자 변절하지 않고 젊은 참모들을 3당야합에 동참하는 변절자로 만들어 버리는 데 있다"며 "합당 초기에 그들은 우리를 만나면 부끄러워했다. '몸만 갔지 마음은 안 갔어'라면서. 그러나 6개월 정도 지나니까 그들은 완전히 여당사람이 돼

11) 권영기, 〈김영삼 정부의 주체세력-민주계 연구〉, 『월간조선』, 1994년 2월, 200쪽.
12) 노무현, 『여보, 나 좀 도와줘』(새터, 1994), 82쪽.

있었다. 날치기의 불가피성을 이야기하기도 하고 …… 광역선거전이 되자 그들은 확실히 우리의 적이 되어 있었다"고 말했다.[13]

수많은 '진보적 정치인' 들뿐만 아니라 '진보적 지식인' 들까지 김영삼의 뒤를 따라 3당합당을 옹호하고 나섰다. 이는 한국인의 '지도자 추종주의' 와 '줄서기 문화' 를 여실히 드러낸 것이기도 했지만, 그 덕분에 이념의 경계선은 모호해졌고 이념의 실체조차 우연적 · 상황적인 것이 아니었는가 하는 의심을 확산시켰다.

3당합당으로 인해 이념은 약화되었지만 투쟁은 건재했다. 3당합당 발표일 전국을 뒤덮었던 눈은 통합을 상징했는지 몰라도 눈이 녹으면서 각기 다른 셈법이 노출되면서 격렬한 투쟁이 드러나게 되었다.

---

13) 「말」, 1992년 5월.

내각제 파동: 김영삼과 박철언의 갈등

김영삼·박철언의 소련 방문

내각제를 전제로 해 합당을 했지만, 김영삼은 처음부터 그걸 지키지 않을 생각이었다. 합당 1개월 남짓 지나서 이제 민자당 최고위원이 된 김영삼은 노태우의 브레인이자 3당합당을 기획한 정무1장관 박철언을 초청해 설득을 시도했다.

"YS는 반갑게 맞이한 뒤 포도주를 내왔다. YS는 '박 장관, 우리 현실에 내각제는 맞지 않아. 그거 없던 일로 합시다' 라며 내각제 무효화를 설득하기 시작했다고 한다. YS는 '나하고 박 장관 당신, 그리고 노 대통령 3명이 힘을 합하면 못할 일이 뭐 있겠소. 박 장관이 지난 대선 때 노 대통령 밀어준 것처럼 확실하게 날 밀면 내가 당선될 것이고, 당선되면 5년밖에 더 하겠나. 그러고 나면 내가 다음에는 당신을 도와주겠다' 며 '차기'까지 은근히 언급했다고 한다. 그렇지만 박 장관은 '내각제는 해야 합니다' 라며 오히려 YS를 설득하려 했다. 당연히 YS의 표정이 어두워졌다."[14]

1990년 3월 29일 김영삼 당시 민자당 최고위원이 소련 방문을 마치고 귀국했다. 오른쪽은 함께 동행했던 박철언 당시 정무1장관이다.

김영삼은 박철언을 설득하는 데 측근인 최형우까지 투입했다. 최형우는 박철언을 만나 "이번에 김영삼 대표를 도와주면 나중에는 당신의 부하가 되어서라도 당신을 도와주겠소"라고 매달렸다.[15] 그러나 박철언의 답은 똑같았다. 원래의 내각제 약속을 지키라는 것이었다.

그러니 김영삼과 박철언 사이에 갈등이 생기지 않을 수 없었다. 그 갈

---

14) 〈청와대 비서실〉, 『중앙일보』, 1995년 4월 14일.
15) 최형우, 『더 넓은 가슴으로 내일을: 최형우 자전에세이』(깊은사랑, 1993), 359~360쪽.

등은 1990년 3월 소련 방문을 계기로 겉으로 불거지게 되었다. 소련을 방문한 김영삼은 3월 21일 극적으로 소련 공산당 서기장이자 대통령인 미하일 고르바초프를 만나는 행운을 잡았다.[16] 소련 정부기관지 『이즈베스티야』와 기자회견을 하고 있던 김영삼은 그날 저녁 5시 20분쯤 급작스럽게 "저녁 5시 25분까지 크렘린 궁에 입궁해 달라"는 전갈을 마르티노프 IMEMO(세계경제 및 국제관계연구소) 소장으로부터 받았는데, 그 이후에 벌어진 일은 두고두고 문제가 되었다.

"하지만 그는 정부 대표 자격으로 갔던 박 장관 대신 사진기자를 찾았다. 박 장관이 대통령의 친서를 가지고 있었으나 그게 문제가 아니었다. 정치인에게 중요한 것은 친서전달이 아니라 '고르바초프와 만났다'는 증명사진을 찍어두는 일이었는지도 모른다. 5분밖에 여유가 없었다. 더욱이 크렘린 측에서는 직접 경호원과 승용차를 보내왔다. 그런 와중에서도 YS는 '사진기자를 찾아라. TV카메라 기자들은 어디 있느냐'며 사진기자들을 찾았다. 때마침 사진기자 두 명은 YS가 묵고 있던 영빈관 옥차브르스카야에서 있을 예정이었던 저녁 행사를 취재하기 위해 복도에서 서성거리고 있었다. YS는 이들 두 명을 자기 차에 태우고 황급히 크렘린 궁으로 향했다."[17]

"이제 전쟁의 위험은 사라졌습니다"

12일 동안 소련과 일본을 방문하고 3월 29일 오후 귀국한 김영삼의 첫 메시지는 "이제 전쟁의 위험은 사라졌습니다"였다. 고르바초프를 만났다는 뜻이었다. 그는 김포공항 귀빈실에서 미리 준비된 귀국 성명을 낭독한 뒤 20여 분간 몹시 흥분된 모습으로 보도진과 일문일답을 가졌

---

16) 고르바초프는 1990년 3월 14일 소련 역사상 처음으로 채택된 대통령제에서 초대 대통령에 당선되었다.
17) 〈권력막후〉, 『경향신문』, 1994년 7월 3일.

다. 그는 "본인의 이번 방소를 계기로 대북관계와 한반도 주변상황이 크게 달라질 것"이라면서 "이제 국민들은 전쟁의 불안으로부터 벗어나 안심하고 생업에 종사해도 좋을 것"이라고 단언했다. 또 그는 "내가 고르바초프 대통령을 만난 때는 대통령 취임 직후였기 때문에 다른 외국 원수들조차 방문 요청을 거부당할 만큼 바쁜 시기"였다고 은근히 자랑하기도 했다.[18]

그러나 박철언은 김영삼의 그런 행동을 마땅치 않게 생각했다. 그는 "3분 만난 것도 회담이냐. YS가 (연방회의의장) 프리마코프와 회담하는 도중 고르비(고르바초프)가 잠시 들러 인사만 했을 뿐이고 중요한 대화는 없었다"고 주장했다. 『경향신문』은 두 사람의 갈등에 대해 이렇게 말했다.

"때맞춰 YS도 곳곳에서 외교감각의 미숙을 드러냈고 박 장관은 이를 들춰 한껏 YS를 비난했다. 예를 들면 이런 거였다. YS는 22일 오전 모스크바 시청을 방문하는 길에 기자들에게 '지금 박 장관이 중요한 사람을 만나고 있는데 현재 한소 간의 영사처 관계를 총영사관 관계로 격상시킬 것을 합의할 것이며 이를 곧 발표할 것'이라고 언론플레이를 했다. 박 장관은 친서도 전할 겸 해서 다름 아닌 브루텐스 국제부 수석부 부장을 만나고 있었는데 YS는 마치 박 장관이 자신의 손바닥 위에 있다는 것을 과시하기라도 하는 것처럼 사전에 김을 빼버린 것이다. 그러나 브루텐스를 3시간여 동안 만나고 온 박 장관은 정작 YS의 얘기에 대해 '총영사관 관계는 문제 제기도 없었는데 아닌 밤중에 홍두깨 격'이라며 '만일 YS의 얘기가 기사화됐다면 기사를 정정해 달라'고 요구했다. 이는 분명 YS의 실수였다. 중간단계를 거치지 않고 바로 대사급 외교관계로 격상시킨다는 게 정부의 전략이었기 때문이다."

또 『경향신문』은 "YS는 야코블레프 등 소련 측 요인을 만날 때마다

---

18) 『동아일보』, 1990년 3월 30일.

'중대한 진전이 있었다', '매우 중요한 얘기를 했다'고 홍보에 열을 올렸으나 박 장관은 '변화된 것은 하나도 없다', '큰 변화는 그리 극적으로 오는 게 아니며 현재로서는 아무런 변화가 없다'고 찬물을 끼얹었다"며 "심지어 박 장관 측에서는 'YS가 정치적 선전에 치중해 우리 측에서 곤란한 소련 측의 제의를 선뜻선뜻 받아들이는 바람에 북방정책팀은 뒷수습을 하느라 아무 일도 못하고 있다'고 YS의 자질론을 거론하기도 했다"고 말했다.[19]

한소 (韓蘇) 수교

당시엔 언론이 박철언에 대해 워낙 부정적이었기 때문에 박철언의 반격은 별 효과를 거두지 못했으며, 훗날에서야 김영삼의 그런 행태에 대한 비판이 나오게 되었다. 특히 김영삼이 소련에 100억 달러를 지원하겠다고 한 발언은 소련의 기대 수준을 턱없이 높여 놓아 두고두고 말썽이 되었다.[20]

이용식에 따르면, "당시 박 장관 진영은 대소관계 개선에 신중한 편이었고 옐친 당시 러시아 대통령을 주목해야 한다고 주장했다. 이에 비해 김 대표는 고르바초프와 잠깐 사진 촬영을 한 뒤 대소 경협에 적극적인 태도를 보였다. 소연방이 붕괴하고 대소 차관의 상환조차 불투명해진 결과를 놓고 볼 때 김 대표의 노선보다 박 장관의 판단이 적중했다고 볼 수 있다."[21]

훗날 김영삼-고르바초프 모스크바 회동은 '회담'이 아니라 '면담'이었다고 밝히는 기사가 나오기도 했지만,[22] 그것이 '회담'이었건 '면담'

19) 〈권력막후〉, 『경향신문』, 1994년 7월 3일.
20) 이장규 외, 『실록 6공 경제: 흑자 경제의 침몰』(중앙일보사, 1995), 294쪽.
21) 이용식, 『김영삼 권력의 탄생: 3당합당에서 청와대까지 1,000일간의 파워게임』(공간, 1993), 100쪽.
22) 〈김영삼·고르바초프 모스크바 회동의 미스터리-회담인가, 면담인가〉, 『월간조선』, 1995년 7월.

노태우 대통령과 고르바초프 소련 대통령이 한소 공동선언 서명식에서 서명을 하고 있다.

이었건, 한소(韓蘇) 수교는 거스를 수 없는 대세로 다가왔다. 6월 5일 샌프란시스코 한소 정상회담을 거쳐 10월 1일 뉴욕 유엔본부 안보리 의장실에선 한국 외무장관 최호중과 소련 외무장관 셰바르드나제가 참석한 가운데 사상 첫 한소 외무장관회담이 열렸다. 이들은 공동기자회견을 갖고 "양국은 수교에 합의하는 공동성명에 서명했다"고 발표했다. 이어 11월 말 한소 양국은 한국의 대소 30억 달러 차관지원에 합의했다.

이 차관 지원 때문에 '구걸 외교'라는 비판이 나오기도 했다. 김영삼에 이어 노태우도 구설수에 휘말렸다. 고르바초프를 만났을 때 고르바초프는 같이 사진 찍기를 거절했으나, 노태우가 "만일 사진을 찍지 않으면 우리가 만난 사실을 의심할 사람이 있을지도 모르니 증거를 남기자"고 여러 차례에 걸쳐 간곡하게 요청해 겨우 사진을 찍었다는 보도까지 흘러나왔다.[23]

---

23) 『동아일보』, 1990년 7월 20일.

"김영삼의 정치생명은 하루아침에 끝난다"?

한편 소련 방문을 둘러싸고 김영삼과 박철언 사이에 벌어진 갈등은 1990년 4월 10일 폭발하고 말았다. 그날 박철언은 "3당통합 과정에서 김 최고위원이 취한 행동이나 그의 두 차례 소련 방문과 관련된 숨겨진 일을 공개하면 김 최고위원의 정치생명은 하루아침에 끝난다"고 말했다.

이 발언이 파문을 낳자 박철언은 오후에 기자간담회를 열고 "언론에는 내가 입을 열면 YS의 정치생명이 끝난다고 말한 것으로 보도됐으나, 그것은 내가 할 얘기를 다 하면 김 최고위원의 정치적 입장이 편치 않을 것이라고 한 것이 와전된 것이다"고 해명했다. 그는 "지난번 방소 과정에서 친서 문제 이후 연 보름 동안 김 최고위원 측에서 나를 짓밟고 있는데도 나는 가만히 있었지 않았느냐? 김 최고위원은 청와대 당직자 회의에도 불참해 대통령의 통치권을 무시하고, 나에게는 이기붕이니 차지철이니 하는 사람들과 비유하고, 한 달에 3억 원의 홍보비를 쓴다는 등 근거 없는 음해와 흑색선전을 계속하고 있다"고 항변했다.[24]

그러나 다른 시각도 있다. 미 CIA 요원 제럴드 리는 당시 두 사람의 관계에 대해 "노 대통령과 김영삼 씨의 주례 회동에서 합의한 사항들을 박철언 씨가 번번이 뒤집었다. 특히 당직 개편과 장관 등의 임명에서 김영삼 씨의 의견은 철저히 배제되었고 노 대통령과 합의한 내용은 순식간에 번복되었다. 국회 대책이나 당 운영에서도 김영삼 씨는 소외되기 일쑤였다. 김영삼 씨의 분노는 도를 더해갔다. 두 사람의 대립은 감정적으로 치달을 때까지 치닫고 있었다"고 주장했다.[25]

박철언의 발언을 노태우의 뜻으로 간주한 김영삼은 다음날 4월 11일

---

24) 박철언, 『바른역사를 위한 증언: 5공, 6공, 3김시대의 정치비사 ②』(랜덤하우스중앙, 2005), 254쪽.
25) 이용수, 『서울에 남겨둔 제럴드 리의 코리아 파일』(지식공작소, 1996), 166쪽.

부산 코모도호텔에서 청와대를 공격했다. 그는 "그동안 내가 근절을 주장해 온 공작정치가 나 자신에게 행해지고 있다"며 "나는 어떠한 공작·정보정치도 용납하지 않을 것이며 뿌리를 뽑겠다"고 말했다.[26]

평소 박철언의 월권을 못마땅하게 생각한데다 박철언의 발언이 너무 나갔다고 생각한 김종필과 박태준의 권유에 따라 박철언은 4월 13일 정무장관직을 사퇴했다.[27] 4월 18일 정무장관엔 친(親)김영삼파라 할 수 있는 김윤환이 임명되었다.

내각제 각서 공개 파동

그러나 아직 갈등이 끝난 건 아니었다. 1990년 10월 말부터 11월 초까지 이른바 '내각제 각서 파동'이 벌어졌다. 이는 김영삼이 내각제에 합의한 각서의 사본이 『중앙일보』 10월 25일자를 통해 공개된 사건이었다. 노태우 측은 김영삼에게 "공작정치가 아니라 단순한 분실사고"라고 해명했지만, 김영삼은 "나를 음해하기 위해 고의로 유출시킨 것"이라며 펄펄 뛰었다.[28] '위대한 구국의 결단'으로 포장되었던 3당합당은 전혀 다른 국면으로 접어들어 '진흙탕 싸움'의 모습을 드러내기 시작했다.

박철언은 "이때 엄청난 힘을 발휘한 것이 바로 'YS 장학생'이라고 불리는, YS와 가까운 기자들이었다"며 "이들은 YS가 내각제 개헌에 합의해 놓고도 그동안 그런 사실이 없다며 거짓말하고 국민을 기만한 데 대해선 일언반구도 없었다. 오로지 '3류 공작정치' 운운하며 YS를 역성들기에 급급했다"고 주장했다.[29]

---

26) 이용호, 『청와대 극비문서: 제6공화국 정치비화 권력막후 ②』(경향신문사, 1995), 212쪽.
27) 이용호, 위의 책, 221~227쪽.
28) 조명구, 『실록 청와대: 적과 동지』(한국문원, 1995), 354쪽.
29) 박철언, 『바른역사를 위한 증언: 5공, 6공, 3김시대의 정치비사 ②』(랜덤하우스중앙, 2005), 268쪽.

김영삼은 자신에게 치명타가 될 수 있었던 그 파동을 '마산행'으로 역전시켰다. 그는 마산에 내려가 "역대 정권의 불행한 말로를 생각해야 한다"며 "나는 선택의 길이 많지만, 누구는 흑담사로 가게 될 것"이라고 경고했다. 사실상 노태우에 대한 협박이었다. 그 협박 속에는 '김대중 카드'가 들어 있었다. 김영삼은 "내가 얼마나 무서운 사람인지 보여 주겠다. 나가면 DJ와 협력을 해서라도 노 대통령을 타도하는 데 앞장서겠다. 관 속에 민주화 투쟁 경력 하나만 가지고 갈 생각이면 못할 것이 없다. 대통령 안 하면 그만 아닌가"라고 말하기까지 했다.[30]

이와 관련, 『세계일보』 기자 윤창중은 『세계와 나』 90년 12월호에 기고한 글에서 김영삼이 "내가 대통령이나 총리에만 연연하는 것으로 본다면 절대 잘못된 일"이라고 한 것도 시사하는 바가 크다고 했다.

"얼핏 듣기엔 대권욕에 집착하지 않고 있다는 얘기로 해석되지만, 그 같은 발언의 행간에는 '최악의 경우 DJ의 손을 들어줄 수 있으니 알아서 판단하라'는 '무서운' 경고가 숨어 있다. 자신이 없는 민자당은 차기 대선에서 DJ에게 정권을 넘겨 줄 수밖에 없으니 선택하라는 신호였다. 따라서 YS가 내각제 반대선언을 한 배경에는 민정·공화계로 하여금 'YS냐 DJ냐'는 단순명료한 선택을 강요한 성격이 깔려 있다."

민주계 인사들도 "YS 없는 야당 하려면 마지막에는 DJ의 손을 들어줄 수밖에 없게 된다"고 맞장구를 쳐댔다. 애초에 3당합당은 6공 체제를 지키기 위한 몸부림으로 기획된 것이었기에 노태우는 결국 김영삼에게 굴복했고 이후에도 계속 김영삼에게 끌려다닐 수밖에 없었다.

---

30) 『월간조선』, 1993년 1월.

부동산 투기: 재벌과의 힘겨루기

부동산 투기 광풍(狂風)

1990년 서울 인구는 1,000만 명을 넘어섰다. 전체 인구에서 차지하는 비중도 24%로 높아졌다. 1970년 543만(18%), 1980년 836만(22%)이었던 인구가 20년 만에 거의 2배로 늘어난 것이다.[31] 인구 증가에 투기까지 가세해 땅값은 미친 듯이 뛰기 시작했다. 광풍(狂風)이었다.

89년의 부동산가격 폭등이 고스란히 세입자에게 전가된 데다 주택임대차보호법 개정으로 임대기간이 90년부터 1년에서 2년으로 연장돼 집주인이 전세금을 미리 크게 올려받는 바람에 전셋돈이 폭등해 서민들이 고통을 받았다. 서울에선 전셋돈이 한 달 새 3배나 뛰는 곳까지 생겨났다. 전세입주자들이 아무리 열심히 저축해도 급등하는 전세금을 감당할 수 없어 평수를 줄여 변두리나 서울 근교 위성도시로 이주하는 사례가

---

31) 최종헌, 〈도시화와 종주성 문제〉, 임희섭·박길성 공편, 『오늘의 한국 사회』(나남, 1993), 289쪽.

속출했으며, 심지어 맞벌이부부가 오른 전세금을 마련하지 못해 직장 부근에 각각 방을 얻어 자취생활을 하기도 했다.[32]

1990년 3월 대통령 경제수석보좌관에 기용된 김종인은 강력한 재벌개혁론자였는데, 훗날 그는 당시의 경제상황은 부동산 투기를 잡지 않고서는 아무것도 할 수 없는 분위기였다고 회고했다.

"땅 장사로 쉽게 떼돈을 벌 수 있는데 누가 힘들여 제조업을 하려 하겠습니까. 근로자들도 폭등하는 전세금 속에 열심히 일할 리 없는 거구요. 물론 6공이 출범한 이래 토지공개념법 등 세제 차원에서 부동산 정책을 강화해 왔습니다만, 세금으로 투기를 잡는 데는 한계가 있다는 게 내 판단이었습니다. 그래서 정부가 재계의 협조를 구해 보다 적극적인 대책을 마련해야 한다고 대통령에게 건의했지요. 대통령도 같은 생각이었습니다."[33]

3월 27일 노태우는 5대 그룹 회장을 청와대로 초청, 만찬을 하면서 대기업의 협조를 부탁했다. 여러 부탁 중엔 대기업이 부동산 투기로 지탄을 받는 일이 없도록 해 달라는 게 들어 있었다. 노태우로선 금융실명제를 유보시킨 부담 때문에 무언가를 보여 줘야 할 필요도 있었다.[34]

그러나 재벌들은 무반응이었다. 4월 30일 김종인은 플라자호텔에서 10대 재벌의 기획조정실장들을 불러 대통령의 노여움을 전달했다. 보유 부동산의 일부를 알아서 자진매각해 달라고 요구했다. 10대 그룹의 전체 보유 부동산이 8,000만 평가량 되니까 그 10%인 800만 평을 팔아야 한다는 주문이었다. 청와대의 강경한 의지를 알아차린 기업들이 팔겠다고 내놓은 땅은 모두 1,570만 평이었다. 5월 7일 "기업이 생산활동보다 부동산 투기를 통해 이익을 챙기는 풍조를 뿌리뽑겠다"는 요지의 대통령

32) 〈집 전세값 너무 오른다/이사철 앞서 5천만원까지 뛰어〉, 「동아일보」, 1990년 2월 14일, 7면; 최영범, 〈부당 임대료 신고 창구 '집 없는 설움' 하소연 홍수〉, 「동아일보」, 1990년 2월 22일, 15면.
33) 이장규 외, 「실록 6공 경제: 흑자 경제의 침몰」(중앙일보사, 1995), 215~216쪽.
34) 이장규 외, 위의 책, 216쪽.

감사원 비리를 언론에 폭로해 기밀누설 혐의로 구속기소된 이문옥. 1990년 6월 28일 첫 공판을 받기 위해 법정으로 가고 있다.

특별담화에 이어 5월 8일 정부의 부동산규제조치가 나왔다.[35]

이문옥의 양심선언

그러나 이미 재벌에 길들여진 관료사회는 잘 움직이지 않았다. 이를

---

35) 이장규 외, 『실록 6공 경제: 흑자 경제의 침몰』(중앙일보사, 1995), 217~218쪽.

폭로하고 나선 이가 바로 감사원 감사관 이문옥이었다. 이문옥의 제보를 받은 『한겨레신문』은 1990년 5월 11·12일자에 23개 대기업의 비업무용 부동산 취득실태가 업계로비에 밀려 감사가 중단됐으며, 이들 재벌 계열사의 비업무용 부동산이 전체 보유 부동산의 43.3%로 추정돼 은행감독원의 공식발표수치인 1.2%와 엄청난 차이를 보이고 있다고 보도했다. 5월 15일 대검 중앙수사부는 이문옥을 공무상 비밀누설 혐의로 구속했다.[36]

5월 19일 경제정의실천시민연합(경실련·공동대표 변형윤 교수 등 4명)은 서울 종로구 파고다공원에서 시민 300여 명이 참가한 가운데 '재벌 토지투기 은폐기도 규탄 및 이문옥 감사관 석방촉구 시민대회'를 열고 이문옥 석방과 재벌의 부동산 보유실태 전면 공개 등을 촉구했다. 집회를 마친 뒤 시민 100여 명은 파고다공원에서 롯데백화점 앞까지 "투기재벌 비호하는 정부는 각성하라" 등의 구호를 외치며 2km가량 거리행진을 벌였다.

경실련은 이날 집회에서 "이번 사건은 재벌 땅투기를 봉쇄하겠다는 정부 의지가 대국민 무마용일 가능성이 높다는 점과 현 집권세력이 재벌들을 비호하고 있다는 의혹을 사실로 입증한 또 하나의 증거"라고 주장했다. 경실련은 또 "이 감사관의 석방을 촉구하는 범시민운동을 앞으로 지속적으로 벌여나갈 것"이라고 밝혔다.[37]

이문옥 구속과 재벌 땅투기에 대한 여론이 나빠지자, 8월 16일 국세청은 5·8조치의 연장선상에서 49대 재벌의 비업무용 부동산 규모가 7,285만 평으로 전체 보유 부동산의 35.3%에 달한다고 발표했다. 재계는 크게 반발했으며, 이때의 반발이 훗날 현대그룹 회장 정주영의 대통령 출마 결심을 굳히게 만들었다는 분석도 있다.[38]

---

36) 전진우, 『60점 공화국: '작가-기자' 전진우의 6공 비망록』(미문, 1992), 202쪽.
37) 〈이 감사관 석방촉구 시민대회/경실련, 재벌땅 공개 요구〉, 『한겨레신문』, 1990년 5월 20일, 10면.
38) 이장규 외, 『실록 6공 경제: 흑자 경제의 침몰』(중앙일보사, 1995), 225쪽.

1990년 5월 19일 경실련은 '재벌 토지투기 은폐기도 규탄 및 이문옥 감사관 석방촉구 시민대회'를 열었다.

노태우와 10대 그룹 회장의 청와대 만찬

1990년 10월 청와대의 새 대통령 관저가 준공되고 나서 노태우는 집들이 명목으로 10대 그룹 회장을 초청해 만찬을 베풀었다. 저녁식사를 들며 문배주를 마셨는데, 술기운을 빌어 재벌 회장들의 불만이 쏟아져 나왔다.

한진 회장 조중훈은 "물정을 잘 모르는 학자 출신들이 정책을 주도하는 바람에 요즘 나라 경제가 제대로 풀리지 않는다", "돌이켜보면 참으로 박정희 대통령은 많은 일을 했습니다. 제주도의 제동목장만 해도 박 대통령이 하라고 해서 했던 것입니다"라고 말했다. 그 자리에 있던 대통령 비서실장 노재봉과 경제수석 김종인을 지칭하는 말이었다.

정주영은 "맞는 이야기입니다. 정말 박정희 대통령은 기업을 적극적으로 도와서 경제발전을 이룩했습니다", "전두환 대통령은 또한 기업인을 잘 이해해 준 훌륭한 대통령이었습니다. 한번 한다고 했으면 했지요"

라고 맞장구를 쳤다.

럭키금성그룹 회장 구자경은 "그런데 현 정부는 기업들이 공장 지을 땅도 못 사게 하고 사업자금도 제대로 못 빌리게 하니. 특히 사원아파트를 지을 때 주택은행의 지원금을 왜 중소기업한테만 주는 겁니까. 정부가 이래서는 안 됩니다. 독재정권이나 하는 식입니다"라고 한 수 더 떴다. 그간 잠자코 듣고 있던 노태우는 "무슨 소리를 그렇게 하는 거요. 그러면 내가 독재자란 말이요"라고 버럭 화를 내면서 자리를 박차고 나가 버렸다.[39]

11월 27일 정주영은 관훈클럽초청 토론회에서 "지금 우리나라에는 나라를 이끌어 갈 만한 지도자가 보이지 않는다"고 개탄했다. 이미 이때에 대통령 출마 결심을 굳혔던 건지도 모른다. 사실 정주영은 그 이전부터 물밑 작업을 해 왔다. 예컨대, 9월 1일 현대그룹 홍보실은 현대그룹 문화실로 이름이 바뀌었다. 이는 현대 신문인 『문화일보』 창간등록(1990년 8월 29일)과 맞물린 시점이었다. 정주영의 비서실장 이병규가 문화실장으로 내려오고 기존 홍보업무 외의 '특수임무' 팀이 구성돼 여론조사를 포함한 정치활동을 전담하기 시작했다.[40]

이념은 가도 투쟁은 남고, 정치는 과잉으로 치달았다

---

39) 이장규 외, 『실록 6공 경제: 흑자 경제의 침몰』(중앙일보사, 1995), 233~234쪽.
40) 전진우, 『60점 공화국: '작가-기자' 전진우의 6공 비망록』(미문, 1992), 81쪽.

보안사 민간인 사찰과 '범죄와의 전쟁'

윤석양의 양심선언

1990년 10월 4일, 열흘 전(9월 23일) 탈영한 육군 이병 윤석양은 한국 기독교교회협의회 인권위원회 사무실에서 가진 기자회견을 통해 탈영시 갖고 나온 보안사의 민간인 사찰기록을 공개했다. 정치인 등 주요 인사 1,600여 명에 대한 불법사찰 실태가 폭로되자 정국은 엄청난 회오리에 휩싸였고, 그 결과 국방장관과 보안사령관이 해임되고 보안사는 기무사로 개편됐다.

윤석양은 시대적 비극의 주인공이었다. 그는 한국외국어대 러시아어과 85학번으로 학생운동을 하다 4학년 2학기 때 제적된 뒤 90년 5월 자진입대해 전방에 배치됐으나 운동권 전력이 빌미가 돼 그 해 7월 보안사 서빙고 분실로 연행되었다. 여기서 그는 수사관들의 회유와 협박 등에 의해 운동권 수사에 협조하다가 입대 전 몸담았던 혁노맹 사건이 표면화돼 '이중 스파이'로 의심받게 되자 민간인 사찰기록을 갖고 탈영하였던

것이다.[41]

10월 7일 오전 8시 30분 보안사의 집중적인 사찰을 받아 온 야당과 재야단체회원 등 70여 명은 서울 중구 을지로 2가 향린교회에서 대책회의를 갖고 성명을 통해 노태우 대통령이 불법사찰에 관련돼 있는지 여부가 명백히 밝혀져야 하며 관련이 있다면 즉시 대통령직을 사임해야 한다고 주장했다. 이들은 또 사찰에 직접 관련된 보안사령관을 해임하는 것만으로는 미흡하며 즉시 구속 수사해야 한다고 주장했다. 회의 참석자들은 이와 함께 민간인까지 사찰하는 방대한 보안사를 즉각 해체하고 군 관련 정보는 각 군 방첩대에서 맡아야 한다고 주장했다.

이날 오후 6시 평민·민주·민중당 등 각 정당 대표와 국민연합·통추회의·13개 지역 업종별노련·각 종교단체 대표 등 21명은 향린교회에 모여 확대비상시국회의를 결성하고 보안사의 불법사찰에 공동 대응해 나가기로 결의했다.

노태우 정권 퇴진운동

1990년 10월 8일 전대협은 "이번 사찰은 현 정권이 내각제 개헌을 하기 위해 벌인 사전정치작업"이라며 노태우 정권의 퇴진을 주장했다. 10월 8일 오전 9시 서울대생 50여 명은 학교 교문 앞에서 "장기집권도구 민간인감시체제 보안사를 해체하라"고 쓰인 플래카드를 앞세우고 "민간인 사찰을 자행하는 보안사를 박살내자"는 등의 구호를 외치며 시위를 벌였다. 학생들은 이날 유인물을 통해 "보안사의 민간인 사찰은 노 정권이 겉으로는 북방정책과 남북대화 등으로 국민을 기만하면서 안으로는 장기

---

41) 윤석양은 2년 만인 1992년 9월 체포돼 군사법원에서 2년형을 선고받고 94년 11월 만기 출소했다. 이준희, 〈"이념의 긴 터널서 방황 10여년…새롭게 될 겁니다": 1990년 보안사 민간인 사찰 폭로 윤석양씨〉, 「한국일보」, 2004년 5월 17일, A19면.

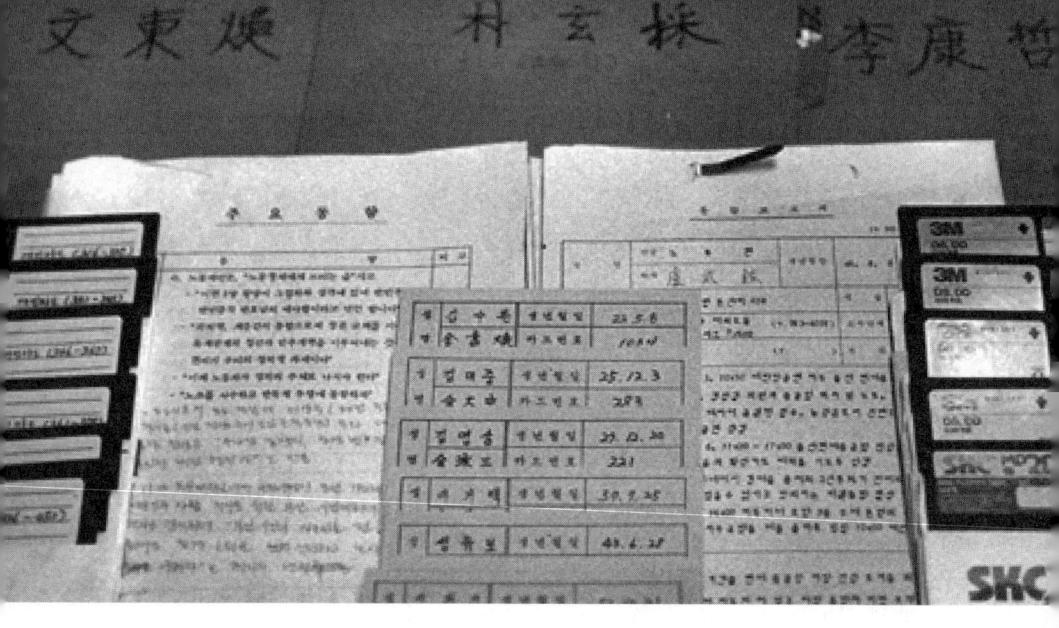

1990년 10월 4일 보안사에서 탈영한 윤석양 이병은 기자회견에서 보안사의 민간인 사찰기록을 공개했다.

집권을 획책하는 군부정권의 속셈을 그대로 드러내 주는 것"이라고 주장했다.[42]

10월 13일 오후 3시 서울 보라매공원에선 평민·민주·국민연합 공동주최로 '보안사 불법사찰 규탄과 군정청산 국민대회'가 열렸다. 첫 연사로 나선 이기택 민주당 총재는 "노 정권의 퇴진만이 우리 국민의 유일한 선택"이라면서 "정권 퇴진을 위한 가장 효율적이고 유일한 수단은 야권통합"이라고 강조했다. 이어 문정현 신부, 이우재 민중당 대표, 박형규 목사 등도 노 정권은 부당한 권력이므로 물러나야 한다고 주장하고 "모든 민주세력은 하나가 되어야 한다"고 외쳐 청중의 열렬한 호응을 얻었다.

대회 막바지에 연사로 예정돼 있던 김대중 평민당 총재가 대회장에 나타나지 않았다는 사실이 청중들에게 알려지자 한때 10여 분간 소란이 벌어졌으나 주최 쪽의 만류로 진정됐다. 이날 김 총재의 연설 순서에 최

---

42) 『동아일보』, 1990년 10월 8일, 19면; 『한국일보』, 1990년 10월 9일, 19면.

영근 전 평민당 수석부총재가 연단에 나와 "김 총재는 6일간의 단식으로 기력이 다해 주치의가 대회 참가를 절대 하지 말 것을 경고했다"고 전하자 연단 바로 앞쪽에 있던 수백 명의 청중이 "김대중"을 연호해 대회장이 잠시 소란상태에 빠졌다. 최영근은 △보안사 해체 △내각제 포기 △지자제 실시 △민생문제 해결 등 기존의 4개항 수용을 촉구하고 "이것이 받아들여지지 않으면 노 정권 종식투쟁에 나설 것"이라고 말했다.

경찰은 보라매공원 주변에 40개 중대 6,000여 명, 민자당사 등 주요 건물과 시내 일원에 50개 중대 등 모두 150개 중대 1만 8,000여 명의 병력을 배치, 시위에 대비했다. 시위에 대비한 진압경찰 40개 중대 6,000여 명은 대회장 외곽 뒷골목 등에 눈에 띄지 않게 배치돼 참석자들을 애써 자극하지 않으려 했다.[43]

노태우의 '범죄와 폭력에 대한 전쟁' 선포

윤석양의 양심선언은 노태우 정권에 치명타를 안겼다. 그대로 앉아서 당할 것인가? 노 정권 수뇌부는 그런 생각을 했을 것이다. 보라매공원에서 보안사의 민간인 사찰을 규탄하는 대규모 군중집회가 열린 1990년 10월 13일 대통령 노태우는 '범죄와 폭력에 대한 전쟁'을 선포했다. 이 선전포고는 TV로 생중계되었고 거의 모든 일간지들의 1면 머리기사를 장식했다.

노태우가 직접 '전쟁'이라는 표현까지 쓴 이 선전포고는 정략적인 상징조작의 냄새가 강하게 풍기는 것이었다. '전쟁'이라는 표현만 안 썼다 뿐이지 노태우 정부가 범죄와 폭력에 대한 실질적인 선전포고를 한 건

---

43) 박종문 외, 〈"쿠데타 준비냐 사건조작 음모냐" 성토/사찰규탄 보라매대회 안팎〉, 『한겨레신문』, 1990년 10월 14일, 3면.

이미 오래전이었기 때문이다. 예컨대, 5개월 전인 5월 7일 노태우는 특별담화를 통해 법질서 확립에 대한 비상한 결의를 표명했으며, 3일 후 치안관계 장관들은 유례 없는 합동기자회견을 갖고 범죄와 폭력을 발본색원할 것을 재다짐했었다.

'범죄와의 전쟁'은 보안사의 민간인 사찰에 대한 분노의 확산을 막기 위한 상징조작으로서의 '홍보전쟁'이었다. 그 홍보전쟁은 처음엔 성공적인 것처럼 보였다. 정부 통계에 따르면 당시 살인 사건이 평균 이틀에 3건, 강간 사건이 하루에 12건씩 발생하고 있었으니, 범죄에 염증을 느낀 국민 입장에선 거창하게 벌인 '범죄와의 전쟁'에 호의적 평가를 내릴 법한 일이었다. 『조선일보』와 한국갤럽의 공동 여론조사 결과는 응답자의 77%가 '범죄와의 전쟁' 선포를 '잘한 일'로 평가한 것으로 나타났다.[44]

그러나 시간이 흐르면서 국민들도 오직 홍보뿐인 '범죄와의 전쟁'에 염증을 내기 시작했다. 그건 각종 '관제운동'의 전개와 홍보물 설치뿐만 아니라 무장 군인의 시내 순찰과 실적 위주의 인권유린이 가세된 공포분위기 조성용 '홍보'로 나타났다. 당시 전국에 걸쳐 생겨난 몇 가지 풍경을 감상해 보자.

"충북도는 23일 오전 10시 청주시 사직동 실내체육관 앞 광장에서 도청·시청 공무원 및 182개 기관 기업체 직원 등 3,000여 명을 동원, 청주시민 결의대회를 열고 같은 시간 충주시 등 관내 10개 시군별로 8만여 명을 동원, 행사를 치르도록 했다. 이에 대해 도 관계자는 '내무부로부터 지시받은 인원을 채우기 위해 각 실·과에 최소 인원만 남기고 동사무소 직원까지 동원할 수밖에 없었다'고 말하고 '이 같은 실정은 전국적인 현

44) 『조선일보』, 1990년 10월 25일.

상' 이라고 했다."[45]

 "'범죄와의 전쟁' 선포 후 주민을 억지동원한 각종 대회가 빈축을 사고 있는 가운데 경기도경이 헬리콥터까지 동원, 과대시위를 해 도민들은 '예산낭비는 물론 전시행정의 표본'이라고 비난. 경기도경은 1차로 24~29일 수원 등 인구밀집 지역 21개 시·군에 대한 대범죄전쟁 캠페인을 벌이면서 헬리콥터를 동원, '범죄-무질서 추방'이란 플래카드를 길게 늘어뜨리고 하루에 6~8만 장의 전단까지 뿌려."[46]

 "치안본부는 대통령의 범죄와의 전쟁 선포에도 불구하고 강·절도 등 강력범죄가 별로 줄어들지 않았다는 통계 결과가 언론에 보도되자 크게 당혹, 해명에 진땀을 흘렸다. …… 치안본부는 이 보도가 나가자마자 통계자료 유출 책임을 물어 민생치안비상대책반의 책임자를 전격 '직위해제' 했는데 이는 청와대에서 크게 '진노' 했기 때문이라는 뒷소문이 무성하다."[47]

새질서 새생활운동

 1990년 11월엔 '범죄와의 전쟁'의 일환으로 '새질서 새생활운동' 캠페인이 전국을 휩쓸었다. 예컨대, 서울시는 2억 원의 예산을 들여 아르바이트 대학생까지 동원해 연말까지 연인원 300만 명이 참가하는 가두 캠페인을 벌이기로 했다.[48] 경북도지사 김우현이 "근무자세가 해이한 사람은 직위해제시키겠다"고 경고하자, 경북도내 일선 시장·군수들은 현수막과 입간판 등 가두 홍보물이 얼마나 설치됐는지 현장 확인을 하느라

45) 「국민일보」, 1990년 10월 24일.
46) 「세계일보」, 1990년 11월 2일.
47) 「한겨레신문」, 1990년 11월 2일.
48) 「중앙일보」, 1990년 10월 30일.

노태우 대통령은 '범죄와 폭력에 대한 전쟁' 선포에 앞서 9개 단체 대표들의 건전사회 진작을 위한 수범사례를 청취하고 이들 민간단체가 벌여온 건전사회를 위한 캠페인을 국민운동으로 확산시켜 나가자고 격려했다.

야단법석을 떨었고, 일선 시·군 공무원들은 "이건 홍보물 설치 전쟁과 같다"며 "이래저래 죽어나는 건 말단 공무원뿐"이라고 불평했다.[49]

해도 해도 너무한다고 판단한 건지 언론도 문제점을 지적하기 시작했다. 『서울신문』 90년 11월 20일자는 "'새질서 새생활운동'을 위한 결의 대회에 공무원이 대규모로 동원돼 행정공백현상을 빚어 시민에게 큰 불편을 주고 있다"고 했고, 『조선일보』 90년 11월 24일자는 "정부가 '새질서 새생활운동'을 벌이면서 공무원은 물론 직장인, 국민학교생들까지 가두캠페인에 대대적으로 동원했다"고 비판했다. 『중앙일보』 90년 12월 1일자는 "어느 도교육위원회가 '새질서 새생활운동' 관련 각종 행사에 동원

---

49) 『동아일보』, 1990년 11월 15일.

한 13만 명 중 학생이 전체의 90%였다"고 보도했다.

'새질서 새생활운동'은 91년까지 지속되었다. 『동아일보』 91년 2월 2일
자는 "어느 도는 '도덕성 회복운동' 촉진대회 행사 경비로 3억 원을 지
출했다"고 했고, 『경향신문』 91년 10월 5일자는 "어느 도는 '도덕성 회
복운동' 촉진대회를 열면서 1인당 2만~3만 9,000원까지의 일당과 기
념품을 주고 참석인원을 동원할 계획이다"고 했고, 『한겨레신문』 91년
10월 20일자는 "어느 도에선 초중고교생 800여 명이 '새질서 새생활운
동' 실천대회에 동원되느라 수업을 휴강했다"고 했다.

'30분 더 일하기 운동'과 '10% 씀씀이 줄이기 운동'이라는 것도 가세
했는데, 『중앙일보』 91년 12월 7일자는 91년 11월 21일부터 12월 7일까
지 이 두 운동에 동원된 연인원은 남한 인구의 9배에 이르는 3억 4,925만
3,000명, 연단체·기관수는 254만 5,812개에 이르고 있으나 이들 대부
분이 각종 결의대회, 기관장 간담회나 피켓·어깨띠를 동원한 가두캠페
인 등 구호 차원의 참여뿐인 것으로 나타났다고 보도했다.

6공의 인권침해

1990년 12월 10일 대한변호사협회(대한변협)는 제42회 세계인권선언
일을 맞아 "범죄예방을 빙자해 선량한 시민이 부당하게 자유를 억압당하
거나 범인 검거의 구실 아래 불법연행과 폭행, 고문 등이 다시 고개를 들
고 있다"며 "정치지도자들은 국민의 기본권 옹호를 위해 비민주적인 법
률과 제도를 정비하기 위해 혁신적 결단을 내려야 할 것"이라는 성명서
를 발표했다.

대한변협의 90년 인권보고서는 "범죄와의 전쟁 선포 이후 불법 가두
검문 및 검색, 불법연행, 총기사용의 남용 등으로 인권침해가 커졌다"며
"90년 11월 현재 시국 관련 수감자는 1,295명이었고 이 중 국가보안법

위반자는 40%에 해당하는 513명에 이르렀다"고 지적했다.[50]

91년엔 범죄와의 전쟁 선포 1돌에 맞춰 경찰이 실적 위주의 '범죄소탕 50일 작전'을 벌이면서, 강압수사를 통해 피의자의 혐의사실을 과장하거나 무리하게 수배자 검거를 시도하는 등의 인권침해 사례가 빈발했다. 심지어 허위신고 하나에만 의존해 20대 여성 2명에게 가혹행위를 해억지자백을 받아냈던가 하면 10세 국민학교 학생을 조직폭력배로 둔갑시켜 소년원에 송치하는 웃지 못할 일마저 일어났다.

그 책임을 일선 경찰에게만 묻기도 어려운 일이었다. 정부는 '민생치안평가제'라는 실적주의 방식을 도입해 일선 경찰관들만을 닦달한 결과 말단 경찰관들이 계속되는 비상근무로 인한 과로 때문에 입원하고 사망하는 사태까지 벌어졌기 때문이다.

이처럼 '범죄와의 전쟁'은 보안사 민간인 사찰에 대한 국민적 분노를 피해 가기 위해 급조된 것으로 국민에게 정의와 안정과 질서에 대한 환상을 심어주는 동시에 국민을 통제하는 효과를 거두고자 기획된 상징조작술의 성격이 강했다.

---

50) 『중앙일보』, 1991년 11월 6일.

KBS 사태: "정부 여당이 믿고 사랑하던 KBS"

"너 같은 놈 한두 명 없어져도 좋다"?

1980년대 말부터 방송계엔 민주화 바람이 불기 시작했다. 과거 죽으라면 죽는 시늉까지 하던 방송사를 거느려본 기억을 갖고 있는 정부 여당의 입장에서 볼 때엔 방송인들의 방송민주화운동에 대한 불만이 이만저만이 아니었다. 그런 불편한 심기는 1989년 3월 KBS가 〈광주는 말한다〉를 방영했을 때 민정당 대변인 박희태의 성명을 통해 잘 드러났다. 그는 "우리가 믿고 사랑하던 KBS"가 어떻게 그런 프로그램을 방영할 수 있는지 실망스럽다고 개탄했다. 노태우 정권은 개탄을 넘어 위기의식을 느끼고 방송통제에 정권의 운명을 걸다시피 했으며, 그 결과 나타난 것이 바로 'KBS 사태' 혹은 'KBS 4월투쟁' 이었다.

1990년 2월 노 정권은 KBS 직원에 대한 법정수당 지급을 '예산 변칙 지출' 로 몰아 노조에 협조적이던 사장 서영훈을 해임시키고 『서울신문』 사장 서기원을 사장으로 임명했다. 노조가 서기원의 사장 취임을 저지하는 투쟁을 계속하자, 노 정권은 4월 12일 1,000여 명의 경찰을 KBS에 투입시켜 171명의 사원을 연행해 갔다. 이로 인해 제작거부 등의 투쟁이 지속되자 노 정권은 4월 30일 다시 3,000여 명의 경찰을 투입해 333명의 사원을 연행했다. 이를 가리켜 'KBS 4월투쟁'이라 한다.

KBS 사태는, KBS가 89년도 예산 중 특근수당회계를 변칙적으로 처리하여 직원들에게 34억 원의 수당을 부당하게 지급했다는 사실을 감사원이 밝혀냈다는 것을, 신문들이 2월 8일부터 확인절차 없이 떠들썩하게 보도하면서부터 비롯됐다. 이 사건은 KBS 직원들이 당연히 받아야 할 돈을 경리상의 실수로 절차상의 하자를 범한 채 89년 12월에 몰아서 받은 기술적인 문제에 지나지 않는 것이었다. 그런데 이 사건이 신문의 왜곡보도를 통해 한동안 세상에 알려지기로는 KBS가 마치 노사합작으로 34억 원을 횡령이라도 한 것처럼 되었다. KBS 노조는 신문보도를 "악의에 찬 행위이거나 정확한 취재와 사실 확인에 게으른 언론이 일부 음모자들의 농간에 놀아난 선정주의"라고 비난했다.

사실 수상한 조짐은 1월부터 나타났다. 1월 24일 검찰이 연예PD 6명을 배임수뢰혐의로 구속기소하였다는 소식은 신문들의 떠들썩한 선정주의적 보도경향에 힘입어 방송인들의 윤리성에 일대 치명타를 가하였다. 이를 우연의 일치라고 보고 싶었고 검찰의 선의를 믿고자 했던 사람들도 그 이후에 밝혀진 사실들에 놀라지 않을 수 없었다. 구속기소된 PD들이 검찰이 고문을 가해 공소사실의 대부분을 조작했다고 폭로함으로써 이 사건의 정치적 흑막에 대한 의혹을 강하게 부각시켰던 것이다. PD들은 법정에서 다음과 같이 진술했다.

"수사관이 맨발로 청사 내부를 왔다 갔다 한 뒤 더러워진 발로 안면을 문지르고 입에 넣는 등 인격적인 모욕을 가했나요. 예. 옷을 입었나요. 팬티만 입고 있었습니다. …… 갑자기 불을 끄고 곡괭이 자루로 때리면서 돈 받은 것을 자백하라고 강요했나요. 예. 무릎을 꿇리고 발로 찼나요. 예. …… 토끼뜀, 원산 폭격, 한 발로 서기 등을 시켰나요. 예. '나는 뇌물 받은 PD다'를 외치게 했나요. 청사 안 복도를 기어다니면서 '나는 도둑놈', '양심불량', '나는 뇌물 받은 PD' 등을 외칠 것을 강요받았습니다. …… 법원에 할 말 있으면 하세요. …… 수사관들이 방송에 대한 전문성의 이해가 부족한 가운데 무리한 수사를 하고 '너 같은 놈 한두 명 없어져도 좋다'라며 비닐봉지를 씌웠을 때는 죽었구나 하는 두려움을 느꼈고 엄동설한에 옷을 벗기고 검찰 청사 바닥을 기어다니게 할 때는 수치스러움에 죽고 싶은 생각까지 들었으나……"[51]

서영훈 사퇴, 서기원 취임

1990년 2월 14일, 공보처장관 최병렬이 대통령에 대한 새해 업무보고에서 새로운 민간TV방송 설립을 위해 90년대에 방송법을 개정하겠다고 말한 것이 널리 보도되면서 KBS의 수당변태지급파문은 결코 우연히 일어난 건 아니라는 의혹을 짙게 했다. 아닌 게 아니라 정부는 89년 4월 관 주도의 한시적 연구기구로 만들어진 방송제도연구위원회를 독촉하여 예정보다 한 달을 앞당긴 3월 31일 민방 신설을 골자로 하는 보고서를 확정, 발표케 했다.

신문들은 노 정권의 편이었다. 석연치 않은 과정을 통해 서영훈의 사표가 3월 2일 KBS 이사회에 의해 수리되고 난 이후부터의 보도성향은 더욱 그랬다.

3월 6일 낮 12시 서울 태평로 언론회관 앞에서는 전국언론노동조합연맹(언노련)과 KBS 노조 공동주관으로 '방송자주권 쟁취결의대회'가 언

---

51) 1990년 3월 13일 서울형사지법에서 가수 매니저들로부터 촌지를 받아 배임수재죄 혐의로 구속돼 재판을 받은 방송프로듀서들이 법정에서 한 진술의 일부이다. 한국방송프로듀서연합회보 『프로듀서』, 1990년 4월 1일.

KBS 직원 500여 명이 KBS 본부장, 국·실장, 청원경찰들의 경호 속에 KBS 본관으로 출근하려는 서기원 신임 사장을 저지하고 있는 모습.

노련 집행부, 각 언론사 노조위원장단, KBS 사원 등 600여 명이 참석한 가운데 열렸다. 그런데 이 대회에 대해 『한겨레신문』과 연합통신을 인용한 일부 지방지를 제외한 모든 중앙지들이 보도를 완전히 외면했다.

다음날 국회의원 이철은 'KBS 사태 진상보고서'를 통해 "KBS의 방송민주화 노력에 대해 호의적인 자세를 견지해 온 서영훈 사장에 대한 사퇴압력은 감사원의 감사 실시 전부터 은밀하게 계속되어 왔다"면서 "지난 1월 말과 2월 초순 안기부 요원들이 서 사장 자택인 목동의 아파트 경비실을 수차 출입하면서 내왕객에 대해 탐문하는 등 불법적 사찰을 자행했다"고 주장했다. 그런데 이 발표에 대해서도 『한겨레신문』과 일부

지방지를 제외한 모든 중앙지들이 보도를 완전히 외면했다.

4월 12일 공권력 투입을 수반한 서기원의 사장 취임 이후 발생된 KBS 사원들의 방송파업에 대한 신문들의 사설 내용도 사원들에 대해 비판적이었다. 『한겨레신문』만이 4월 14일, 19일, 21일 세 차례에 걸쳐 KBS 사원들의 입장을 지지했을 뿐 나머지 8개 중앙지들은 정도의 차이는 있을망정 정부도 잘못됐고 KBS 사원들도 잘못됐다는 소위 양비론을 펼쳤다. 거의 모든 사설들이 천편일률적으로 KBS에 대한 정부의 공권력 투입은 성급했다는 것을 지적한 뒤 그렇다고 파업을 하는 KBS 사원들의 태도는 국민을 깔보는 것으로 절대 용납될 수 없다는 입장이었다.

4월 14일, 『경향신문』은 "교조적인 논리에 얽매여 타협 없는 극한투쟁으로 치달을 경우 더 큰 불행을 초래하게 된다"며 KBS 사원들을 꾸짖었다. 『국민일보』는 "국가에 비상사태가 벌어지거나 쿠데타가 일어나기 전에는 방송이 중단되지 않아야 한다"며 "국민을 경시하고 우롱하는 처사는 당장이라도 중지해야 할 것이다"고 밝혔다. 『동아일보』는 "나라와 사회의 동맥과도 비유되는 공영방송의 중단은 특별한 비상사태가 아니고는 상상할 수 없는 것이다"며 "자율권 획득을 위한 비합법과 과격투쟁은 방송인의 품격과 사회적 지위에도 걸맞지 않는다"고 주장했다. 『중앙일보』는 "사장 취임이라는 내부 문제로 국민의 공유재산인 방송을 포기하는 행위"는 용납될 수 없다고 말했다. 『한국일보』는 "방송 중단이라는 극한상황을 빚어낸 것은 노조를 넘어 방송인의 자학이 아닌가 하는 우려도 귀담아듣기를 바란다"며 "사회의 심장인 방송의 고동은 어느 누구라도 멈추게 할 수는 없다"고 주장했다.

4월 15일, 『서울신문』은 "관제니 어용이니 하는 상투적 투쟁언어를 구호 삼아 법적 절차를 묵살하고 극한투쟁만 벌인다면 국민적 공감을 받기 어렵다"며 방송의 정상화를 촉구했다. 『조선일보』는 "KBS의 새 사장이 어떤 성향의 사람이건 간에 그 성향에 대한 사원들의 불만과 비판"이

KBS를 마비시킬 수 있는 "필요하고도 충분한 조건"은 될 수 없다고 주장했다.

4월 19일, 『세계일보』는 "국민들은 방송사 내부분쟁으로 알 권리를 차단당하고 있는 셈"이라며 "다른 문제는 차후로 미루고 방송을 우선 정상화시켜야 한다"고 말했다. 4월 20일, 『경향신문』은 "어떠한 경우에도 국민의 방송이 노사분쟁의 볼모와 도구가 되어서는 안 된다"며 방송의 정상화를 요구했다. 『중앙일보』는 "국민의 알 권리와 즐길 권리를 오랜 기간 몽땅 박탈해 버리는 것은 어떤 이유나 명분으로도 정당화될 수 없다"며 "KBS 사원들이 우선 방송 제작에 복귀하여 방송을 정상화시킬 것"을 촉구했다.

KBS 4월투쟁의 무력 진압

사설 이외의 칼럼들도 대부분 양비론을 펼치면서 KBS 사원들의 정상적인 방송 운영을 요구했다. 다만 『동아일보』의 칼럼들만이 사설에 비해 비교적 KBS 사원들의 입장에 동조하는 성향을 보였다.

1990년 4월 15일, 『서울신문』 논평위원 송복(연세대 사회학 교수)은 "이번에 KBS 노조가 하고 있는 행동은 철저히 남의 영역에 대한 유린이며 월권행위"라고 주장하고 KBS 사원들이 "얼굴을 들고 활보할 수 있겠는가"라고 묻는 등 KBS 사원들을 강하게 비판했다.

4월 17일, 『동아일보』의 '동아시론'에 언론인 박권상은 구체적인 주장의 개진 없이 KBS 사태 해결의 실마리를 풀려면 "정부가 진정한 방송의 공영화를 스스로 정치철학으로 삼고 있느냐의 여부"에 대한 "확고한 의지표명"이 있어야 한다는 원론적인 내용의 말을 했다. 『조선일보』의 방송칼럼은 "무엇보다 노사양측은 방송민주화와 공영방송의 이상을 실현하려는 의지를 독점하려는 자세부터 폐기해야 한다"며 방송의 정상운영을 촉구했다.

4월 18일, 『조선일보』 논설고문 홍사중은 "아무리 정부가 밉다 해도 우리가 지켜줘야 할 정부의 체신이며 권위"가 있거니와 "방송의 공백기가 오래 가면 갈수록 사장이 마음에 들지 않는다고 해서 제작거부를 하는 쪽을 오히려 원망하게 될지도 모르는 일"이라며 "하루 빨리 방송은 정상화되어야 한다"고 주장했다.

4월 19일, 『동아일보』 생활부장 어경택은 서기원의 용퇴를 촉구하면서도 "사원들이 대적하고 있는 상대방은 파행방송에 따른 시청자들의 불만을 모아 그 비난의 화살을 제작을 거부하고 있는 사원들에게 돌리고 있기 때문"에 빨리 방송을 정상화하라는 충고를 하였다. 『서울신문』의 방송칼럼은 "KBS의 사내 문제로 시청자 권리를 박탈당한 많은 시청자들의 분노의 표출"이 있다고 주장하였다.

이런 비판에 대해 KBS 사원 대표로 4월 19일 국회문공위에서 증언한 고희일은 "녹슨 수돗물을 계속 가정에 보낼 수 없어 잠시 수도관 공사를 한 뒤 맑은 수돗물을 보내고자 하는 것이니 양해를 바란다"고 했다.

그러나 신문들의 편파적인 보도로 인해 폭넓은 여론의 지지를 받지 못한데다 내부분열까지 겹친 KBS 사원들은 결국 제작거부 38일 만에 5월 18일 백기를 들고 방송정상화에 임하지 않을 수 없게 되었다. 동료사원 20여 명이 구속되는 참담한 결과를 핏발 선 눈으로 지켜보면서.

KBS 4월투쟁에 대한 노 정권의 무력 진압은 그 해 1월 22일에 이루어진 3당합당이라고 하는 정치적 변화로 가능한 것이었다. 대다수 언론이 노 정권 편에 선 것도 바로 그런 변화를 반영한 것이었다.

방송법 국회 날치기 통과

노 정권이 KBS 사태의 무력 진압에 성공한 효과는 컸다. 이는 노태우

KBS 본관 앞에서 열린 '공권력투입 규탄 및 서기원 퇴진 촉구대회' 모습.

가 6 · 29선언 3주년을 맞아 청와대 영빈관에서 각계 대표 120명을 참석시킨 가운데 12명만을 상대로 진행한 소위 '국민과의 대화'를 통해 드러났다. 영빈관의 현장을 지켜본 어느 기자가 지적했듯이, "너무 사전 준비가 철저한 탓인지 맥이 없고 짜고 하는 듯한 인상"을 줄 만큼 '국민과의 대화'는 경색된 절차와 분위기로 국민을 압도한 노태우의 '원맨쇼'였다.

노태우는 질문의 핵심을 회피하거나 알맹이가 전혀 없는 답을 하면서도 시종 웃는 표정과 적절한 제스처를 섞어가며 '고맙습니다', '동감입니다', '충고를 해 주셔서 감사합니다'는 겸손한 말을 아끼지 않음으로써 어느 신문 사설의 표현대로 '온후하면서도 자상한' 이미지를 한껏 과시했다. 그래서 또 어느 신문의 사설은 이 행사가 '매우 신선한 느낌'을 준 '직접민주주의의 귀중한 체험'으로서 '경하할 일'이라고 칭송하였다. 오후 7시부터 밤 9시 30분까지 계속된 이 행사는 KBS-TV와 MBC-TV에 의해 합동으로 생중계되었다.

KBS 사태를 진압하고 의기양양해진 노 정권은 그 여세를 몰아 6월 14일 새로운 방송제도 개편안을 발표하고, 7월 11일과 14일 방송 관련 3개 법안을 국회문공위와 본회의에서 날치기 통과시켰다. 법안의 핵심내용은 민방 신설과 방송위원회, 방송광고공사, 교육방송에 대한 정부통제 강화 등이었다.

방송인들은 노 정권의 그런 행태에서 장기집권을 위한 방송장악음모를 읽고 다시 저항에 나섰다. 7월 12일 MBC 노조의 제작거부를 시발로 하여 KBS, 기독교방송, 평화방송 등 4개 방송사 노조는 연대제작거부라는 결의를 표명하기에 이르렀다. 그러나 연대제작거부 역시 너무 고독한 투쟁이었다. 결국 4개 사 노조는 연대제작거부 3일 만인 7월 16일 '프로그램을 통한 투쟁' 이라는 대안을 내건 채 제작에 복귀할 수밖에 없었다.

그러나 프로그램 투쟁의 무력함은 KBS는 말할 것도 없고 MBC에서도 곧 드러나고 말았다. "개인적인 야심이 없기에 권력에 아부할 필요를 느끼지 않고 있다"는 평판 하나만으로도 사원들로부터 비교적 호평을 받아 온 MBC의 사장 최창봉이 3당통합, KBS 사태, 방송법 날치기 통과 등의 분위기에 휘말려든 것인지 예전의 태도에서 돌변한 것이다.

최창봉은 8월 24일 보도국장을 포함한 11명의 국장급 인사를 단행하면서 국장추천제를 규정한 단체협약을 위반하더니, 9월 15일 〈PD수첩〉의 불방처리에 항의한 안성일 노조위원장에게 6개월 정직, 김평호 노조 사무국장에게 해고라는 가혹한 조치를 내리고, 9월 21일 자신에 대한 노조의 불신임안이 가결되자 10월 6일 안성일마저 해고시켰다.

방송의 정치적 환경변화로 태도가 바뀐 사람은 최창봉 혼자만이 아니었다. KBS가 무너진 뒤 공정방송의 유일한 희망이었던 MBC-TV의 보도국도 이미 절망의 늪으로 빠져들고 있었다. 10월 17일 21기 기자일동이 발표한 성명서는 MBC 보도국이 "다시 신분상승과 권력배분을 위한 복마전"이 돼 가고 있고, "편집은 귓속말과 은밀한 전화로 이뤄지고 눈치가 편집방향을 결정하는 기준"이 되고 있다고 비판했다. 또 10월 19일 전체 MBC 보도국 기자들도 MBC 보도국에 "늘상 집권세력에 야합하려는 습기찬 음모와 알량한 기득권을 향유하려는 독기가 서려있음"을 개탄하였다.

중도보수우익 노선을 표방한 민방

1990년 10월 29일, KBS 사태와 관련하여 업무방해 등 혐의로 구속 기소된 KBS 전 노조위원장 안동수와 현 노조위원장 김철수는 서울지법 남부지원 판사 이석형의 심리로 열린 선고공판에서 각각 징역 1년 6개월의 실형을 선고받았다. 이석형은 판결문에서 "피고인들이 적법절차에 따른 공정방송 추구노력을 저버렸고 극단적 제작거부로 인한 파행방송이 국민생활 전반에 불안을 초래한 점은 실정법 차원에서 정당화될 수 없어 이같이 선고한다"고 밝혔다.

이틀 뒤인 10월 31일 하오 경제부총리 이승윤 주재로 재무·문화·상공·체신·공보처장관 등이 참석한 가운데 열린 민방설립추진위원회는 채널6의 새 민영TV방송국을 실질적으로 경영하게 될 30% 출자의 지배 주주로 건설회사인 태영을 선정했다.

불과 이틀 사이에 일어난 이 두 가지 '사건'은 당시 한국 방송이 처해 있는 상황을 상징적으로 잘 웅변해 주었다. 이와 같은 결과는 89년 4월 방송제도연구위원회라는 관 주도의 한시적 연구기구가 생겨났을 때 이미 어렴풋하게나마 예상되었고, 90년 들어 KBS 사태와 국회에서의 방송법 날치기 통과를 통해 그 윤곽이 대체적으로 드러난 것이었다.

90년 6월 정부의 방송제도 개편전략의 전모가 공식적으로 밝혀졌을 때에도 거의 모든 신문들은 민영방송의 신설에는 아무런 의문을 제기하지 않은 채 민영방송의 소유주체에만 초점을 맞추었다. 당시 신문 사설들의 제목은 마치 약속이나 한 것처럼 한결같이 '민영방송의 조건', '새 민방, 누가 갖나', '새 민방, 소유는 어디로'와 같은 따위의 것들이었다.

새로운 민방의 대주주가 된 건설회사 태영의 사주 윤세영은 신설 민영방송의 성격에 대해 "중산층이 뿌리내릴 수 있는 사회가 바람직하다"는 뜻에서 "중도보수우익 노선을 표방하겠다"고 밝혔다.

공보처는 민방 주체 선정의 특혜 의혹이 일자 이를 불식시키겠다는 듯, 민영방송의 주주인 31개 기업들의 출처자금을 국세청에 조사의뢰하겠다는 제스처를 보이기도 했다. 이것이 제스처인 것은, 기업의 자금출처조사는 구체적 탈세혐의가 드러날 때 실시하는 것인 만큼 민영방송 설립만을 두고 자금출처와 세무조사를 벌인다는 건 있을 수 없는 일이라고 국세청이 공식반박하고 나섰기 때문이다.

공보처는 또 "태영 쪽에서 상당한 이권을 받게 되는 만큼 앞으로 300억 원을 5년간에 걸쳐 공익을 위해 출연할 것이며 민방설립 후 매년 순이익의 15%를 장학기금으로 내놓을 것을 약속했다"며 이것이 지켜지지 않는다면 모든 것을 다 취소하겠다는 으름장을 놓기도 했다.

"공보처장관은 태영 홍보실장인가"

시간이 지나면서, 방송제도연구위원회가 방송제도 개편의 들러리 역할을 했다면 민방설립민간자문위원회도 민방 주체 선정의 들러리였음이 드러나고 말았다. 심지어는 민방설립추진위원회의 위원장인 부총리 이승윤도 들러리였음이 밝혀졌다. 이승윤은 태영의 선정경위를 묻는 기자들의 질문에 "공보처장관에게 물어보라"며 자신은 지배주주 선정과정에서 아무런 영향력을 행사하지 못했음을 실토했다.

수도권을 대상으로 한 신설 민영방송의 가시청인구가 전체 인구의 40%밖에 미치지 못함을 배려한 것인지 공보처는 곧 대전, 광주, 전주,

대구, 부산, 강원 등에 지방민영방송을 탄생시키겠다고 밝혔다.

노 정권은 민방 주체 선정에 대한 의혹을 분산시키기 위한 배려였는 지는 몰라도 MBC 본사 및 전 계열사의 민간불하계획을 재확인하였는 데, 노 정권 앞에 야누스의 얼굴을 가진 복병이 11월 1일과 2일 서울지법 남부지원에서 잇달아 나타났다. 80년 언론통폐합 당시 강압에 의해 뺏 겼던 청주, 강릉, 제주, 목포, 여수 등 지방 MBC의 주식을 원소유자에게 돌려주라는 법원의 판결이 바로 그것이었다.

이 판결에 뒤이어 언론통폐합 때 MBC 본사에 경영권을 넘겨준 나머 지 계열사 및 본사의 주주들은 물론 DBS와 TBC를 빼앗긴 『동아일보』와 『중앙일보』도 원상회복을 위한 소송을 제기하고 나섰다.(참고: **자세히 읽 기, "빼앗아간 장물을 내놓으라"**)

1990년 11월 26일에 시작된 국정감사는 '민방감사' 라고 해도 좋을 만 큼 민방 주체 선정의혹을 집요하게 파고들었지만 아무런 실질적 결과를 얻어내지 못했다. 국정감사에서 최병렬은 "제기된 의혹 중 어느 한 가지 도 입증된 것이 없는데도 언론사와 야당이 불신감만 증폭시키는 것이 안 타깝다"고 했지만, 한 야당의원은 "공보처장관은 정부 대변인인가, 태영 홍보실장인가"라고 물었다.[52]

기자협회를 비롯한 6개 언론단체 및 방송 4사 방송악법철폐공대위는 계속 새 민방지배주주 선정 취소, 방송구조 개편계획 재검토, 최병렬 공 보처장관 퇴진 등을 요구하였지만 역부족이었다. 이제 한국 방송은 KBS 와 MBC에 비해 훨씬 더 공격적인 자세로 텔레비전의 오락성 강화에 일 로매진하게 될 새 민영방송인 SBS의 주도하에 놓이게 된다.

---

52) 정영근, 〈장관 답변의 한계〉, 『국민일보』, 1990년 12월 1일, 4면.

"세계는 넓고 볼 것은 많다"

1990년 서울을 비롯한 대도시의 아파트촌엔 한 가지 새로운 풍속이 생겨나기 시작했다. 주로 일본의 위성방송을 시청하기 위한 파라볼라 안테나의 설치였다. 90년 초 MBC의 한 조사에 따르면 서울 시민의 22.2%가 파라볼라 안테나를 설치했으며 37.4%가 일본 위성방송을 시청한 경험이 있는 것으로 밝혀졌다. 신문지상엔 파라볼라 안테나 광고가 요란스럽게 등장했는데, 이들은 한결같이 재미있는 광고 문구들을 선보였다.

"세계는 같이 자지 않는다", "세계는 넓고 볼 것은 많다", "세계와 우리가 동시에 보고 느낀다", "세계는 하나 우주국은 24시간 방송 중", "리모콘 하나로 세계를 움직인다", "리모콘 하나로 세계를 한눈에", "리모콘 하나로 세계를 여러분의 안방으로."

"세계"를 대신 "지구촌"과 "우주"를 내세운 광고 문구들도 있었다. "지구촌을 하나로 연결하는 위성방송 수신시스템", "저 푸른 창공 너머에는 우주 공간의 수많은 인공위성으로부터 지금 이 순간도 지구의 곳곳에서 벌어지는 생생한 소식들이 쏟아져 내려옵니다."

그런가 하면 이미 "세계화"된 사람들을 위해 보다 실용적인 목적을 내세운 것들도 있었다. "국제정보화시대 사업가 필수품", "영어 및 일어회화정복의 최상교재", "21세기 최신정보시대의 전문가가 되는 비결."

이렇게 유익한(?) 파라볼라 안테나의 부품을 수입하여 조립해서 파는 업체 수는 신문광고를 내 지방판매지사를 모집할 정도로 큰 것만 따져도 20개를 넘었다. 파라볼라 안테나를 설치하는 비용은 채널 수의 선택에 따라 최하 60만 원에서부터 200만 원대에 이르기까지 다양했다. 이 업체들은 미국, 영국, 일본, 중국, 싱가포르, 홍콩, 호주, 뉴질랜드, 프랑스, 캐나다 등 10여 개국의 주요 방송을 다 시청할 수 있다고 광고했다.

이 업체들의 판촉활동은 대단히 적극적이었다. 어느 유명 탤런트를 광고모델로 등장시킨 업체가 있을 만큼 광고공세가 치열했다. 거의 모든 업체들이 전화 한 통화로 상담에서 설치, 24개월 분할판매, 이사시 이동 설치서비스, 3년간 하자보증, 프로그램 한글번역판 무료배부 등의 서비스를 제공했다.

판매업자들의 광고는 세계니 지구촌이니 우주니 하고 떠들었지만 대부분의 위성방송 시청자들이 일본 방송에만 심취하고 있는 것이 현실이었다. 설치비용이 가장 싸게 먹히고 내용이 가장 "화끈"하기 때문이었다.

위성방송 시청이 문화수준의 척도로 간주되면서 신용카드로 파라볼라 안테나를 설치하는 가정이 급격히 늘어났고, 공동 안테나를 설치해 가구당 10만 원의 비용으로 일본 위성방송을 시청하는 아파트단지도 생겨났다. 또 유선방송업체들은 일본 위성방송을 녹화해 두었다가 가입자들에게 착실히 보내주었다. 호텔과 여관 등 숙박업소, 다방, 목욕탕, 식당은 물론 청소년들을 대상으로 하는 오락실과 만화가게에서까지 위성방송 서비스를 제공했다.

일본 위성방송의 국내 침투를 이전부터 매우 두려운 시선으로 바라보고 개탄한 사람들이 많았다. 이 문제를 1면 머리기사로 다룬 신문도 있었고 사설 또는 기사를 통해 깊은 우려를 나타낸 신문과 잡지들도 꽤 있었다. 일부 학자들도 세미나를 통해 한국의 대일(對日) 문화종속의 위험을 경고하였다.

그런데 90년 여름부터 재미있는 일이 벌어지기 시작했다. 그간 일본 위성방송 침투에 대해 침묵을 지키던 정부가 갑자기 위성방송이 우리 문화에 얼마나 큰 위협이 되고 있는가를 요란스럽게 역설하기 시작한 것이다. 공보처장관과 차관이 여기저기 다니면서 위성방송 침투에 따른 한국 문화의 정체성 위기론을 주장하느라 정신 없이 바빴다.

    그건 일본 위성방송의 위협이 정부가 심혈을 기울여 탄생시키고자 하는 민영방송 신설의 주요 근거가 될 수 있다는 것을 알았기 때문이었다. 그래서 공보처장관 최병렬은 민방신설안을 변호하면서 "방송종속, 문화 침탈을 당하지 않기 위한 노력과 충심을 이해해 달라"고 하소연했다. 운동권 학생들의 전유물로만 알았던 문화제국주의론을 공보처장관의 입을 통해 듣게 된 것이다.

"빼앗아간 장물을 내놓으라"

　어떤 사람들에겐 민영방송 주체 선정은 한편의 코미디를 방불케 한 사건이었다. 신설 민방이 TV에 앞서 91년 상반기에 전파를 발사할 라디오 방송채널이 바로 동아일보사가 갖고 있다가 80년 언론통폐합 때 빼앗긴 DBS의 채널이었던 KBS 라디오서울 주파수 792KHZ이었기 때문이다.

　『동아일보』 1990년 11월 27일자에 실린 이동우 화백의 '나대로선생' 만평은 도둑(노 정권)이 훔친 라디오를 돈을 받고 태영에게 넘겨주는 장면을 보여 주었다. 그 라디오에서 때마침 나오는 소리는 "장물아비가 되지 맙시다. DBS"였다.

　동아일보사는 11월 19일 국가와 KBS를 상대로 KBS에 강제흡수된 DBS를 원상회복하라는 내용의 양도무효확인청구소송을 서울지법 남부지원에 제기했다. 이와 관련, 『동아일보』는 11월 21일자 사설을 통해 다음과 같이 주장했다.

　"5공을 전후한 8년은 암흑시대였다. 동아방송을 되찾기 위한 노력을 할 수 없었던 시대였다. 동아방송까지 빼앗겼던 동아일보사는 그럼에도 전파는 국민의 재산이며 방송은 사회의 공기이기에 공영제로 해야 한다는 명분 때문에 쓰라린 상처를 가슴에 안고 방송공영제를 지지하고 주장해 왔다. 그러나 6공에 들어와 종래의 방송공영제는 무시되고 새 민간방송이 허가됐다. 더구나 방송공영화를 구실로 KBS가 빼앗아간 동아방송의 주파수를 새 민간방송에 넘겨준다는 정부의 방침은 피해자의 눈앞에서 저지르는 부정과 불의 바로 그것이다. 방송공영제를 위해 동아방송을 빼앗아갔다면 공영 체제가 유지되는 한 일단 정책상의 명분은 있다. 그러나 민영방송이 허가되고 방송이 공민영혼합체제가 될 때는 당연히 빼앗아간 동아방송은 본래의 주인인 동아일보사에게 되돌려주는 것이 국가가 지켜야 할 도리인 것이다.”

이에 대해 공보처장관 최병렬은 “라디오는 DBS가 쓰던 것이지만 무선국허가는 1년 단위로 재허가하게 돼 있고 인쇄매체는 방송매체를 겸업할 수 없게 돼 있다”고 답했다. 그러자 『동아일보』는 11월 30일자 사실을 통해 원상회복 이후의 DBS의 진로와 관련, 다음과 같이 밝혔다.

“『동아일보』가 동아방송의 원상회복을 위해 법률적 자구행위를 하는 것은 짓밟혔던 언론자유를 되찾음으로써 불행했던 과거의 역사를 청산하려는 데 있다. 나아가 80년에 저질러졌던 부정과 불의를 바로잡고 동아방송의 명예와 법통을 회복하려는 데 목적이 있다. 결코 이기적인 동아

1990년 11월 동아일보사는 국가와 KBS를 상대로 80년 언론통폐합 때 KBS에 강제흡수된 DBS를 원상회복하라는 내용의 양도무효확인청구소송을 서울지법 남부지원에 제기하였다.

방송의 ‘사적 소유’에 뜻이 있는 것이 아니다. 동아일보사는 따라서 동아방송이 원상회복된 뒤에는 사적소유와 겸영을 하지 않는다는 것을 천명한다. 동아방송은 국민의 주식을 모아 국민주주에 의하여 국민을 위하는 명실상부한 국민의 방송으로 새롭게 출발하게 될 것임을 아울러 천명한다.”

그러나 『동아일보』는 뜻을 이루지 못했고, ‘장물’은 결국 SBS의 손으로 넘어가게 되었다.

'장군의 아들'과 '남부군'

1990년에 가장 많은 관객을 동원한 방화는 67만 8,000여 명을 기록한 〈장군의 아들〉(태흥영화사)이었다. 이어 〈남부군〉(남프로덕션 · 32만 명), 〈추락하는 것은 날개가 있다〉(다남 · 31만 명), 〈물위를 걷는 여자〉(성일시네마트 · 13만 7,000명) 순이었다. 외화의 경우엔 〈귀여운 여인〉(워너브러더스)이 39만 5,000여 명, 〈다이하드 2〉(20세기폭스)가 38만 7,000여 명을 각각 기록했으며, 11월에 개봉한 〈사랑과 영혼〉(UIP)은 92년까지 선풍을 불러일으켰다. [가]

임권택 감독의 〈장군의 아들〉은 김두한을 다룬 액션영화였다. 80년대 말 해외영화제에서 여러 상을 탄 임권택은 "이젠 뭔가 더 큰 상을 타야겠다"는 욕심을 내고 있었는데, 이때 태흥영화사 사장 이태원은 그에게 "쉴 겸해서 액션 영화를 만들어 보는 게 어떻겠냐"는 제안을 했다. 당시 예술적인 작품에 심취했던 임권택에겐 이런 제안은 불쾌했지만 이태원의 끈질긴 설득에 넘어가 〈장군의 아들〉을 만들게 된 것이었다. 이후 〈장군의 아들〉은 3편까지 만들어졌다. [나]

정지영 감독의 〈남부군〉은 그간 금기로 여겨져 온 소재를 다루었는데, 그건 바로 한국전쟁을 전후하여 지리산 일대에서 게릴라 활동을 벌인 빨치산 부대의 이야기였다. 당연히 논쟁이 뜨거울 수밖에 없었다. 일부 우파는 "빨치산을 지나치게 미화하고 국방군은 무기력한 바보로 만든 용공영화"라고 비판한 반면, 일부 좌파는 "강철 같은 이념으로 뭉친 빨치산을 나약하고 감상적인 인간군으로 왜곡시킨 교묘한 반공영화"라고

가) 이윤미, 〈작년 방화관람객 작품당 2만8천 명〉, 『내외경제신문』, 1991년 5월 18일.
나) 임권택, 〈영화판, 징하요〉, 『중앙일보』, 1999년 5월 12일, 18면.

비판했다.^{다)} 이 영화는 훗날 대스타가 될 최민수와 최진실을 선보이기도 했다.

90년엔 극장 밖 판촉전이 치열하게 펼쳐졌다. 야외시사회를 개최하는 가 하면 도심에서 영화 속의 주인공들이 행인들에게 노래와 춤을 선사하는 이벤트 등이 처음 선을 보였다.^{라)} 또 해외 로케이션 붐이 일어 〈명자 아끼꼬 쏘냐〉 등 10편이 이 대열에 가세했으며, 로케 지역도 종전의 미국·일본·프랑스 중심에서 벗어나 소련·헝가리 등 동구권 국가와 스페인·남미 등지로 확대되었다.^{마)}

90년 1월 31일 8mm·16mm 영화와 비디오 등을 통해 창작활동을 해 온 영화마당 우리·영화공동체·민족영화연구소·우리마당 영화분과·아리랑영화연구회·한겨레영화제작소 등 6개 단체가 참여해 한국독립영화협의회(대표 이정하)를 결성했다.^{바)}

장산곶매의 〈파업전야〉(16mm)는 '헬기를 동원한 압수작전', '상영 보름 만에 4만 관객 동원', '영화사상 초유의 관객 기립박수', '민족영화의 새 장을 연 작품', '노동자 영화의 효시' 등의 수식어들을 달고 다니면서 큰 화제가 되었다.^{사)}

다) 주태산, 〈이념에 희생된 이땅의 젊은이들을 표출〉, 『세계일보』, 1990년 8월 2일, 19면.
라) 남상균, 〈여름 극장가 관객 찾아나섰다〉, 『조선일보』, 1990년 7월 8일, 9면.
마) 〈해외 로케이션 무분별한 남발 장식품으로 전락〉, 『전주일보』, 1991년 6월 19일, 12면; 김정열, 〈방화 "질 높이기"…해외 로케 활발〉, 『서울신문』, 1990년 4월 8일, 10면.
바) 안정숙, 〈젊은 영화인들 새 기구 결성〉, 『한겨레신문』, 1990년 2월 3일, 7면.
사) 이철호, 〈노동영화 찬반논쟁 불지르다〉, 『시사토픽』, 1990년 5월 2일, 15면.

'빚카드'가 된 '신용카드'

1987년 이래 매년 40%의 높은 증가율을 보인 신용카드 소유 인구가 1990년 1,000만 명을 돌파했지만 반길 일은 아니었다. 신용카드 대중화는 전적으로 신용카드 회사들 간의 과도한 경쟁의 산물이었기 때문이다.

신용카드 회사들은 변제능력도 없는 대학생들에게까지 신용카드를 발급하는가 하면 가짜 보증인을 내세우는 불법을 저질러가면서까지 신용카드를 무더기로 남발하는 일도 서슴지 않았다. 그 결과 신용카드를 발급하는 6개 사의 연체 금액이 90년 8월 4,000억 원에 육박해 89년 말 연체 금액의 2배를 넘어섰다.

신용카드 이용 실태도 매우 변칙적이었다. 카드사용에 있어서 생활필수품 구입은 전체 사용금액의 겨우 20%에 지나지 않아 신용카드가 과소비를 조장하는 방향으로 오용되고 있었다. 이는 신용카드 회사들이 통신판매라는 이름 하에 외제품 수입업자들과 손잡고 사치품 구매를 부추긴 탓이 컸다.[가]

럭키금성 계열 LG카드는 회원들에게 우송한 상품소개서에 국내 제품을 매도하고 외제선호를 부추겨 논란을 빚기도 했다. LG카드는 같은 계열인 금성사가 비슷한 모델을 생산하고 있음에도 불구하고 "한국이나 일본의 TV 색상은 붉은색 계통이 많아 눈을 해칠 정도인데 유럽 TV는 자연 색상이어서 눈이 덜 피로하다"고 주장했다.[나]

또 국민카드, 다이너스, 아멕스 등 카드 3사는 살아 있는 곰에서 채취한 웅담액을 건조시킨 뒤 이를 분말로 포장한 웅담을 고가로 통신판매해

가) 〈신용카드 남발과 부작용(사설)〉, 『내외경제신문』, 1990년 8월 16일, 2면.
나) 〈LG카드 통신판매 "국산TV 눈 해친다" 외제권장〉, 『국민일보』, 1991년 7월 11일, 6면.

짭짤한 재미를 보았는데, 이에 대해 비판이 쏟아지기도 했다.[다]

신용카드 범죄도 심각했다. 백지전표를 사들인 뒤 수십억대의 수수료를 챙긴 신용카드 사기단이 등장했는가 하면 신용카드 전표를 변칙적으로 이용하여 탈세를 하는 업소들도 크게 늘었다. 또 고리대금을 하는 신용카드 사채놀이는 그 폐해가 너무 심해 정부가 그런 행위에 대해 3년 이하의 징역형이나 3,000만 원 이하의 벌금형에 처하겠다고 규제를 강화하기에 이르렀다.[라]

신용카드 사용이 붐을 이루면서 포장마차에서 신용카드를 사용하려다 폭력을 휘두른 사건까지 발생했다.

"서울종암경찰서는 포장마차에서 술을 마시고 신용카드로 술값을 지불하려다 거절당하자 빈 맥주병을 던지며 행패를 부린 장모씨(27) 등 2명을 폭력행위 등 처벌에 관한 법률위반 혐의로 구속영장을 신청."[마]

신용카드의 무분별한 발급으로 대금을 못 갚아 월급을 가압류당하는 등 부작용이 심각하다는 신문 기사는 끊이지 않고 나타났다.

"신용카드 보급이 확대되면서 일부 카드회사들이 공단근로자들에게 신용카드를 남발, 이들의 소비욕구를 자극하고 씀씀이를 헤프게 하는 등 갖가지 부작용을 낳고 있다. 특히 충동구매 후 제때 대금결제를 못한 근로자들이 임금을 압류당하거나 퇴직금으로 연체대금을 갚기 위해 회사를 떠나는 사례까지 빈발하고 있다."[바]

신용카드 붐은 소비생활 구조의 변화를 수반했다. 특히 먹거리 문화가 크게 변했다. 매년 20~30%의 고성장을 기록하고 있는 패스트푸드 산업은 90년 말 연간 2,000억 원 규모에 이르렀으며 30여 개의 외국 기업들이 국내에 1,000여 매장을 확보했다.

다) 〈생용담 통신판매〉, 「내외경제신문」, 1991년 7월 21일, 15면.
라) 〈신용카드 변칙대출에 징역-벌금형〉, 「서울신문」, 1990년 8월 23일, 6면.
마) 〈포장마차서 신용카드 거절당하자 폭력패〉, 「경향신문」, 1990년 8월 27일, 15면.
바) 〈공단근로자 울리는 신용카드〉, 「중앙일보」, 1990년 11월 6일, 23면.

1991년

제2장

'이념' 에서 '땅' 으로

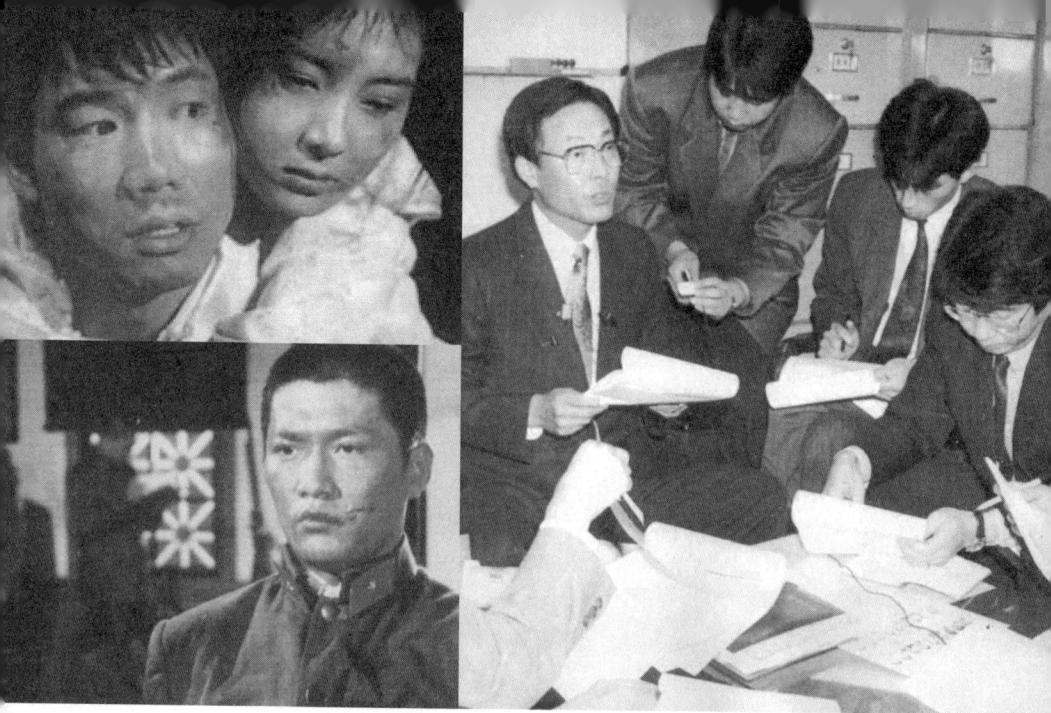

- 수서사건: 정치부패와 언론부패
- 강경대: '치사정국'에서 '분신정국'으로
- "누가 땅을 뒤흔들고 있는가?"
- 리영희: '사회주의의 실패'에 대해
- 신문전쟁: 전국 동시인쇄시대 개막
- 텔레비전: '사랑이 뭐길래'와 '여명의 눈동자'

수서사건: 정치부패와 언론부패

'노태우 정부 최대의 권력형 비리'

1991년 1월 22일은 3당합당 선언 1주년 기념일이었다. 이날 국회 상공위 뇌물외유 사건이 터졌다. 검찰은 이재근 상공위원장(평민당) 및 민자, 평민당의 간사인 박진구, 이돈만 의원이 한국자동차공업협회와 한국무역협회로부터 미화 7만 7,000달러(한화 5,500만 원)의 경비를 지원받아 미국, 캐나다 등을 여행했다는 사실을 밝혀내고 수사에 착수했다고 발표했다.

뒤이어 2월 3일에는 '노태우 정부 최대의 권력형 비리'라는 수서사건이 시작됐다. 『세계일보』의 특종 보도로 드러난 수서택지 분양특혜 사건은 정(政)-경(經)-관(官)이 유착한 대형 스캔들이었다. 이는 서울시가 한보그룹 소유의 서울 강남구 수서택지 개발예정지구내 3만 5,500평을 26개 연합 직장주택조합에 특별공급하기로 결정했는데, 이 과정에서 서울시에 대한 압력이 가해졌다는 것이었다.

수서사건의 진상은 4년 후 노태우 비자금 사건 수사를 통해 밝혀졌다. 검찰은 노태우가 90년 청와대 안가에서 한보그룹 회장 정태수로부터 수서택지 분양 청탁과 함께 4차례에 걸쳐 150억 원의 뇌물을 받은 사실을 밝혀냈다.[1]

그러나 91년 당시 노태우는 대통령이었으니, 그걸 밝혀낸다는 건 불가능한 일이었다. 2월 11일에는 뇌물외유 사건에 연루된 의원 3명이, 2월 16일에는 수서사건 관련 의원 5명과 청와대 비서관 장병조가 2억 6,000만 원에서 3,000만 원씩의 뇌물을 받은 혐의로 잇따라 구속됐다.

수서사건을 특종 보도한 이용식은 상공위사건과 수서사건이 정치권 세대교체를 둘러싸고 벌어진 '김영삼 · 김대중 대(對) 노재봉'의 권력투쟁과도 관련돼 있는 것으로 보았다. 90년 12월 27일 대대적인 개각에서 강영훈에 이어 국무총리에 오른 노재봉은 여권의 차기 대선 주자로 여겨지고 있었다.

이용식은 "모든 비리의 근본 원인과 책임이 정치권에 있는 것 같은 분위기가 조성됐다. 특히 수서사건의 경우, 정치권은 비리의 들러리에 불과했는데도 비리의 주체로 매도됐다. 공권력이 총동원되다시피 해 비리 척결 작업에 나섰다. 구속자가 줄을 이었고, 사정 분위기가 사회 각 분야를 휩쓸었다"며 다음과 같이 말했다.

"특히 국회의원들의 동요하는 모습이 확연했다. 상공위사건이 구속 사유가 될 정도라면 대부분의 국회의원이 무사할 수 없었기 때문이었다. 그러나 칼춤을 추는 공권력 앞에서 전전긍긍 당할 수밖에 없는 것이 정치권의 사정이기도 했다. 양김씨 진영은 이 같은 분위기가 비리 척결을 앞세운 정치권 물갈이 시도라고 보았다."[2]

---

1) 양기대 · 하종대 · 김정훈, 『도둑공화국: 권력과 재벌의 한판 잔치』(동아일보사, 1997), 121~122쪽.
2) 이용식, 『김영삼 권력의 탄생: 3당합당에서 청와대까지 1,000일간의 파워게임』(공간, 1993), 83~84쪽.

장병조 청와대 비서관이 수서사건 첫 공판을 받기 위해 법정에 들어서고 있다.

이용호도 "사정당국의 정치권에 대한 압박작전은 치밀한 계산에 따른 것이었다"며 "정치권을 흔들어 내각제 개헌 여건을 조성하려는 권력핵심부의 의중을 반영한 것이었다"고 했다.[3] 그렇지만 이 사건은 대통령과 여당에도 큰 타격을 줄 수 있었기 때문에 그 양상은 복잡하게 전개되었다.

2월 18일 민심 수습을 위한 개각이 단행돼 부총리에 최각규, 건설부 장관에 이진설, 서울시장에 이해원이 각각 기용되었다. 19일에는 민자당 3역을 경질하고, 노태우는 저녁 TV와 라디오로 생중계되는 가운데 대국민 사과담화를 발표했다.

---

3) 이용호, 『청와대 극비문서: 제6공화국 정치비화 권력막후 ②』(경향신문사, 1995), 308쪽.

그러나 아직 밝혀지지 않은 사실이 많았다. 『세계일보』 2월 21일자는 민자당이 수서 관련 민원처리 진행현황 자료를 검찰에 제출하면서 일부 내용을 변조했다고 보도했다. 민자당이 수서택지의 특별분양을 해 주는 것이 좋겠다는 결론을 내리고 90년 7월 20일 김영삼 대표를 비롯해 김종필, 박태준 최고위원의 결재까지 받았다는 내용을 고의로 삭제했다는 것이었다.[4]

김영삼·김대중의 공동 대응

노태우는 1991년 2월 21일 취임 3주년에 앞선 청와대 기자단과의 오찬간담회에서 수서사건 관련 언론보도에 대해 강한 불만을 표했다. 그는 "작년 한 해 정부가 집 없는 사람들을 위해 지은 주택이 74만 5,000세대인데, 이번에 말썽을 일으킨 수서지구는 고작 3,450세대일 뿐"이며, "언론에 바라는 것은 부정적인 것만 부각시킬 게 아니라 희망을 주는 밝은 부분도 있다는 점을 알리는 균형 감각"이라고 주장했다.[5]

이 사건을 특종 보도했던 이용식은 "2월 26일에는 걸프전이 발발하면서 수서사건은 여러 의혹을 남긴 채 언론과 국민의 관심에서 멀어지면서 미궁 속으로 빠져들게 됐다"고 했다.[6]

3월 9일 김대중은 보라매공원에서 대규모 장외집회를 열고 수서사건의 책임이 청와대에 있다며 짜맞추기 수사 의혹 등을 폭로했지만, 언론은 더 이상 문제를 제기하지 않았다. 검찰은 언론의 비리를 문제삼아 언론의 수서사건 보도에 대한 통제를 시도하는 것 아니냐는 의혹도 샀다.

전국언론노동조합연맹은 『언론노보』 1991년 3월 14일자에 게재한

---

4) 이용식, 『김영삼 권력의 탄생: 3당합당에서 청와대까지 1,000일간의 파워게임』(공간, 1993), 205~207쪽.
5) 이용식, 위의 책, 211쪽.
6) 이용식, 위의 책, 207쪽.

'검찰총장에게 보내는 공개서한'을 통해 "검찰은 이번 사건의 처리에 있어 이미 내사를 통해 언론로비의 혐의 사실을 확보하고 있다는 내용을 한편으로 흘리면서도 해당 언론인 누구에게조차 확인·조사하는 일에 착수하지 않았으며, 정작 수사종결 발표시에는 언론인 관련설을 애써 숨기며 은폐해 주려는 모습까지 보임으로써 오히려 국민의 언론 불신을 조장하는가 하면 깨끗한 언론, 바른 언론으로서 발전을 가로막기까지 한 책임을 모면하기 어려울 것입니다"라고 비판했다.

"더욱이 현재 언론계 내에서는 검찰의 내사 결과, 한보의 언론로비 내역이 완전히 드러났다며 일부 언론사 간부들의 이름과 액수까지도 공공연하게 나돌고 있는 실정입니다. 상황이 이러함에도 불구하고 검찰이 끝까지 언론로비 수사(내사)결과를 공개하지 않는다면 이는 분명 당국이 해당 언론인들의 약점을 덮어준 채 그들을 손에 거머쥠으로써 또 다른 형태의 언론통제를 가하려는 의도일 수밖에 없다고 많은 언론인과 국민들은 생각하고 있습니다."

3월 21일 낙동강 페놀 오염 사건이 발생하자, 평민당은 즉각 노재봉 내각의 사퇴를 요구하고 나섰다. 그러나 3월 26일 실시된 기초의회의원 선거에서 친여(親與) 후보가 75% 당선된 것으로 집계되자 상황은 또다시 바뀌었다.[7]

4월 1일 김영삼과 김대중은 대구에서 만나 '공안통치를 배격한다'는 공동성명을 발표하면서 '광역의회 6월 선거'에 합의하는 등 시한부 공동전선을 폈다. 4월 9일 평민당은 신민주연합당과의 통합을 위한 전당대회를 갖고 신민주연합당(신민당)으로 당명을 개칭, 출범했다.[8]

7) 이용식, 『김영삼 권력의 탄생: 3당합당에서 청와대까지 1,000일간의 파워게임』(공간, 1993), 85쪽.
8) 통합 전의 신민주연합당은 재야의 친평민당계 인사들로 구성돼 1991년 3월 23일 창당준비발기인대회를 열었다. 이날 대회는 결의문에서 "오는 92, 93년의 권력교체기에 민간정부로의 정권교체는 국민의 염원이며 민족사적 과제"라고 밝히고 "우리는 문민정부 수립을 위해 기존의 야당정치세력들에게 기득권을 과감히 포기할 것을 촉구하며 야권통합과 정권교체를 위해 앞장서 나갈 것을 결의한다"고 선언했다.

4월 26일 명지대생 강경대가 시위도중 시위진압 사복경찰(일명 백골단)의 구타에 의해 사망하는 사건이 발생했다. 결국 5월 24일 노재봉은 물러나고 후임 총리에는 정치적 성향을 갖고 있지 않은 정원식 교수가 기용됐다. 자신들의 파워를 과시한 김영삼과 김대중은 91년 하반기부터는 다시 경쟁관계로 들어섰다.[9]

한보그룹의 촌지 공세

당시 언론 부패와 관련된 논란은 서울시청 출입 기자들이 한보그룹으로부터 4,000만 원의 촌지를 받은 것에 집중되었지만, 그건 한보가 언론계에 뿌린 거액 촌지 가운데 일부에 지나지 않는 것이었다.

월간 교양지 『한사랑』 1991년 4월호는 〈언론부패, 이대로 안 된다〉는 특집기사를 게재했는데, 이 잡지의 실질적 발행인은 부임 직후 수서택지 특별분양을 허가했다가 서울시장에서 물러난 박세직이라는 점이 눈길을 끌었다. 박세직이 시청 기자단과 다른 언론계 인사들의 비리를 알고 있을지 모른다는 점에 비추어서 그랬다. 이 기사는 이렇게 보도했다.

"수서 관련 보도가 고개를 들 무렵인 90년 12월 이미 서울시청 출입 기자들이 작게는 기십만 원에서 크게는 기백만 원씩의 한보 촌지를 받았으며, 그 이후 일부 신문방송사의 사회부장, 편집국장 급에게 1,000~2,000만 원 이상의 촌지가 뿌려졌다는 게 정설이다."[10]

사실 당시 언론계에는 한보그룹으로부터 거액의 뇌물이 언론계 간부들에게 전달됐다는 소문이 나돌아 뒤숭숭한 분위기였다. 5억 수수설, 80명 연루설 등이 유포되고 구체적으로 개인의 이름과 액수까지 검찰 주변에

---

9) 이용식, 『김영삼 권력의 탄생: 3당합당에서 청와대까지 1,000일간의 파워게임』(공간, 1993), 85~87쪽.
10) 이용식, 위의 책, 218쪽.

수서지구 한보주택 토지조사 결과를 밝히는 임채주 국세청 조사국장. 그러나 당시엔 밝혀지지 않은 사실이 너무도 많았다. 수서사건의 진상은 4년 후 노태우 비자금 사건 수사를 통해 밝혀지게 된다.

서 거론되기 시작했다. 한보그룹 홍보 담당 상무 이정웅은 검찰 조사에서 언론계 일부 간부 이름까지 거명하고 "언론인들에게 섭섭하지 않게 해 주었는데 수서 관련 보도를 보니 너무 섭섭하다"는 얘기까지 한 것으로 보도됐다.[11]

그러나 검찰은 곧 "언론인 관련 부분은 검찰의 수사 대상이 아니다"는 입장을 밝혔으며 정부 측도 "언론계의 자체 정화가 바람직하다"는 입장을 거듭 표명하기에 이르렀다. 왜 그랬을까? 그 이후 언론의 수서 비리 관련 보도가 급격히 줄어들기 시작했다는 점에 주목할 필요가 있었다. 또 수서 비리를 최초로 그리고 가장 성실하게 보도했던 『세계일보』 편집국장 이두석과 부사장 손병우가 인사 보복을 당하고 『세계일보』를 소유

---

11) 이용식, 『김영삼 권력의 탄생: 3당합당에서 청와대까지 1,000일간의 파워게임』(공간, 1993), 219쪽.

한 통일그룹이 세무조사를 받는 보복을 당해도 다른 언론이 이를 외면했다는 점도 예사롭지가 않았다. 이와 관련, 이용식은 "이로써 정치권력과 저돌적으로 맞부딪쳤던 한 신생 언론의 시도는 50여 일 만에 완전항복으로 막을 내렸다"고 했다.[12]

당시 권력과 언론 사이엔 묵계의 거래가 있었던 게 아닐까? 권력이 언론계 비리를 눈감아주는 대신 언론도 수서 비리를 더 이상 문제삼지 않는 거래를 한 게 아니었겠느냐는 것이다. 알 수 없는 노릇이었다. 그러나 한 가지 분명한 건 언론도 정태수의 로비로부터 자유롭지 못했다는 점이었다.

언론의 촌지·향응 잔치

전국언론노동조합연맹이 1991년 3월에 발표한 〈자정운동의 횃불을 올리자〉는 성명은 "음식물에 독극물을 첨가하는 행위가 용납될 수 없듯이 국민 모두가 정확하고 올바르게 알아야 할 정보가 돈 거래의 대상이 될 수 없다"고 선언했다.

그러나 수서파동 이후 "골프향응"은 기자들 사이에 새롭고 안전한 "촌지"로 큰 인기를 얻었다. 일부 부처의 경우 출입기자의 3분의 2가 거의 매주 해당 부처 혹은 산하기관의 "후원"을 받아 골프를 치고 있으며 아예 기자실에 연습용 골프채까지 갖다 놓는 진풍경이 벌어지기도 했다.

91년 "신문의 날"엔 200여 명의 기자들이 기업으로부터 골프향응을 받았다. 『조선일보』 기자 70여 명은 전주제지의 경비부담으로 한성·관악골프장 등 3곳에서, 『서울신문』 기자 30여 명은 포항제철 후원으로 양주 골프장, 『세계일보』 기자 20여 명은 기아자동차 후원으로 양주 골프

---

12) 이용식, 『김영삼 권력의 탄생: 3당합당에서 청와대까지 1,000일간의 파워게임』(공간, 1993), 228쪽.

장, 『중앙일보』 기자 50여 명은 전주제지 후원으로 레이크사이드 골프장, 『경향신문』 기자 7명은 럭키금성 후원으로 레이크사이드 골프장에서 향응을 받았다.[13]

월간 『세계와 나』 기자 이희용은 91년 6월호 기사에서 "재벌들은 기자들과 데스크에게 특정 취재나 보도에 관련된 촌지 말고도 월례성 촌지나 명절 때의 보너스성 촌지를 정기적으로 돌리는 것으로 알려져 있다"며 "이들의 봉투는 언론사의 사세에 따라 혹은 받는 이의 직급에 따라 달라지기도 하지만 대략 20만 원에서 30만 원이고 데스크급은 50만 원에서 100만 원, 부장급 이상이 그룹 총수를 인터뷰하는 경우에는 수백만 원이 되기도 한다고 알려져 있다"고 말했다.

"일부 기업은 기자나 경제부 데스크의 개인 신상을 꼼꼼하게 파악하여 명절 때 기호에 맞는 선물을 챙겨주어 받는 이를 감격(?)시키는가 하면, 기자의 생일은 물론 부인의 생일까지 기억하여 선물을 챙기는 '눈치 빠름'을 과시하기도 한다. 기자들의 단체 야유회 등에 회사 버스를 제공하거나 연수원 등을 빌려주는 것도 관례화된 일이어서 언론사 측에서 먼저 요청하는 사례까지 없지 않다. 해마다 신문의 날에 중앙 일간지 간부들이 대기업들로부터 골프 향응을 받는 것도 일상화된 일로 알려져 있다."

계간 『사상』 91년 가을호 특집 〈한국 언론을 말한다〉엔 한 일선 기자의 다음과 같은 고백이 실렸다.

"영화 기획 일을 맡고 있는 후배로부터 '영화 기사를 문화면에 한번 실으려면 00원만 있으면 되고, 유명한 영화평론가의 영화평을 신문에 싣는 정가는 00원이다'라는 말을 들었을 때 기자로서의 심한 자괴감을 느끼게 된다. 심지어 '아무리 유능한 화가도 기자들에게 인사치레(돈봉

---

13) 『언론노보』, 1991년 4월 11일.

투)를 하지 않으면 전시회 소개 기사가 단 한 줄도 나지 않는다'는 믿기 어려운 얘기까지 나도는 실정에서 기자들의 '자정(自淨)' 이야말로 시급하다는 생각을 새삼스럽게 하지 않을 수 없는 것이다."

『한겨레신문』 편집위원 고승우는 "미술 전람회의 경우 안내 기사를 청탁하면서 20∼30만 원씩을 '원고료'라며 건네준다 한다. 최근 소비문화의 번창과 함께 문화계의 거래 단위가 커지면서 촌지 액수도 눈덩이처럼 급격히 불어났다"고 말했다.[14]

"군대보다 '강한' 언론"

1991년 7월에 실시된 한국언론연구원 조사에선 현직 언론인의 96.3%가 "촌지가 수수되고 있다"고 응답하였다. 언론사들은 앞 다투어 촌지를 거부한다는 윤리강령을 제정·선포했지만, 대부분 윤리강령의 실천에 강제력이 없고 위반시에도 아무런 제재조치가 없어 유명무실했다. 이와 관련, 『언론노보』 91년 7월 22일자는 "자정이 무색하다"며 "'수서사건'을 계기로 언론계 전체로 확산됐던 자정 움직임이 회사별 혹은 출입처별로 구체화되지 못하면서 최근 일각에서 자정의지를 무색케 하는 사례들이 잇따라 발생하고 있다"고 비판했다.

"'수서' 이후 거의 금기시돼 왔던 출입처 내 집단 촌지수수가 최근 또 확인돼 물의를 빚고 있는가 하면 기자단별로 상당히 자제돼 왔던 촌지성 외유도 늘어나고 있다. 특히 윤리강령 채택 등으로 전 사적인 자정의지를 과시했던 일부 언론사들은 명백한 강령위반 사례에 대해서도 아무런 조치를 취하지 않음으로써 강령 자체를 사실상 사문화시켜 버려 실망을 안겨 주고 있다."

---

14) 고승우, 『기자, 똑바로 해야지!』(춘추원, 1992).

아니나 다를까, 91년 11월 보사부 출입기자단의 촌지 사건이 또 한번 언론계를 강타했다. 촌지의 규모가 거의 1억 원대에 달하는 것으로 밝혀졌다. 『한겨레신문』 논설위원 김종철은 11월 6일자 칼럼 〈군대보다 '강한' 언론〉에서 "나는 지난해 이맘때쯤 중앙 일간지 편집국에서 중요 부서의 책임자로 일하는 언론인의 간접 '양심선언'을 들은 바 있다. 간접이라고 말하는 것은 나의 대학 동문인 어느 국회의원의 입을 통해 그 고백을 전해 들었기 때문이다. 내용을 간략히 줄이면 이렇다"며 다음과 같이 말했다.

"'내가 맡은 자리를 말썽 없이 2년만 지키면 적어도 5억 원을 번다. 특히 추석과 연말에 봉투가 몰려드는데 추석에는 상사나 부하들, 그리고 내근 기자들에게 선심을 쓰고 연말에는 내 몫으로 더 갖는다. 이 밖에 봄철 야유회와 여름휴가 때 들어오는 촌지를 치사스럽게 내가 차지하지 않고 회사 안에서 분배하면 양심적인 사람이라는 소리를 듣는다.' 사정이 다른 신문사에서 일하고는 있지만 어쨌든 나도 언론인이어서 촌지의 내력을 대강 알고 있다고 생각하던 터에 그 '양심선언'은 너무나 놀라웠다. '그렇게 많을 리가 있겠습니까?' 다물어지지 않은 내 입을 보면서 그 정치인은 대답했다. '나하고 아주 친한 사람이 묻지도 않는데 그렇게 말하더라니까요. 봉투를 안 받으면 관련 업체들이 못살게 군대요. 문제의 기사가 터질 때 막을 수가 없기 때문이지요.'"

과거 권력의 탄압과 통제 대상이었던 언론은 이제 권력 분점의 단계로 나아가고 있었다.

강경대: '치사정국'에서 '분신정국'으로

강경대 사망, 11명 분신자살

1991년 4월 26일, 학원자주화 투쟁에 참여한 명지대학교 경제학과 1학년 학생 강경대가 백골단 소속 사복경찰에게 쇠파이프로 구타당해 사망하는 사건이 발생했다. 이날부터 강경대의 유해가 광주 망월동 묘역에 묻히기까지 25일간 한국은 대혼란의 수렁으로 빠져들었다. 4월 29일엔 전남대생 박승희가 '강경대 치사사건 규탄과 공안통치 분쇄를 위한 범국민대회' 중에 분신했고(5월 19일 사망), 5월 1일에는 안동대생 김영균이 (5월 2일 사망), 그리고 3일에는 경원대생 천세용이(5월 3일 사망), 8일에는 전민련 사회부장 김기설이 서강대 옥상에서 유서를 남기고 분신하는 등 모두 11명의 목숨이 사라져갔다.[15] 이른바 '공안정국'에서 '치사정국

---

15) 신윤동욱, 〈"우리의 시대는 저물지 않았다"〉, 『한겨레21』, 2001년 5월 3일, 12면; 이상락, 〈장학·무료진료 복지법인 설립한 故강경대군 아버지 강민조: '아들 이름으로 살아온 8년 세월'〉, 『신동아』, 1999년 4월, 513·518쪽.

강경대의 장례식 모습.

(致死政局)'으로, 그리고 다시 '분신정국(焚身政局)'으로 이어진 셈이었다.

위기의식을 느낀 노태우는 열흘새 이틀에 한 번꼴로 언론사 간부들을 만났다. 4월 26일 각 언론사 정치부장(점심), 4월 30일 각 언론사 주필(저녁), 5월 2일 각 언론사 편집부장(저녁), 5월 3일 각 언론사 경제부장(점심), 5월 6일 각 언론사 사회부장(점심) 등을 만나 여론을 유리하게 조성하기 위해 안간힘을 썼다.[16]

이런 회동 때문이었는지 어느 신문의 데스크는 경찰기자들에게 〈공부 좀 합시다〉라는 제목의 면학분위기 촉구 기사를 작성할 것을 지시하였다. 경찰기자들이 이 지시를 거부하였기 때문에 널리 알려지게 되었지만, 방송은 노골적으로 노 정권에 충성을 다했다.

KBS 노조는 91년 5월 6일자 성명에서 "노 정권의 말기적 폭력성에

---

16) 『언론노보』, 1991년 5월 8일.

규탄의 소리가 드높은 시점에 태평성대인 양 청와대에 충성스런 몸짓을 취하는 게 부끄럽다"며 "더 이상 KBS를 공영방송이라고 부를 수 없게 됐다"고 비판했다. MBC 노조도 91년 5월 6일자 특보에서 "MBC 뉴스가 돌 맞기 일보직전에 처해 있다"고 개탄했다.

"죽음의 굿판을 당장 걷어 치워라"

이런 상황에서 시인 김지하는 전혀 다른 목소리를 냈다. 그는 『조선일보』 1991년 5월 5일자에 쓴 〈젊은 벗들! 역사에서 무엇을 배우는가: 죽음의 굿판을 당장 걷어 치워라〉라는 글에서 분신자살을 강하게 비판했다.

"젊은 벗들! 나는 너스레를 좋아하지 않는다. 잘라 말하겠다. 지금 곧 죽음의 찬미를 중지하라. …… 지금 당신들 주변에는 검은 유령이 배회하고 있다. 그 유령의 이름을 분명히 말한다. '네크로필리아' 시체선호증이다. 싹쓸이 충동, 자살특공대, 테러리즘과 파시즘의 시작이다. …… 자살은 전염한다. 당신들은 지금 전염을 부채질하고 있다. 열사 호칭과 대규모 장례식으로 연약한 영혼에 대해 끊임없이 죽음을 유혹하는 암시를 보내고 있다. 생명말살에 환각적 명성들을 씌워주고 있다. 컴컴하고 기괴한 심리적 원형이 난무한다. 삶의 행진이 아니라 죽음의 행진이 시작되고 있다."

이 비판은 생명에 대한 존중심에서 나온 것이었지만, 당시의 정치적 상황에선 노 정권을 돕는 결과를 낳아 많은 이들을 분노하거나 불편하게 만들었다.[17] 대학가의 일부 사회과학 서점에서는 김지하 책 불매운동이 벌어졌으며, 김지하가 소속된 민족문학작가회의(회장 고은)는 김지하에게 제명 처분을 내리기까지 했다. 민족문학작가회의 청년위원회 부위원장이자 시인인 김형수는 "김지하는 지금 세상을 두 눈이 아닌 한 눈으로 보고 있다"고 공개 비판했다.

"먼저 학생이 쇠파이프로 맞아죽었다. 그에 대한 항의를 폭력이 막았고, 분노한 저항자가 분신까지 했다면 이는 타살이다. 이를 놓고 '그리도 경박스럽게 목숨을 버렸' 느냐고 말하란 말인가? …… 지금의 그는 셋 중 하나이다. 생명사상에 심취하다 사람마을의 일들을 어둡게 보고 있거나 과대망상적인 명망가 의식에 사로잡혀 충격의 미학을 즐기고 있거나 민중의 편에서 권력의 편으로 자리를 아예 바꿔앉았거나."[18]

『조선일보』 1991년 5월 5일자에 실린 김지하 칼럼. 〈젊은 벗들! 역사에서 무엇을 배우는가: 죽음의 굿판을 당장 걷어 치워라〉

17) 『한겨레신문』 1991년 5월 8일자는 〈김지하씨 원고료 사상 최고 수준: 동아일보서 1매당 3만 5천원씩 받아〉라는 제목의 기사를 통해 김지하가 매주 『동아일보』 목요일자에 '모로 누운 돌부처' 라는 제목으로 회상기 연재 계약을 하면서 200자 원고지 장당 5만원씩 지급해 줄 것을 요구했다가 3만 5천원으로 합의해 지급받고 있다고 보도했다. 김지하가 『조선일보』에 쓴 글을 마땅치 않게 생각했던 『한겨레신문』으로선 김지하를 원고료 타령이나 하는 속물로 묘사하고 싶었던 건지도 모르겠다. 언론이 문인들의 원고료 교섭 과정을 보도한 적이 거의 없었다는 점에 비추어 이 기사는 '보복성' 이었다고 봐도 무리는 아니었다. 김지하가 『조선일보』에 썼던 그 문제의 글에 대해서도 원래는 그걸 어디에 싣기로 했는데 원고료가 맞지 않아 더 높은 원고료를 주겠다는 『조선일보』에 기고하게 된 것이라는 등 그런 아름답지 못한 이야기가 당시에 떠돌아다녔던 것도 결코 우연은 아니었을 것이다.

18) 김형수, 〈우리 그것을 배신이라 부르자: 젊은 벗이 김지하에 답한다〉, 『한겨레신문』, 1991년 5월 8일, 3면.

이창동·이오덕의 김지하 논쟁

민족문학작가회의의 제명 처분에 대해 회원들 사이에 논쟁이 일기도 했다. 제명 처분이 46 대 1이라는 압도적인 다수로 결정된 바와 같이, 이의를 제기하는 쪽이 극소수파이긴 했지만 말이다.

이창동은 "저 자신도 그 글을 읽으면서 젊은이들의 잇따른 분신이 공권력이란 이름으로 저질러진 한 젊은 학생의 비극적인 죽음을 자신의 몸을 불사르면서까지 역사발전의 동인으로 승화시키고자 하는 통절한 노력이라는 사실을 굳이 외면하고 '생명말살'의 충동으로만 매도할 수 있을 것인가 하는 강한 의문을 느꼈습니다"라고 밝히면서도, "하지만 그가 그 글을 자신의 소신이나 충정으로 발표한 이상 그 때문에 비난을 받든지, 공감을 얻든지 얼마든지 그것은 전적으로 그분이 감당해야 할 몫입니다"라고 말했다. 그는 "시인 김지하의 이름 위에 단호히 붉은 줄을 그을 만큼 우리 모두는 과연 얼마나 떳떳하며, 얼마나 선명한가 저는 반문하지 않을 수 없습니다"라면서 "한쪽으로는 양심수 석방을 외치면서 어떻게 동료 문인의 양심을 단죄한단 말입니까"라고 물었다.[19]

이에 이오덕은 "한 사람이 한 말은 표현과 양심의 자유가 되고, 더 많은 사람의 말은 표현도 양심도 아니란 말인가"라고 물으면서 "그것은 파시즘의 궤변이다"고 말했다. 그는 "나는 작가회의가 민주를 배반하는 상식 이하의 글을 멋대로 발표하는 사람까지 너그럽게 안고 있는 그런 흐리멍텅한 단체라면 마땅히 민족문학이란 간판은 내려야 한다고 본다"며 "그러면 계꾼들의 모임이나 다를 바 없는 그런 단체에 회원으로 남아있을 사람이 몇이나 될까. 나부터 당장 발을 끊을 것이다"고 했다. 그는 "작가회의는 민족과 민주란 알맹이를 가진 작가들이 모인 단체다. 민

---

19) 이창동, 〈동료문인들 앞장선 단죄에 충격〉, 『중앙일보』, 1991년 5월 19일, 9면.

족·민중·민주의 이념을 실천하는 실천문학의 마당이 작가회의다. 명백히 모순을 지닌 현실에 대하여 투철한 의식과 문학으로써 대항하는 단체가 작가회의다"고 말했다.[20]

5월 8일엔 연세대 교수 김동길이 강경대의 죽음과 관련해 비판적인 목소리를 냈다가 교내 대자보에서 비판을 받게 되자 사표를 냈다. "학생들이 교실에서의 강의 내용을 갖고 스승을 비방하는 대자보를 붙이는 현실에 배반감을 느껴 사표를 낸다"고 했다. 5월 1일 '서양문화사 강의를 듣는 한 연세 학우'란 이름으로 붙은 대자보는 다음과 같은 내용이었다.

"김 교수가 지난달 29일 1교시 서양문화사 시간에 '입학한 지 2개월된 신입생이 사회에 대한 문제의식을 얼마나 느끼고 행동했길래 그를 열사라고 부르는가?', '그는 배후조종한 선배들에 이끌려 시위 도중 도망가다가 맞아 죽은 것일 뿐', '강씨를 배후조종해 죽게 만든 선배들은 내빼고 난 뒤 그를 다시 열사로 만들어 사회를 혼란스럽게 만들고 있다'고 말해 김 교수 특유의 비약논리로 강씨의 죽음을 수많은 학생들 앞에서 하찮은 죽음으로 만들어 버렸다."[21]

박홍의 '분신 배후설'

노태우 정권은 '분신 배후설'을 유포하였는데, 이 분신 배후설의 확산에 결정적인 기여를 한 인물이 있었으니 그가 바로 서강대 총장 박홍이었다. 박홍은 김기설의 분신자살 당일인 5월 8일 "죽음의 블랙리스트가 있다. 구체적으로는 모르겠지만 우리 사회에는 죽음을 선동하고 이용하려는 반생명적인 죽음의 세력, 어둠의 세력이 존재한다"고 주장했다.

20) 이오덕, 〈지하의 '본모습'이 드러났다〉, 『중앙일보』, 1991년 5월 22일, 15면.
21) 『한겨레신문』, 1991년 5월 2일, 14면; 『한겨레신문』, 1991년 5월 9일, 15면.

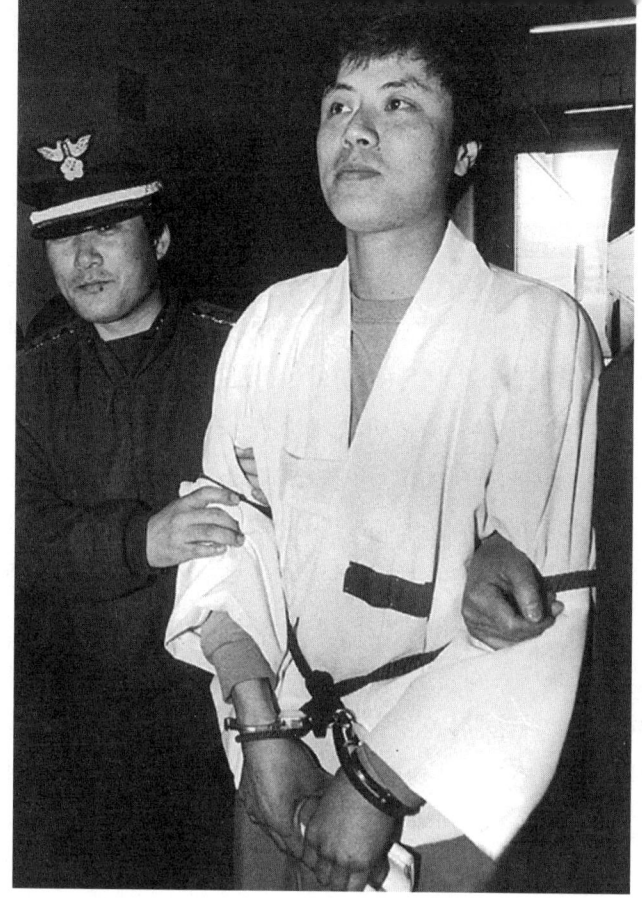

검찰은 전민련 총무부장 강기훈을 유서대필, 자살방조 피의자로 특정하고 수사를 진행했다.

그는 그 배후세력을 '전염병균 같은 이들' 이라고 규정하고 "이들은 그늘에서 엄청난 힘을 갖고 자신도 죽고, 남도 죽이는 물귀신 공법으로 물 마시듯 폭력을 전염시키고 있다"고 주장했다.

검찰은 바로 그날 전민련 총무부장 강기훈에 대해 유서대필 등 자살방조 혐의로 압수수색영장을 발급받아 강기훈의 필적을 입수하는 등 강기훈을 자살방조 피의자로 특정하고 수사를 진행했다. 또 검사 및 검찰직원은 관례와 달리 직접 국립과학수사연구소를 방문해 필적 감정문건에 대해 설명했고, 국과수 직원은 검사에게 "어떠한 감정을 원하느냐"고 전화통화를 하기도 했다. 노 정권은 유서대필 사건을 날조한 혐의가 짙

었고, 이를 유포함으로써 상황 반전을 꾀하고자 했던 것이다.[22]

『조선일보』 1991년 5월 10일자 사설 〈박홍 총장의 경고〉는 "우리는 박 총장이 어떤 구체적인 증거를 가지고 있는지 알지 못한다. 하지만 그의 말대로 최근 일어나고 있는 일련의 자살 소동에는 무언가 자연스럽지 않고 합리적이지 않은 의문점이 개재한다는 점을 강하게 느낀다. 또 항상 민주화운동에 앞장서 왔고, 지금도 그런 소신에 변함이 없을 박 총장이 오늘 우리 사회에서 벌어지고 있는 인간파탄적·비지성적 소란을 보며 책임 있고 교육자다운 용기 있는 발언을 하고 있는 데 대해 주목하지 않을 수 없다"고 말했다.

5월 18일 노태우 정권 퇴진 제2차 국민대회(고 강경대 열사 장례식)시엔 연대 앞 굴다리에서 이정순 분신·사망, 전남 보성고생 김철수 분신·사망, 광주 운전기사 차태권 분신 사건이 일어났다. 5월 24일 노재봉이 물러나고 후임 총리에는 정치적 성향을 갖고 있지 않은 정원식 교수가 기용됐지만 시위는 계속되었다. 5월 25일 공안통치 민생파탄 노태우 정권 퇴진 제3차 국민대회시엔 성균관대 학생 김귀정이 시위 도중 질식사를 당했고, 6월 2일엔 노태우 정권 퇴진 제4차 국민대회가 열렸다.[23]

'정원식 총리 밀가루 폭력 사건'

그러나 유서대필 사건이 진실인 양 언론에 널리 보도되면서 운동권은 물론 민주화세력 전체가 치명상을 입었다. 여기에 6월 3일 '정원식 총리

---

22) 강기훈은 대법원에서 유죄가 확정돼 3년 2개월을 복역한 뒤 94년 만기 출소했다. 2005년 12월 16일 경찰청 과거사진상규명위원회는 '강기훈 유서대필 사건'에 대해 "유서는 강씨가 대신 쓴 것이 아니라 분신자살한 김기설씨 본인이 작성한 것으로 보인다"고 잠정결론을 내렸다. 고찬유, 〈"강기훈 유서대필 사실 아니다"〉, 『한국일보』, 2005년 12월 17일, 10면.
23) 김정한, 『대중과 폭력: 1991년 5월의 기억』(이후, 1998), 46쪽.

밀가루 폭력 사건'이 발생했다. 그날 오후 6시 30분쯤 정원식은 외국어대 교육대학원에서 마지막 강의를 시작했는데, 외국어대 학생회는 과거 문교부장관 재직시 전교조를 탄압했던 정원식의 이력을 겨냥해 "학우 여러분, 전교조 선생님들을 학살한 정원식이 지금 우리 학교에 와 있습니다"라는 교내방송을 했다.

주변이 소란해지자 정원식은 90분으로 예정된 강의를 50분 만에 끝냈지만, 어느새 강의실 복도는 200여 명의 학생들로 가득 찼다. 학생들은 정원식에게 날계란과 밀가루를 퍼부었다. 정원식은 경호원들에 의해 가까스로 현장을 탈출했지만, 계란과 밀가루로 범벅이 된 정원식의 일그러진 표정과 혼란 상황은 '마지막 강의' 취재차 현장에 있던 10여 명의 카메라 기자들에 의해 생생하게 포착되었다.[24]

정부는 대책회의를 소집하고 이 사건을 '인륜을 저버린 패륜아적 범죄', '공권력과 정부 권위에 대한 중대한 도전이자 반인륜적 행동'으로 규정했다. 또 정부는 "이번 사건의 배후에는 조직적 반체제 좌경용공세력이 있다"며 "현 시점을 법질서 확립의 마지막 기회로 삼아 체제도전세력을 철저히 추적 색출하기로 했다"고 밝혔다.

언론도 이 사건을 '인륜의 파탄'이라고 비난했다. 굳이 그런 비난이 없다 하더라도 정원식이 봉변을 당하는 사진은 많은 국민을 분노하게 만들었다. 이 사건은 재야 운동권의 도덕성에 큰 타격을 입혔다.

이는 6월 20일 광역의회선거 결과로 나타났다. 집권 여당의 승리였다. 58.9%의 투표율을 기록한 6·20 광역의회선거에서 민자당은 당초의 목표(550명)를 초과달성, 564명의 당선자를 냄으로써 전체 시도의원 정수 866명의 거의 3분의 2를 확보했고 지역적으로도 광주, 전남북 등 호남과 제주를 제외한 11개 시도의회를 독력으로 장악했다.

---

24) 김연광, 〈정원식 총리 폭행 사건: 재야의 몰락을 재촉한 계란과 밀가루〉, 월간조선 엮음, 『한국현대사 119대 사건: 체험기와 특종사진』(조선일보사, 1993), 350~353쪽.

1991년 6월 3일 정원식 총리는 외국어대학교에서 강의를 마치고 나오다 학생들로
부터 계란과 밀가루 세례를 받았다.

그러나 신민당은 최소목표인 200석에 못 미치는 165석에 머물렀고
민주당도 21명의 당선자만 내는 참패를 기록했다. 43명의 공천자를 냈
던 민중당은 탄광 지역인 강원도 정선에서 단 1명의 당선을 기록했을 뿐
이다.

이에 반해 무소속은 경기, 강원, 충남 등 중부권과 영남지방을 중심으
로 115명이 당선되는 강세를 보였는데 특히 제주도에서는 민자당을 제치
고 과반수를 차지하기도 했다. 이들 무소속 인사 중 상당수는 민자당 공
천에서 탈락, 반발 출마한 친여인물들인 것으로 알려졌다. 그러나 무소
속 후보 중 관심거리였던 독자적 정치세력화를 지향한 시민연대회의 측

은 서울지역 공천자 15명이 전멸했고 전교조는 광주와 제주에서 각 1명의 당선자를 내는 데 그쳤다.

당선자 수와는 달리 득표율은 민자당 41%, 신민당 22%, 민주당 14% 등으로 나타났는데 이를 당선자 수와 대비한 득표효율로 환산하면 전국적으로 65% 정도의 의석을 확보한 민자당은 1.5배 이상의 효과를 올린 반면 신민당은 0.9, 민주당은 0.14배에 불과, 야당의 산표현상이 극심했음을 보여 주었다.[25]

김연광은 "압승의 1등 공신이 정원식 총리라는 데 누구도 이견을 달지 않았다"고 했다.[26]

강한섭은 "5월 대중의 반란에 직면하여 공중분해될 것 같던 집권 여당이 6월에는 광역의회를 석권하고 구조적 모순으로 비틀거리는 한국 경제는 그러나 기록적인 성장을 계속하고 있"었다며 "91년 한국의 여름은 한마디로 온통 헛갈리는 시대"였다고 했다.[27]

김대중과 이해찬

광역의회선거에서 220석을 예상했다가 165석을 얻는 데에 그친 김대중도 타격을 입었다. 언론은 당장 그의 진퇴 문제를 거론했다. 김대중은 "야당을 하다가 하루아침에 여당으로 변신해 간 사람들도 떳떳이 활보하고 있는데 왜 홀로 야당의 길을 지키고 있는 나의 진퇴 문제가 무성하게 나오고 있는지 기가 막힌 심정이 들 때가 많다"고 토로했다.

야당의 패배엔 신민당을 탈당하고 나온 국회의원 이해찬도 적잖이 기

---

25) 「동아일보」, 1991년 6월 21일, 3면; 「한국일보」, 1991년 6월 22일, 5면.
26) 김연광, 〈정원식 총리 폭행 사건: 재야의 몰락을 재촉한 계란과 밀가루〉, 월간조선 엮음, 「한국현대사 119대 사건: 체험기와 특종사진」(조선일보사, 1993), 350~353쪽.
27) 강한섭, 〈이상한 영화〉, 「월간중앙」, 1991년 8월.

여했다. 그는 광역의회선거 직전에 나온 『신동아』 7월호를 통해 "이 야당으론 정권 교체 못한다"며 김대중을 강하게 비난했다. 이해찬은 김대중의 '부도덕한 공천'의 내용을 폭로하면서 "많은 국민들은 김 총재가 권력욕이 너무 강하다고 생각하고 있다"고 말했다.[28] 김대중은 나중에 '부도덕한 공천' 문제에 대해 이렇게 항변했다.

"일부에서 우리 당이 공천을 비정상적으로 한 것 같이 얘기하는데 거기에 대해서 한마디 분명히 하고 싶어요. 야당이 공천 때 정치헌금 받는다는 것을 시비하기 전에 평상시 정치헌금을 야당도 받을 수 있도록 여건을 먼저 만들어 줘야 합니다. 솔직히 말해 돈 때문에 할 수 없이 자격이 미달하는 사람을 넣었습니다. 절대 부인하지 않습니다. 그러나 그렇게 하지 않으면 선거를 할 수가 없습니다. 그렇게 안 하면 선거를 못 하게 만든 현실을 먼저 문제삼아야지 공천 때 헌금 받은 것을 문제삼는다면 야당 없어지라는 얘기나 마찬가지입니다."[29]

김대중은 끈질긴 생명력을 과시했다. 91년 9월 10일 김대중은 신민당과 민주당과의 통합을 실현해, 이기택과 함께 통합야당인 민주당의 공동대표로 선출됐다. 92년 대선을 겨냥한 몸부림이었다.

---

28) 그러나 이해찬은 나중에 다시 김대중에게 머리를 조아리고 공천을 받았다. 이와 관련, 김대중은 "이해찬 의원은 광역선거를 한참 하는 도중에 당을 탈당하고 매도해서 선거에 엄청난 피해를 주었습니다. 그러나 잘못이 있긴 하지만 13대 국회에서 상당히 의정활동을 잘했다는 점, 그리고 둘째는 자신이 잘못을 반성하고 있다는 점, 경험이 부족해서 그랬다고 반성했기 때문에 …… 젊은 사람에 대해서 기회를 한번 더 주는 것이 옳다, 그래서 기회를 준 것입니다"라고 말했다. 『길』, 1992년 3월.
29) 『월간중앙』, 1991년 11월.

정주영과 현대사건

1991년 5월 6일 현대그룹 회장 정주영은 해운항만청 초청 강연에서 청와대의 민감한 관심 사항인 경부고속전철 건설계획을 강하게 비판했다. 7조 원 이상의 막대한 예산이 소요돼 재정적으로 부담이 되는 것은 물론 전철이 지나가지 않는 호남지역의 소외감정을 더욱 부추길 수도 있다는 이유였다.[가]

이는 그의 대권 도전 의지를 시사해 주는 사건이었다. 좀 더 명백한 의지는 91년 7월 정주영이 70명의 각계 인사를 이끌고 중국을 방문한 이벤트를 통해 드러났다.

당시엔 '한중 민간사절단', 나중엔 '천지(天地) 동우회'란 이름이 붙여진 이 그룹엔 이한빈 전 부총리, 이건영 전 3군사령관, 최효진 연세대 교수, 안병욱 숭실대 교수, 강부자 의원, 최불암 현대예술극단 대표, 한완상 서울대 교수, 신낙균 여성유권자연맹, 정의숙 이화여대 이사장, 김옥렬 전 숙명여대 총장, 구혜영 작가, 오제도 변호사, 서영훈 전 KBS 사장, 박홍 서강대 총장, 이상주 울산대 총장, 김종서 서울대 교수, 강석규 호서대 총장, 장을병 성균관대 총장, 고흥문 전 국회부의장, 양호민 한국논단 사장, 최정호 연세대 교수, 홍남순 변호사, 고영복 서울대 교수, 곽수일 서울대 교수, 백명희 이화여대 교수, 이규행 현대문화신문 사장, 곽종원 전 건국대 총장 등이 참여했다(나중에 이들 중 10명이 정주영이 만든 국민당 창당발기인으로 참여했다).[나] 전 건국대 총장이자 예술원 회원인 곽종원은 훗날 이렇게 썼다.

가) 허영섭, 『정주영 무릎꿇다: 대권도전 다큐멘터리』(아침, 1993), 22쪽.
나) 전진우, 『60점 공화국: '작가-기자' 전진우의 6공 비망록』(미문, 1992), 81쪽.

"우리 일행은 백두산에 올라 천지를 바라보고 다시 압록강 건너편으로 멀리 조국강산을 바라보았다. 순간 마음속에서 뭉클하게 나라 사랑의 충정이 용솟음쳤다. '오라! 정주영 회장이 이 순간을 우리와 함께 느껴보자고 이리로 데려왔구나' 하는 생각이 왈칵 치솟았다. 우리는 순간적으로 '대한민국 만세!'를 연거푸 세 번 외쳤다. 70명의 마음이 하나로 뭉치는 감격적인 순간이기도 했다. 정주영 회장은 애국심을 불러일으키는 중요한 계기를 만드는 데 아낌없이 돈을 쓰시는 분이로구나 하고 고맙게 생각했다."[다]

그러나 이후 정주영의 행보는 순탄치 않았다. 노태우 정권의 탄압이 가해졌기 때문이다. 91년 9월 국세청의 현대에 대한 세무조사를 둘러싸고 시중엔 수많은 '설'들이 떠돌아 다녔다. 흥미로운 건 언론의 보도 태도였다. 재벌에 대해 부정적인 국민 감정에 편승코자 한 "장삿속"뿐만 아니라 "현대문화일보"가 창간을 앞두고 기존 언론사들의 인력을 대량으로 빼내간 것에 대한 "앙갚음"까지 겹쳤는지는 몰라도 그야말로 "난도질"이라는 표현이 어울릴 만큼 현대를 무섭게 질타했다. 그간 현대가 저질렀던 모든 비리가 며칠 사이 신문지상을 통해 한꺼번에 터져 나오니 현대야말로 "반국가적 악덕 기업"의 표본이라는 생각마저 들 정도였다.

당시 언론보도에 따르면, 공해유발과 산업재해가 으뜸이고 노조탄압이 제일 심하고 수돗물까지 훔쳐 쓰고 돈벌이만 되면 무엇이든 한다는 현대는 이 지구상에서 영원히 없어져야 옳을 것 같았다. 그런데 도저히 이해할 수 없는 것은 한국 언론이 언제부터 그렇게 사회주의적 성향이 강했던가 하는 것이다. 신문들의 현대 관련 기사를 보면 마치 자본주의를 부정하고 있다는 느낌마저 받을 정도였다.

91년 10월 2일 국세청장 서영택은 국회답변 과정에서 처음으로 현대

다) 아산 정주영과 나 편찬위원회, 『아산 정주영과 나: 백인 문집』(아산 정주영과 나 편찬위원회, 1997).

1991년 11월 1일 이상혁 서울지방국세청장이 현대그룹에 대한 세무조사결과를 발표하고 있다. 세금 1,361억 원을 추징한다는 내용이었다.

에 대한 세무조사 사실을 공개했다. 정주영은 이에 아랑곳 않고 10월 26일 박정희의 12주기 추도식에 참석해 한국 사회를 이끌어 갈 정신적 지주가 없음을 걱정하는 내용의 추도사를 낭독했다. 11월 1일 서울지방국세청은 현대에 대한 세무조사결과를 발표했는데, 세금 1,361억 원을 추징한다는 내용이었다.

이에 정주영은 "처음에는 세금추징액이 800억 원 정도로 통보됐었으나 박정희 전 대통령의 추도식에 참석하고 난 다음에 400억 원 정도가 더 붙어 통지서가 나왔다"며 불만을 터뜨렸다. 그는 보름 동안 침묵으로 일관하다가 11월 17일 "국세청의 결정을 받아들이지 못하겠다"는 폭탄 선언을 했다. 그는 "전혀 낼 돈이 없습니다. 그러나 모든 규정에 따라 불이익이 있으면 당하겠습니다"라고 정면 승부를 걸었다.

정주영은 이와 함께 각 일간지에 '현대그룹 정주영'의 명의로 대대적인 광고를 싣고 세금체납 상태에서 법정투쟁을 벌이겠다는 입장을 밝혔다. 이에 대해 "현대가 오죽했으면 그러겠느냐"는 동정론과 함께 '오만불손한 행위'라는 비난이 교차되었다.

노 정권이 즉각 현대그룹에 대한 금융제재에 착수하자, 정주영은 이틀 만에 손을 들고 말았다. 그는 긴급 사장단회의를 소집해 세금으로 추징된 1,361억 원 중 우선 941억 원을 납기 안에 내기로 했으며 "나머지도 형편에 따라 가급적 빠른 시일 안에 납부할 방침"이라고 밝혔다.[라] 2보 전진을 위한 1보 후퇴였다.

11월 25일 롯데호텔에서 열린 정주영의 희수(喜壽: 77세) 잔치엔 400여 명의 하객이 몰려들었다. 탤런트 강부자가 축가를 불러 잔치의 흥을 돋우기도 했다. 이 무렵 정주영은 노년층에 흔히 나타나는 얼굴의 검버섯을 없애기 위해 성형수술을 받았다.[마] 그는 92년 대선을 기다리고 있었던 것이다.

라) 허영섭, 『정주영 무릎꿇다: 대권도전 다큐멘터리』(아침, 1993), 31~33쪽.
마) 허영섭, 위의 책, 40~41쪽.

"누가 땅을 뒤흔들고 있는가?"

대하드라마 〈땅〉 중하차

1991년 4월 22일 방송연예인노조(위원장 유인촌)는 "땅이 소용돌이치고 있다. 땅은 형태상으로 안정이 기본이다. 누가 땅을 뒤흔들고 있는가?"라는 내용의 성명서를 발표했다. 이는 총 50회분으로 12월까지 방송키로 돼 있던 MBC의 대하드라마 〈땅〉(극본 김기팔, 연출 고석만)이 MBC 경영진의 일방적 결정에 의해 그 3분의 1도 안 되는 15회분으로 5월 종료가 확실시됨에 따라 나온 반발이었다. 한국 방송사상 최초로 연예인들이 출연료 문제가 아닌 '방송의 자주성과 자율성 수호'를 위해 집단행동을 결의하고 나선 사건이었다.

땅에 얽힌 한국 사회의 구조적 비리와 모순을 고발하는 성격을 지닌 대하드라마 〈땅〉은 시작과 동시에 정부의 정치적 탄압에 시달렸다. 당시 세상을 떠들썩하게 만들었던 '수서특혜 비리사건'이 적나라하게 보여주었듯이, 〈땅〉의 현실 고발은 결코 과장되거나 왜곡된 것은 아니었건만 청와대로부터 거센 반발이 쏟아졌다. MBC 사장 최창봉과 제작이사 민용기가 청와대에 불려 갔었으며, 방송위원회 또한 정부 측으로부터 〈땅〉에 대한 중징계는 물론 담당 연출자까지 처벌할 것을 요구받았다.

방송심의의 전문기구인 방송위원회 산하 연예오락심의위원회가 〈땅〉의 첫 회분에 대해 내린 조치는 제작 관계자를 징계하지 않는 조건으로 한 '해명' 이었건만, 방송위원회는 이를 묵살하고 "계층 간 지역 간의 갈등을 조장하고 방송의 품격을 손상시켰다"는 이유를 내세워 〈땅〉에 대해 '사과방송' 명령을 내렸다. 이에 MBC 경영진은 〈땅〉의 제작자 및 제작국장에 대해 '10일 근신' 이라는 징계를 내렸으며, 이어 조기 종영을 관철시키고 말았다.

4월 30일 7개 언론단체 후원으로 열렸던 시청자운동 심포지엄의 참석자들은 "우리는 드라마 〈땅〉을 계속 보고 싶다"는 성명을 발표했지만, 노 정권에게 '땅' 은 감히 텔레비전이 건드려선 안 될 절대 금기였는지도 모를 일이었다.

주택 200만 호 건설 완료

1990년 말 현재 세금부과대상이 되는 토지의 시가총액은 1,614조 원으로 이 금액은 같은 해 국민총생산(GNP) 168조 원의 약 10배가량 되었다. 한국의 땅을 전부 팔아 그 돈으로 미국 땅을 사면 미국의 70%를 살 수 있다는 계산까지 나왔다. 88년 땅 가진 사람들은 땅값 상승으로 약 212조 원을 벌었으며, 89년에는 314조 원, 90년에는 267조 원을 벌었다. 89년 사글세 인상으로 자살한 사람이 17명이나 나왔다.[30]

1988년 2월 25일에 발표된 노태우 정권의 '주택 200만 호 건설' 정

---

30) 서경석, 〈한국 경제 과연 정의로운가〉, 『사상』, 1992년 봄, 190쪽.

책도 바로 그런 상황에서 나온 것이었다. 이에 따라 89년 4월 27일 분당·일산 신도시계획이 발표되었다. 당시 여의도 아파트를 다 합해 봐야 약 8,600가구에 지나지 않는 것에 비추어볼 때 이는 놀라운 계획이었다. 더욱 놀라운 건 목표연도인 92년보다 1년 앞선 91년 말까지 214만 호 건설을 완료했다는 점이었다.

이에 대해 손정목은 "1989~91년으로 이어지면서 주택 200만 호 건설의 현장은 단 한 곳의 예외도 없이 모두가 전쟁터 그 자체였다"며 "아마 주택 200만 호 건설은 노태우 정권이 이룩한 업적 중 첫 번째일 것이다"고 했다.[31]

주택은행의 조사에 따르면 당시 경제에 부담주지 않고 지을 수 있는 주택물량은 최고 연 45만 호였다. 80~87년 연평균 22만 호에 지나지 않던 주택건설물량은 88년 32만 호, 89년 46만 호로 급증한 데 이어 90년에는 사상 최대규모인 75만 호를 기록했다. 지방자치단체들도 택지개발지구를 경쟁적으로 지정하면서 주택 200만 호 건설은 예정보다 1년 이상 앞당겨진 91년 8월 말에 조기 달성된 것이었다. 9월부터 신도시 입주가 시작됐는데, 그 후에도 주택건설은 계속돼 92년 말까지 4년 동안 모두 264만 호가 지어졌다. 87년 당시 총 주택 645만 호의 40%에 달하는 물량이었다.[32]

"하룻밤 자고 나니 1,000만 원 벌었다"

그러나 공급 확대가 부동산 값을 안정시킨 건 아니었다. 게다가 엄청난 부작용도 있었다. 심각한 자재 파동과 노임 파동이 일어났고, 바닷물

---

31) 손정목, 『한국도시 60년의 이야기 2』(한울, 2005), 323~324쪽.
32) 이장규 외, 『실록 6공 경제: 흑자 경제의 침몰』(중앙일보사, 1995), 186쪽.

이 섞인 골재를 사용하는 등 부실공사 문제가 크게 불거졌다.

1991년 여름 신도시 입주를 기다리던 사람들을 경악시켰던 불량레미콘파동이 5월에 터졌다. 당시 건설업체들은 레미콘의 품질검사는 뒷전이고 물량확보가 급선무였다. 신도시가 착공된 90년 3월부터 레미콘에 웃돈이 붙기 시작했다. 중소건설사들은 단골이 아니라는 이유로 공시가의 2배를 줘도 구하기 어려웠다. 이처럼 물량이 절대적으로 부족하다보니 함량 기준이 지켜지지 않은 엉터리 레미콘이 공급되기 시작했다. 바닷모래와 중국산 시멘트 사용, 그걸로도 모자라 함량마저 지켜지지 않았다. 곳곳에서 올라가던 아파트를 헐어내는 진풍경이 벌어졌다.[33]

부실시공의 원인은 인력난에도 있었다. 건설업계는 91년 당시 건설현장의 총 소요인력을 130만 명으로 잡았으나 실제로는 118만 명으로 공사를 진행했다. 일시에 많은 건설현장이 늘어나 숙련공이 부족한 상황에서 부족 인원의 절반 이상을 뜨내기 인부들로 채웠다.[34]

90년 한 해 동안 건설노임은 평균 40% 이상 올라 임금상승을 주도했다. 공단 근로자들이 고임금을 좇아 대거 건설현장으로 떠나가 90년 건설부문 취업인력은 19만 9,000명이나 늘었다. 제조업은 인력난과 고임금이라는 이중고를 겪어야 했다.[35]

손정목은 "200만 호 건설로 임금의 최저 수준이 일당 5만 원 선으로 인상되었으며, 아파트 건설 현장이 아닌 다른 작업장에도 파급되어 마침내는 한국 제조업 전반의 국제경쟁력 저하를 초래했다. 사람들이 이른바 3D(Difficult, Dirty, Dangerous) 업종을 혐오하게 된 것도 200만 호 건설의 파급 효과였다"고 말했다.[36]

---

33) 이장규 외, 『실록 6공 경제: 흑자 경제의 침몰』(중앙일보사, 1995), 181~182쪽.
34) 이장규 외, 위의 책, 183쪽.
35) 이장규 외, 위의 책, 187쪽.
36) 손정목, 『한국도시 60년의 이야기 2』(한울, 2005), 324쪽.

아파트 값은 오를 대로 올랐다. 91년 초까지 3년 동안 서울지역의 아파트값은 평균 2.6배나 뛰었다. 88년에는 1억 원으로 40평짜리 대형 아파트를 살 수 있었으나 3년 후에는 15평짜리 소형 아파트도 사기 힘들어졌다. 91년 초 압구정동의 80평형 현대아파트는 평당 2,000만 원을 호가했는데, 이 지역 주민들은 "하룻밤 자고 나니 1,000만 원 벌었다"는 말을 인사말처럼 주고받았다.[37]

90년대가 이념 투쟁 대신 땅과 아파트 투쟁으로 점철될 것임을 예고하는 사건이었다.

---

37) 이장규 외, 『실록 6공 경제: 흑자 경제의 침몰』(중앙일보사, 1995), 180쪽.

리영희: '사회주의의 실패'에 대해

'사회주의의 실패를 보는 한 지식인의 고민과 갈등'

80년대 젊은이들의 '사상의 은사'였던 리영희는 1990년 내내 침묵하였다. 리영희는 90년 8월 15일 그러한 침묵의 변을 담은 『자유인(自由人), 자유인: 리영희 교수의 세계인식』(범우사)을 출간하였다. 그는 이 책의 '머리말'에서 그간의 피곤함을 가볍게 토로하였다.

"나는 이제 가벼운 피로를 느낀다. 펜을 무기 삼아 싸우는 전선에서 크고 작은 부상을 입은 것도 여러 번이고 흉포한 권력의 포로가 된 것도 너덧 차례가 된다. 국가와 현실 상황은 아직도 가열한 전투를 예고하지만, 개인에 따라서 잠시 쉬면서 상처를 아물리고 기운을 회복할 필요 또한 절실할 수가 있다."[38]

그러나 세상은 그를 내버려두지 않았다. 소련을 비롯한 공산주의·사

---

38) 리영희, 『자유인(自由人), 자유인: 리영희 교수의 세계인식』(범우사, 1990), 9쪽.

회주의 국가들의 대몰락 때문이었다. 리영희도 자신의 고민을 피해 가지 않았다. 1991년 1월 26일 연세대 장기원기념관에서 리영희가 강연, 아니 '간담 형식으로 술회'[39] 또는 '지적 고민의 고백'[40] 을 한 '사건' 은 엄청난 파장을 몰고 왔다. 특히 그의 제자들에게. 〈사회주의의 실패를 보는 한 지식인의 고민과 갈등: 사회주의는 이기적 인간성을 변화시킬 수 없는 것인가?〉[41] 라는 고백이 바로 그것이었다. 리영희는 이날의 간담 내용을 다시 정리하여 『신동아』 3월호에 게재하였지만, 귀로 들은 사람들의 느낌이 중요하다는 점에서 『말』지가 현장에서 듣고 요약한 내용을 몇 대목 음미해 보기로 하자.

리영희는 '공산주의 · 사회주의 역사적 패배' 를 인정했다.

"자본주의는 사회보장, 복지국가 지향을 계속적으로 이어오고 있다. 무엇이 영향을 미쳤는가. (변증법적인 자기지양의 노력이다). …… 사회주의에 대한 전면적 규정은 곤란하지만, 자본주의에 흡수되고 있는 것으로 보이며, 사회주의 역할은 이제 자본주의 내에서 하위변수로서 개방작업을 계속하는 데 있는 것으로 보인다. 이처럼 지난 시기 우리의 유일한 대안이었던 마르크스주의의 진로가 어디로 향하고 있는 것인가에 대한 불확실성이 우리 지식인의 고뇌이다."[42]

이런 고뇌는 인간성 또는 인간관의 문제로 이어질 수밖에 없었다. 그는 "문화혁명과 같은 인간개조 실험은 순수한 영웅성 · 자기희생성 · 박애성을 보여 주고 있지만 인간 자체가 그러한 존재는 아니다"며 "동물적 인간의 한계를 인정해야 하며 인간의 소유욕에 대한 투쟁 · 경쟁을 인정

---

39) 리영희 · 서중석, 〈사람과 사상/공세적 인터뷰: 버리지 못하는 이기주의와 버릴 수 없는 사회주의적 휴머니즘〉, 『사회평론』, 1991년 6월, 97쪽.

40) 리영희, 『새는 '좌 · 우' 의 날개로 난다: '전환시대의 논리' 그 후』(두레, 1994), 158쪽.

41) 리영희, 위의 책, 157~169쪽.

42) 리영희, 〈특별기획/분단시대와 지식인: 리영희 교수와 전환시대의 고뇌(발표 내용 요약)〉, 『말』, 1991년 3월, 177쪽.

80년대 젊은이들의 '사상의 은사'였던 리영희.

할 수밖에 없다"고 했다.

"사회주의적 인간관은 인간을 도덕적으로 완전히 개조하는 것이 가능하다고 보았으며, 바로 그러한 것이 사회주의의 실패의 원인이라고 할 수 있다. 오히려 자본주의가 소유 및 사유재산(시장경제)을 통해 인간의 이러한 생물학적 특성들을 조장하는 데 성공한 것 같다. 우리는 세계가 30% 정도의 타락과 60%의 도덕성·인간성을 유지하면 성공이라고 보아야 하며, 이러한 타협을 이루어 내는 것을 목표로 삼아야 할지도 모른다. 이것은 현실과 이상이 조화되는 안정된 사회이며 '존재를 위한 체념' 이라고 부를 수도 있다."[43]

유창선의 반론

『말』지엔 연세대 강연을 듣고 '충격'을 받은 한 젊은이(유창선)의 반론이 실렸다. 유창선은 먼저 자신이 리영희의 충실한 제자였음을 밝혔다. 그는 "사춘기의 정신적 방황을 끝내지 못하고 있던 고등학교 3학년 여름이었습니다. 어느 대학교 앞의 서점에 들렀던 저는 우연히 『전환시대의 논리』라는 책을 구하였고 그날 밤 저는 그 책과 함께 밤을 지새웠습니다. 18년 동안의 삶이 무너져 내리는 것 같은 충격을 가누지 못하며 책을 덮은 저의 머릿속에는 '이 거짓의 시대를 어떻게 살 것인가' 에 대한 물음이 가득 찼습니다"라고 고백했다.

"그날 새벽 저는 좀 더 분명히 알아야겠다, 그러기 위해서 사람들이 모인 곳으로 가야겠다는 결심을 했습니다. 왜 대학교를 가야 하는가라는 조금은 한가로웠던 질문은 그날로 종지부를 찍게 되었고, 그날부터 저는 머리를 빡빡 깎고 거짓말 같은 답들을 외우기 시작하였습니다. 선생님과 저의 정신적인 인연은 그렇게 시작되었습니다. 이것은 비단 저만의 얘기는 아닐 것입니다. 책조차 자유롭게 접할 수 없었던 시절, 수많은 청년들이 선생님의 책을 읽고 은밀한 곳에 모였습니다. 그 청년들은 가리어졌던 눈을 떴고, 우상을 무너뜨리고 이성을 찾는 아픔을 마다하지 않았으며, 마침내 자신의 한 생을 역사에 바치는 삶의 결단을 내리곤 하였습니다. 우상의 논리만이 사방을 뒤덮고 있던 그 시절, 선생님의 책은 분명 우리의 정신적인 등대로서 빛을 발하고 있었습니다. 그러하기에 언젠가

---

43) 리영희, 〈특별기획/분단시대와 지식인: 리영희 교수와 전환시대의 고뇌(발표 내용 요약)〉, 『말』, 1991년 3월, 177~178쪽.

어느 기관에서 선생님을 가리켜 '의식화의 주범'이라는 딱지를 붙였다던가요. 그러나 그것은 진실의 목소리를 갈구했던 이 땅의 역사가 선생님께 드리는 자랑스러운 훈장이었음을 저희들은 증언할 수 있습니다."[44]

이어 유창선은 "동유럽과 소련의 사회주의는 실패했다"는 리영희의 평가에 전혀 이의를 달지 않는다고 전제하면서도 "그러나 문제는 소련과 동유럽 사회주의가 실패했다고 해서 어째서 우리의 문제를 보는 우리의 눈이 바뀌어야 하는가 하는 점입니다. 누가 언제 소련을 우리의 희망이라고, 동유럽을 우리의 희망이라고 말했단 말입니까"라고 항변했다.

"소련식의 사회주의도, 동유럽식의 사회주의도 그들 나라에 고유한 하나의 사회발전모델 그 이상도 그 이하도 아니었던 것입니다. 과거 누구도 그들 사회를 우리의 모델로 삼자고 했던 적은 없었습니다. 우리는 단지 국민대중의 생존이 보장되는 사회, 참된 민주와 자유가 상식으로 통하는 사회, 우리 민족이 명실상부한 주인 노릇을 할 수 있는 사회, 그리고 민족의 염원인 통일이 실현될 수 있는 사회를 염원했을 뿐이었습니다. 그리고 지금 이러한 염원이 변함 없는 것이라면 실패한 것은 소련과 동유럽의 사회주의이지, 한국 사회의 미래가 될 수 없습니다. 우리에게는 여전히 우리의 문제가 있고 우리의 길이 있습니다."[45]

이어 유창선은 리영희의 인간관을 문제삼았다. 그는 "선생님, 무엇보다도 가슴아픈 것은 인간에 대한 선생님의 신뢰가 흔들리고 있다는 사실입니다. 인간을 도덕적으로 개조 가능한 것으로 파악한 사회주의적 인간관은 오류였으며 사회주의의 실패는 그 같은 인간관이 오류였음을 경험적으로 확인해 주고 있다고 지적한 선생님은 마침내 '어째서 비도덕적이고 이기적인, 사악한 인간들이 이 세계에서 오히려 승리하는가. 가슴이

---

44) 유창선, 〈특별기획/분단시대와 지식인: 리영희 선생님께 드리는 편지〉, 『말』, 1991년 3월, 179쪽.
45) 유창선, 위의 글, 180쪽.

아프지만 인간은 바로 그와 같은 존재' 라는 결론에 이르고 있습니다"라고 말했다.

"인간의 본성에 대해 체념하기엔 이 땅에는 너무도 많은 전태일, 그리고 이한열이 살아 숨쉬고 있습니다. 그리고 수십 년에 걸친 독재와 분단의 역사 속에서도 정말 끈질기게 살아 남아 나라와 민족에 대한 사랑을 거두지 않고 있는 이 땅의 수많은 국민들이 있습니다. 그것은 우리의 비극이자 또한 행복입니다. 인간을 신뢰하지 못하고서 역사의 발전을 신뢰할 수는 없는 일입니다. 인간에 대한 신뢰야말로 지금 우리의 가장 큰 힘인 것입니다."[46]

소련 연방의 해체와 남북한 동시 유엔 가입

유창선과 같은, 수많은 리영희 제자들의 아우성이 빗발쳤다. 함부로 스승 할 일 아니라는 생각이 들 정도였다. 그러나 거의 대부분은 얼굴 한 번 마주 본 적 없는 제자들이니, 리영희로서도 곤혹스러운 일이었을 게다. 리영희 스스로 밝히고 있듯이, "그 당시 『전환시대의 논리』를 관철하는 나의 입장은 마르크스주의나 레닌, 스탈린주의이기보다는 휴머니즘이었"기에 더욱 그랬을 것이다.[47]

리영희는 서중석과 가진 『사회평론』 91년 6월호 대담에서 "나는 지금 거대한 역사적 변혁 앞에서 지적·사상적 그리고 인간적 겸허의 무게에 짓눌려 있는 심경입니다. 그와 동시에, 주관적 오류나 지적 한계가 객관적 검증으로 밝혀질 때, 부정된 부분을 '사상적 일관성' 이라는 허위의식

---

46) 유창선, 〈특별기획/분단시대와 지식인: 리영희 선생님께 드리는 편지〉, 『말』, 1991년 3월, 180~181쪽.
47) 리영희·서중석, 〈사람과 사상/공세적 인터뷰: 버리지 못하는 이기주의와 버릴 수 없는 사회주의적 휴머니즘〉, 『사회평론』, 1991년 6월, 98쪽.

1991년 남북한 동시 유엔 가입이 이루어졌다. 유엔회의장에서 인사를 나누는 남북 대표의 모습.

으로 고수할 생각은 없습니다"라고 말했다.

"더 공부해야겠다는 생각이 간절합니다. 지난 1년간 글을 발표하지 않은 것도 그 때문이지요. 아까 나의 이야기에 대해서 후배들 사이에 말이 있다고 했는데, 그것은 환영할 일입니다. 선배는 후배의 비판으로 극복되어야 할 존재입니다. 그것을 못마땅하게 여기는 선배는 선배의 자격이 없다고 생각해요. 다만 모두가 지적 · 사상적 아집에서 자유로워져야 하겠지요."[48]

1991년이 흘러가면서 리영희의 고백은 더욱 빛을 발하게 되었다. 소

---

48) 리영희 · 서중석, 〈사람과 사상/공세적 인터뷰: 버리지 못하는 이기주의와 버릴 수 없는 사회주의적 휴머니즘〉, 「사회평론」, 1991년 6월, 96~97쪽.

런 연방의 해체는 리영희의 고백에 반발했던 많은 젊은이들을 더욱 곤혹스럽게 만들었다. 이와 관련, 이재현은 이렇게 말했다.

"91년 여름 소련에서의 쿠데타 발발과 그로부터 가속화된 소연방의 해체는 남한 좌파지식인들을 또 한번의 당혹과 좌절의 소용돌이 속으로 몰아갔다. 페레스트로이카를 '더 많은 사회주의'나 '더 많은 민주주의'로 긍정적으로 이해하려고 노력해 온 사람들은 물론 페레스트로이카를 사회주의적, 혹은 맑스–레닌주의적 원칙으로부터의 이탈로 이해해 온 사람들 역시 '혹시 했다가 역시' 하는 곤혹스러운 체험을 겪기는 마찬가지였다."[49]

또 노동계의 진보적 월간지 『길』은 91년 8월 창간사에서 "우리는 '운동권'으로부터 떠나갈 것이다"고 선언했다.

"사실보다는 주장만이 앞서 있는 곳. 목소리 큰 자가 제일인 곳. 반대만이 있던 곳. 자주·민주·통일이라는 단순 구호가 지성을 대신하던 곳. 한국 경제는 망할 것이라며 무덤 속에서 신념만을 다지던 곳. 외국산 논리, 기성 이론에만 의지하는 교조정신이 지배하는 곳. 대중이 알아듣지 못하는 용어를 쓰며 대중으로부터 배우는 데 소홀한 곳. 노동자보다 규율이 없는 곳. 자본가들보다 게으른 곳. 감당 못할 일들을 해 봐야 그런 것이라며 애써 의의를 축소시키는 곳. 그래서 무책임한 곳. 대중의 희망을 담지 못하는 곳. 우리는 그런 '운동권'과 결별할 것이다. 우리가 가는 '길'은 항상 배우는 길이다."

91년 9월 17일 남북한 동시 유엔 가입이 이루어지면서, 이제 이데올로기 문제는 예전과는 좀 다른 성격을 갖게 되었다. 머지않아 북한도 리영희가 토로한 고백의 상당 부분을 받아들이는 쪽으로 나아가게 될 것이었다

---

49) 이재현, 〈포스트 증후군에 관하여: 소위 맑스주의적 위기론을 중심으로〉, 『경제와 사회』, 1992년 여름, 50쪽.

신문전쟁: 전국 동시인쇄시대 개막

김중배 선언

노태우 정권 치하에서 언론이 당면한 진정한 문제는 더 이상 권력의 언론통제가 아니었다. 언론의 언론통제가 더 큰 문제였다. 1991년 9월 6일 『동아일보』 편집국장 김중배는 이임식에서 "언론은 이제 권력과의 싸움에서 보다 원천적인 제약 세력인 자본과의 힘겨운 싸움을 벌이지 않으면 안 되는 시기에 접어들었다"고 말했다.

그는 『동아일보』 사주의 편집 간섭을 단호히 비판하기도 했는데, 당시 사주가 편집국 기자들에게 회람시킨 문서의 내용은 "체제 부정이나 국민의 위화감 조성에 지면을 할애함은 용납할 수가 없어 편집진의 변화를 통해 동아 편집 방향의 재정비를 나의 제2창간 실현의 시작으로 삼으려고 한다"고 했다.

사주가 그런 주장의 근거로 든 사례는 소설가 윤정모나 국사학자 안병욱 그리고 빈민운동가이자 국회의원인 제정구를 『동아일보』 지면에 소개한 것이었다. 한국기자협회의 기관지인 『기자협회보』는 "『동아일보』 김중배 편집국장의 갑작스런 경질은 많은 이들에게 충격으로 받아들여지고 있다"며 "지난해 6월 15일 그가 편집국을 맡은 이래 동아의 지면이 다른 신문들과 일정한 차별성을 보이면서 새로운 변화의 가능성을 제시했다는 점, 또 이러한 변화가 독자들의 상당한 관심과 주목을 끌었고 이 때문에 김 국장의 장수를 예상하는 이들이 적지 않았기 때문이다"라고 말했다.

"김 국장의 편집제작 스타일을 한마디로 규정하기는 쉽지 않으나 지면에 드러난 결과를 바탕으로 정리해 본다면 신문의 독립성을 견지하면서 인권 존중에 주력하고 권력형 비리와 사회적 부정의 고발·폭로에 적극적이었던 것으로 평가할 수 있다. 지난해 보안사 민간인 사찰 사건 때 실무 책임자들의 경질로 사건을 해결하려던 정부 측 대응에 대해 보다 근원적인 인권보호대책을 촉구하거나 정부의 '범죄와의 전쟁'에서 검·경의 재량권 확대가 인권 침해의 소지가 있음을 처음으로 지적한 것, 수서사건을 실효성 없는 감사원 감사로 어물쩍 넘어가려던 정부 측 태도에 대해 검찰의 수사로 진상 규명을 촉구한 것, 김기설 씨 유서대필 공방에서 검찰의 일방적 주장을 그대로 보도하기보다는 균형 잡힌 입장에서 실체 규명에 노력을 기울였던 점 등을 그 구체적 사례로 들 수 있다."[50]

『동아일보』 사주는 김중배의 그런 노력을 '체제 부정'이자 '국민 위화감 조성'으로 보았지만, 91년 12월 한국기자협회가 전국 2,700여 기자를 대상으로 실시한 '올해의 인물' 선정 투표에서 김중배는 53.9%라고 하는 압도적인 득표로 '올해의 인물'로 선정되었다.

---

50) 〈우리의 주장/드러나는 보수화 징후들: 동아의 갑작스런 인사를 보고〉, 『기자협회보』, 1991년 8월 14일, 1면.

CTS 도입과 지방분공장 설치

'김중배 선언'은 언론을 보는 언론자본의 시각이 근본적으로 변화됐다는 것을 의미하는 것이기도 했다. 신문들이 초고속 성장을 거듭하면서 경제적 규모가 커지자 자본논리의 지배력이 더 큰 힘을 발휘하게 되었다는 뜻이다. 91년 매출액은 『조선일보』 1,787억 원, 『중앙일보』 1,646억 원, 『동아일보』 1,384억 원, 『한국일보』 1,232억 원 등 4대 일간지가 6,049억 원으로서 90년 5,227억 원, 89년 4,019억 원에 비해 매년 15~30%에 이르는 초고속 성장률을 보였다. 80년 총매출액(858억 원)과 비교하더라도 이들 4대 일간지는 11년 만에 매출액이 7배 이상 늘었다.

1991년 8월부터 한국, 조선, 동아, 중앙 등 4개 중앙 일간지의 1면에는 '사고전쟁(社告戰爭)'이 벌어지기 시작했다. 컴퓨터제작 시스템(CTS: Computerizing Typesetting System) 도입과 맞물린 지방 분공장 설치를 알리는 사고였다. 다음과 같은 내용이었다.

"서울과 똑같이, 첫새벽에 현지서 갓 인쇄된 『한국일보』가 부산·대구를 비롯한 영남 일원에 이미 시험배달되고 있음을 자랑스럽게 알려드립니다. 부산권은 지난 14일부터, 대구권은 15일부터 〈한국 신문 최초의 서울·지방 동시인쇄시대〉가 『한국일보』에 의해 사실상 개막되었읍니다."(한국일보, 1991년 8월 16일자 社告)

"『동아일보』가 더 빠르고 더 새로워집니다. …… 영남과 호남지역 애독자들께 서울지역 조간신문과 똑같이 빠르고 생생한 뉴스를 전달하기 위해 오는 1월 1일부터 영남지역 배달신문을 대구에서, 호남지역 배달신문을 광주에서 현지인쇄, 밤사이에 일어난 뉴스를 이른 새벽에 배달합니다."(동아일보, 1991년 9월 2일자 社告)

"앞서가는 『중앙일보』가 지방화시대를 맞아 전국 동시인쇄에 박차를 가하고 있습니다. 이미 지난 7월 시간당 20만 부를 인쇄하는 서울 가락

중앙일보 1991년 9월 5일자에 실린 자사의 대구·광주 인쇄공장 조감도.

동 제2사옥을 완공하여 서울 강남과 중부지역 배달시간을 단축한 바 있는 『중앙일보』는 내년 3월에는 대구 분공장(시간당 15만 부)과 광주 분공장(시간당 10만 부)을 잇따라 완공하여 명실상부한 동시인쇄로 배달시간을 더욱 단축할 예정입니다."(중앙일보, 1991년 9월 5일자 社告)

　"조선일보사는 조선일보사 컴퓨터제작시스템(CTS: Computerizing Typesetting System)과 기자용 워드프로세서 시스템 소프트웨어의 이름을 공모합니다. 조선일보사가 89년부터 추진해 온 세계 최초의 전 과정 완전 CTS화가 마감되고 있습니다. 활자시대는 이제 막을 내립니다. 전자활자(폰트)의 시대가 펼쳐집니다. 원고지와 펜도 사라집니다."(조선일보, 1991년 9월 13일자 社告)

중앙지의 지방 분공장 가동은 기존 '서울공화국' 체제를 강화시키는 효과를 낳았다. 한국 언론이 안고 있는 큰 문제 중의 하나는 중앙지들의 서울 편향적인 내용을 가지고 신문유통상 전국지 행세를 하고 있다는 데에 있었기 때문이다. 이와 관련, 언론인 서동구는 "한국 신문들의 굳세게 벌이고 있는 획일적이고 무개성한 팽창주의 경쟁을 지루하게 지켜보면서, 서울에서 발행되는 8개 종합 일간지 가운데 한 신문사만이라도 차라리 전국지 틀을 벗고 서울 지방지로 변신할 수는 없을까 상상할 때가 있다"고 개탄했다.[51]

1991년 경제기능의 76%가 서울에 집중되어 있었으며 공공법인과 공공단계의 84%가 서울에 몰려있었다. '서울공화국'의 모순은 교통난에서 잘 드러났다. 서울의 교통난 심화로 야기되는 유류비, 시간가치에 의한 연평균 추가비용부담은 약 10조 원에 이를 것으로 추산되었다. 그럼에도 불구하고 국가정책에 의해 서울은 계속 비대해졌다. 과천, 일산, 분당 등 위성도시 건설도 그렇고 지난 8년간 동결시켰던 수도권 대학의 정원을 전문대학이라고 해서 허용하고 또 "고급기술인력확충"이라는 미명하에 앞으로 4년간 연간 2,000명씩 8,000명을 증원토록 한 것도 그러했다.

---

51) 『시사저널』, 1991년 8월 1일, 31면.

신문의 테크놀로지 · 유통경쟁

중앙지들의 지방 분공장 가동은 기사마감시간의 연장과 윤전, 제판, 발송 등 공무국 사원의 현지파견근무 등으로 언론노동자의 근로조건을 크게 악화시켰다. 어느 기자는 "지칠 대로 지친 몸과 마음으로 선배들이 쌓아 올린 지사적 언론인 상을 구현하기는커녕 지사 파견근무 걱정 같은 개인의 안위문제에 더 매달리게 되기가 십상이다"고 토로했다.[52]

300~400명에 이르는 중앙 일간지들의 공무국 직원은 실직 위기에 처하게 되었다. 이들은 회사가 결정한 급수를 몇 개월간의 재교육 기간에 이수해야 하며 여기서 탈락할 경우 직장을 떠나야 했다. 문선부에서 일하는 한 언론노동자는 회사 측의 재교육에 한 가닥의 희망을 걸면서도 "당장 생업이 끊어지는 것은 아닌가 하는 우려가 우리의 가슴을 무겁게 짓누르고 있다. 참으로 두렵고 답답한 마음 억제할 길 없다"고 호소했다.

투자비용이 미치는 영향도 문제였다. '토탈 CTS'를 도입하는 데에는 간접 경비를 포함하여 200~300억 원이 소요되며 『조선일보』와 『동아일보』의 경우 거의 500억 원의 경비를 투자했다.[53] 연간 매출액의 3분의 1 또는 2분의 1 규모의 자금을 쏟아 붓고 있는 신문사들 간의 테크놀로지 경쟁은 테크놀로지의 장점을 가장 잘 발휘할 수 있는 방향으로 신문경쟁을 몰아갔기 때문에 저널리즘의 모든 특성은 '속보성'의 하위 개념으로 전락하게 되었다.

유통경쟁도 더욱 치열해졌다. 독자확보를 위해 "5개월간 무료 서비스"를 해 주거나 이삿짐을 사이에 놓고 신문판매사원들끼리 충돌을 벌이는 건 흔한 풍경이 되었다. 신문사의 전체 수입에서 광고수입이 차지하

---

52) 『언론노보』, 1991년 9월 16일.
53) 『언론노보』, 1991년 9월 16일.

는 비중은 50년대만 해도 20~30%에 불과하던 것이 60년대엔 40~50%, 70년대엔 50~60%, 80년대엔 70~80%, 91년엔 80~90%에 이르렀다. 광고의존도가 높아감에 따라 광고주를 유치하려는 언론사 간 경쟁도 치열해졌으며, 이는 곧 보다 많은 독자를 확보하려는 경쟁으로 이어졌다.

실제 독자가 있든 없든 광고주를 의식해 대다수 신문사들이 팔리지 않는 신문을 대량 발행, 일부 신문의 경우 발행부수의 50% 이상을 폐지로 처분하는 기이한 현상까지 벌어졌다. 신문 4면의 종이 값은 약 15원 정도이므로 하루 20면 발행으로 계산하면 월 2,250원이었다. 신문사에서 내는 "무가지" 전체를 아무리 적게 잡아도 200만 부로 볼 경우 신문사들이 "독자 없는 신문"으로 없애는 종이 값이 월 45억, 연 540억 원에 이르는 것으로 추산되었다.

신문의 엔터테인먼트 상품화

신문은 점점 더 엔터테인먼트 성격이 강해졌으며, 정치저널리즘도 마찬가지였다. 92년 대선을 앞두고 이미 91년부터 신문에선 '대권'이란 단어가 단 하루도 빠지는 날이 없었다. 기사 제목에서 사용되는 경우만을 놓고 보더라도 대권은 그야말로 만능의 접두어였다. 91년 한 해 동안 '대권'이 신문 기사 제목에서 접두어로 사용된 경우를 살펴보았더니 77가지 용도가 나왔다.

"대권가도. 대권가름. 대권각서. 대권갈등. 대권개입. 대권견제. 대권경선. 대권경쟁. 대권고지. 대권공세. 대권공략. 대권공작. 대권구도. 대권내분. 대권내정. 대권논쟁. 대권담판. 대권대란. 대권대화. 대권도전. 대권무대. 대권문제. 대권밀기. 대권밀약. 대권발판. 대권변수. 대권불씨. 대권산행. 대권삼몽. 대권3수. 대권싸움. 대권선택. 대권승부. 대권실험. 대권아집. 대권암투. 대권야망. 대권연계. 대권옹립. 대권외교. 대권이동. 대권잡음. 대권전략. 대권정리. 대권조끼. 대권주자. 대권지명. 대권진통. 대권초석. 대권출루. 대권카드. 대권타협. 대권투기. 대권티킷. 대권포석. 대권풍향. 대권한판. 대권행보. 대권향방. 대권협의. 대권후보. 대권가시화. 대권군히기. 대권다지기. 대권드라마. 대권레이스. 대권마라톤. 대권무지개. 대권시험대. 대권신경전. 대권재도전. 대권전초전. 대권준결승. 대권지름길. 대권탐색전. 대권시나리오. 대권줄다리기."

신문들이 즐겨 쓰는 '대권' 의 용법에서 한 가지 분명하게 드러나는 것은 '대권' 이라는 말이 꼭 필요해서 사용하기보다는 뭐든지 양김과 기타 대통령 지망생들의 행동을 대권과 연결지어 보는 성향이 매우 강하다는 점이었다. 특히 『조선일보』는 아예 '대권드라마 감상법(1991년 11월 10일자)' 과 '속 대권드라마 감상법(1991년 12월 21일자)' 과 같은 '안내' 칼럼을 싣기도 했다.

대권저널리즘의 틀에 꿰맞춰져 보도되는 정치인들은 여든 야든 독자들을 재미있게 만들어 주는 '연예인' 의 역할을 맡게 되었다. 연예인들이 주로 슬픔과 즐거움이라는 감정을 시청자들에게 주는 반면, 정치인들은 '희로애락' 이라는 보다 다양한 감정을 불러일으킨다는 점에서 그들은 '슈퍼 연예인' 인 셈이었다. 독자들의 입장에선 사실 누구를 미워하고 경멸하는 것도 일종의 '즐길 거리' 가 되는 것이었다.

이미 90년 월간 『말』 편집차장 이재영은 "『노동자신문』에 있을 때 설문조사를 한 적이 있는데 노동자들이 가장 많이 보는 신문이 『한겨레신문』이 아니라 『조선일보』였습니다"라고 말했다.[54] 노동자들이 보수 신문을 가장 많이 구독한다는 건 소비주의의 지배하에 놓인 90년대 한국 사회의 모습을 상징해 주는 것이기도 했다.

---

54) 이재영 외, 〈민족민주언론운동으로서의 매체운동〉, 『민주언론운동』, 1990년 8월, 27쪽.

텔레비전: '사랑이 뭐길래'와 '여명의 눈동자'

SBS-TV 개국

1991년 5월에 열린 삼성출판박물관 주최 세미나에서 한국교육개발원 홍웅선 박사는 "어른·아이 할 것 없이 모두 대중문화에 휩쓸려 있는 상황에서 대중문화로서의 문학과 예술이 완전히 무시되어도 좋은지 생각해 보지 않을 수 없다"면서 "교과서가 재미없다고 생각되는 까닭이 청소년의 흥미나 욕구와는 거리가 먼 고급스러운 내용만을 다루고 있기 때문이라면 그러한 교과서의 편향성은 재고를 요하는 것"이라는 주장을 폈다.[55]

그럴 만도 했다. 텔레비전이 대중문화를 주도했던 1991년에 이루어진 갤럽 조사에 따르면 우리나라의 1가구당 평균 TV 시청시간은 5시간 33분이며, 1인당 시청시간은 2시간 35분인 것으로 나타났다. 한마디로 텔레

---

55) 〈교과서 중심의 지식 전달 탈피할 때〉, 「서울신문」, 1991년 5월 21일, 10면.

1991년 12월 9일 SBS-TV가 개국했다.

비전의 전성시대였다.

　91년 3월 20일 SBS 라디오 개국에 이어, 같은 해 12월 9일 SBS-TV 개국은 텔레비전 전성시대가 당분간 더 지속될 것임을 예고했다. SBS-TV는 기존의 KBS와 MBC가 갖고 있던 무사안일주의에 자극을 준 긍정적인 측면이 전혀 없지는 않았으나 치열한 시청률 경쟁을 촉발시켜 한국 방송의 오락 편향성을 강화하는 결과를 초래하였다.

　방송연예인들과 일부 방송인들은 SBS-TV의 개국을 크게 환영했다. SBS-TV의 개국이야말로 그들의 취업기회를 확대시키고 처우를 개선시키는 데에 크게 기여할 수 있기 때문이었다. 시청자들에게도 SBS-TV의 개국은 TV채널이 하나 더 생겨 TV를 시청하는 데 있어서 선택의 폭이 그만큼 더 넓어진다는 점에서 내심 크게 환영할 만한 일임에 틀림없었다.

　SBS-TV의 탄생 배경이 되는 방송법 개정과 민영방송의 주체 선정작업이 어떻게 이루어졌던가를 생각하면 이건 놀랍게 생각해야 할 일이었지만, 세상은 그렇게 한가하게 돌아가진 않았다.

'여명의 눈동자'

1991년 10월 7일부터 92년 2월 6일까지 36부작으로 방영된 MBC의 창사 30주년 특집극 〈여명의 눈동자〉(연출 김종학)는 한국 TV드라마 역사상 하나의 '사건'이었다. 그 드라마의 의미를 어떻게 평가하든 드라마의 제작에 과감한 물량을 투자하고 제작진이 혼신의 힘을 다해 제작에 임했다는 건 드라마에 대한 그간의 인식을 뒤바꾸어 놓기에 충분했다.

이 드라마는 36편 시리즈 제작에 간접비 포함, 40여 억 원을 쏟아 부어 편당(60분) 제작비가 1억 원을 상회했다. 출연배우만 해도 한국 150명 · 필리핀 40명 · 중국 90여 명에, 엑스트라 규모도 한국인 2만 명 · 중국인 5,000명 · 필리핀인 2,000명이었으며, 제작을 시작한 89년 11월부터 첫 방영 91년 10월 7일까지 제작기간만 만 2년에 달했다. 작가 한운사는 "미친 사람들이 아니고는 도저히 만들 수 없는 드라마"라면서 "창사특집극이라고 그렇게 겁 없이 돈을 펑펑 쓴 방송사 측도 미치기는 마찬가지"라는 말로 칭찬을 대신했다.[56]

일제치하 태평양전쟁의 막바지에 타의에 의해 역사의 장에 끌려 나온 하림(박상원 분), 대치(최재성 분), 여옥(채시라 분) 등 세 사람이 현대사의 격랑 속을 각기 다른 이념으로 헤쳐가면서 엮어가는 사랑의 삼각구도가 이 드라마의 주축을 이루었다. 김동선은 "이념보다는 인간성을 우위에 두었다는 제작진의 설명에도 불구하고 드라마 속의 인간들은 상황과 이념에 구속된 비주체적인 인간들로 묘사되고 있다"며 "역사에 대한 허무

---

56) 김현덕, 〈TV극 신기원 개척/ '여명의 눈동자'〉, 「국민일보」, 1992년 1월 31일, 19면.

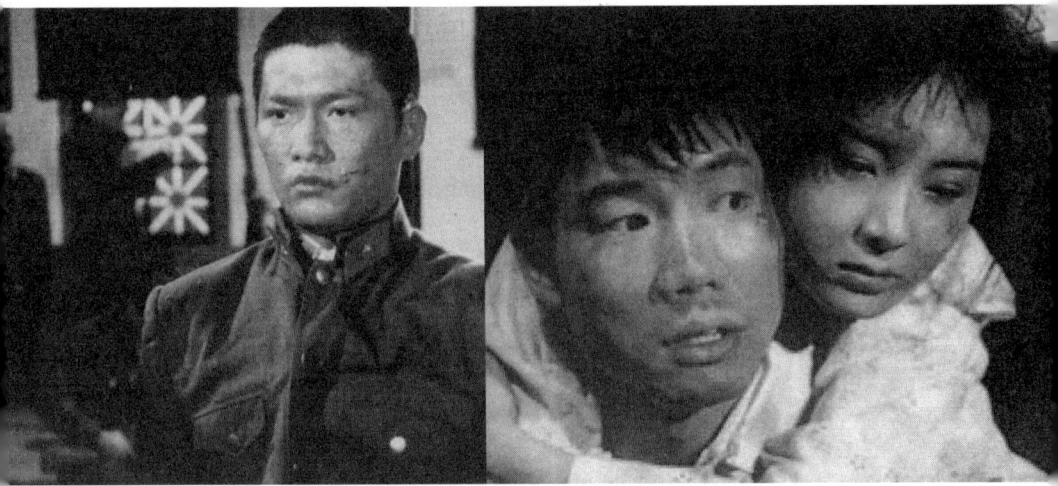

드라마에 대한 인식을 바꾸어 놓은 〈여명의 눈동자〉

적 태도, 이념 자체에 대한 극도의 혐오감 자체가 지배이념의 일종이라는 비판도 꽤 자주 등장했다"고 했다.[57]

이 드라마의 최대 강점은 풍성한 볼거리였다. 드라마 초반부터 평균 시청률 50%를 기록한 이 드라마는 방영 초기에는 정신대 문제와 일본군의 잔인한 생체실험장면 등으로 충격을 주었고 후기에는 TV의 금기소재로 여겨졌던 제주도 4·3사건을 매우 사실적으로 그려 많은 화제를 낳았다.

"인체를 해부하는 장면, 콜레라균을 강제주입하고 죽어가는 모습을 지켜보는 장면, 사람들을 일렬로 세워놓고 총을 쏘아 총알이 몇 명이나 관통할 수 있는지를 테스트하는 장면, 한국 여성들이 일본군의 성적노리개로 폭행당하는 장면, 최대치가 뱀을 산 채로 뜯어먹는 장면 등 잔인하

57) 김동선, 〈여명의 눈동자/갖가지 화제 뿌리고 종영〉, 『서울신문』, 1992년 2월 8일, 10면.

고 참혹한 장면들은 과연 TV드라마란 장르에서 정당화될 수 있는가. 정신대 위안소 앞에서 군인들이 나누는 음란하고 지저분한 대화, 대치와 여옥의 격렬하고 뜨거운 키스신 베드신 등에 대해 안방 시청자들은 당황했고 신문들은 이러한 수법은 TV드라마가 초반 시선끌기로 흔히 쓰는 충격요법이라며 일제히 비난했다."

위와 같이 말한 김현덕은 "하지만 이런 초반의 악평은 얼마 지나지 않아 호평, 그것도 최대의 수식어가 붙은 찬사로 바뀌었다. 이런 식이 아니고는 일제 36년을 알지도 알려고도 하지 않는 해방 이후 세대들에게 어떻게 일제의 그 잔혹함을 전해 줄 수 있을 것인가 하는 공감이었다"고 했다.

"이런 이유로 어떤 고등학교 교장은 조회시간에 일제의 참상을 증언해 줄 텍스트로 전교생들에게 〈여명의 눈동자〉 시청을 권유했고 몇몇 학교에서도 민족사 교육자료로 녹화테이프를 신청하는 등 갖가지 에피소드를 남겼다. …… 〈여명의 눈동자〉는 원작이 갖고 있는 반공 이데올로기를 배제하기 위해 역사와 좌우 이데올로기에 희생돼 가는 세 남녀주인공의 비극적 운명에 초점을 맞추겠다는 제작진의 일관된 반이데올로기적 태도로 분단논리를 극복하고 결과적으로 좌·우 이데올로기에 대한 균형 감각을 유지하는 데 성공했다."[58]

'사랑이 뭐길래'

1991년 최고의 인기 드라마는 MBC의 주말연속극 〈사랑이 뭐길래〉(연출 박철)였다. 작가 김수현의 체취를 물씬 풍기는 이 드라마에서 스토리나 구성은 별 의미가 없었다. 다소 황당무계한 소재에 우연이 남발되

---

58) 김현덕, 〈TV극 신기원 개척/ '여명의 눈동자'〉, 『국민일보』, 1992년 1월 31일, 19면.

고 등장인물들이 한결같이 '사이코' 라 해도 좋을 만큼 강한 개성의 소유자들이고 엄청나게 말을 많이 한다는 것도 문제삼을 건 아니었다. 그건 마치 가수 조용필이 춤을 잘 추느냐 못 추느냐를 따지는 것처럼 대단히 지엽적인 일이었다.

김수현 드라마의 생명은 '대사' 에 있었다. 단지 '날카롭다' 고 말하는 것만으론 부족했다. 그녀의 대사는 '사고' 와 '언어' 의 경계를 수시로 넘나들었다. 김수현 드라마의 등장인물들은 대부분의 사람들에겐 머릿속에서만 어렴풋이 맴돌고 있는 생각들을 또는 점잖빼느라 차마 입에 올리지 못하는 말들을 평이한 언어로 분명하고 아주 빠르게 거침없이 내뱉었다.

김수현의 언어는 상식과 사회통념마저 해부하여 뒤집어버리는 해체의 성격이 강했다. 바로 그런 이유 때문에 그녀의 언어는 외적으론 비현실적인 것 같지만 내적으론 대단히 뛰어난 현실성을 갖고 있었으며, 그건 마치 피카소의 그림이 사진보다 더 현실적일 수 있는 것과 같은 이치였다. 그간 방송언어가 '위생처리' 된 '위선의 언어' 였다는 걸 감안한다면, '추상' 을 끊임없이 '구체화' 시키는 김수현의 언어가 시청자들을 끌어 모으는 건 결코 놀라운 일은 아니었다.

그러나 TV드라마는 연극이나 영화처럼 닫혀진 공간에서 즐길 수 있는 건 아니기에, 김수현의 언어가 그리는 궤적을 추적할 시간적 · 심리적 여유가 없는 시청자들에겐 김수현 드라마는 윤리문제와 더불어 시끄러운 소음으로 얼룩진 '저질 드라마' 로 여겨질 수도 있었다. 그녀의 드라마에 빠져든 시청자들마저도 자신의 심리적 치부를 적시해 내는 김수현 언어의 영민한 '가학성' 에 까닭 모를 반감을 느낄 법도 한 일이었다.

〈사랑이 뭐길래〉는 그런 요소들이 충만했다. 이 드라마에서 '사랑의 철학' 을 기대한다면 그건 큰 오산이었다. 이 드라마는 사랑과는 별 관계가 없었다. 대학원에 다니는 '여성해방론자' 지은(하희라 분)이 만난 지

1991년 최고의 인기 드라마였던 MBC 주말연속극 〈사랑이 뭐길래〉

몇 개월 됐다는 '여필종부론자' 대발(최민수 분)에게 밑도 끝도 없이 결혼을 요구하며 길바닥에서 무릎까지 꿇으려고 하는 걸 어떻게 '사랑이야기'라고 할 수 있겠는가. 이 드라마에서 사랑은 '국화빵'의 '국화'처럼 그저 모양이 그렇다는 의미일 뿐이었다.

〈사랑이 뭐길래〉는 남녀관계를 포함한 가족관계 그리고 더 나아가 중산층의 일상적 인간관계에서 흔히 나타나는 내숭, 위선, 타자지향성(他者指向性), 허위의식 따위를 언어의 '비수'로 파고들되 언어의 '촉감'으로 유화시킨 코믹 풍자극에 가까웠다.

일부 여성학자들은 〈사랑이 뭐길래〉가 가부장제를 옹호한다고 비판했지만, 이영미는 이 작품의 메시지는 가부장제를 옹호하는 게 아니라 진보적 가정과 보수적 가정을 대비시키는 가운데 '양비론 내지는 양시론적 냉소주의'라고 했다.

"보수의 입장에서 진보는 비판되며, 진보의 입장에서 보수는 비판된다. 진보와 대비하여 보수의 구체적 장점이 드러나며, 보수와 대비하여 진보의 구체적 장점이 드러난다. 결국 두 집안은 세상에 대한 각기 다른 태도로 대립하지만, 따지고 보자면 양쪽 다 장단점을 가지고 있다는 것이다."

이어 이영미는 "이 작품의 주제곡을 제치고 주제가에 대신할 만큼의 인기를 얻은 김국환의 〈타타타〉는 작가의 이러한 태도와 잘 맞아떨어진다"며 "알몸으로 태어나서 수의 한 벌 걸치고 땅에 묻히니 그래도 세상살이가 '수지 맞는 장사' 아니냐는 말은 얼마나 냉소적인 반어(反語)인가!"라고 했다.

"이것이야말로 90년대를 사는 우리의 모습이다. 열정적인 70~80년대를 지나, 이제는 여당도 싫지만 야당도 꼴 보기 싫고 대안 없고 힘 없는 운동권도 더 이상 보기 싫다는, 그래서 아예 생각하고 싶지 않고 더이상 어디에도 자신의 희망을 내맡기고 싶어하지 않는, 아니 어쩌면 희망을 만드는 것 자체를 스스로 거부해 버리는 태도인 것이다."[59]

이영미의 이런 해석이 타당하다면, 〈사랑이 뭐길래〉는 90년대의 시대정신을 말해 주는 드라마였던 셈이다.

---

59) 이영미, 『서태지와 꽃다지: 대중문화시대 예술의 길찾기』(한울, 1995), 182~183쪽.

할리우드 직배영화와 비디오

할리우드 직배영화의 파워는 1991년에 본격적으로 나타났다. 91년 한해 동안 상영된 외국 영화 256편 중 직배영화는 43편으로 13%에 불과했지만 동원 관객 수는 전체의 50%를 훨씬 넘는 것으로 추산됐다.[가]

이에 타격을 입은 건 한국 영화뿐만 아니라 홍콩 영화였다. 과거 흥행 보증수표였던 홍콩 영화들은 거의 참패를 당했다. 한때 연 300편의 영화를 만든 홍콩은 1983년 이래 세계를 제패하고 있는 할리우드 영화에 홍콩 흥행 1위를 빼앗기지 않았다는 신화를 자랑해 왔지만, 91년 한국 시장에서의 참패는 홍콩 영화의 몰락을 예고하는 사건이기도 했다. 93년 홍콩에서의 흥행 1위는 〈쥬라기 공원〉이었으며, 94년에도 1위는 〈스피드〉였다. 이후 빠른 속도로 홍콩 영화는 몰락하기 시작했다.[나]

할리우드 직배영화인 〈사랑과 영혼〉, 〈다이하드 2〉, 〈늑대와 춤을〉 등이 수십만 관객을 끌어들이고 있을 때, 10만 명 이상의 관객을 모은 한국 영화는 〈나의사랑 나의신부〉(22만 5,000명), 〈젊은날의 초상〉(17만 5,000명) 등에 지나지 않았다.[다]

할리우드 직배영화들은 모두 비수기에 개봉돼 성공을 거둠으로써 극장가의 기존 성수기 · 비수기 구분을 무의미하게 만들었다. 이는 극장 수 부족과 여가문화의 변화 때문인 것으로 분석됐다.[라]

90년에 이어 91년엔 재미교포를 다룬 영화들이 여럿 나왔으며 그 내용도 대체적으로 재미교포들의 부정적인 측면을 보여 주었다. 91년 6월

가) 〈방치할 수 없는 영상문화〉, 「동아일보」, 1992년 8월 11일, 3면.
나) 조재홍 지음, 인디컴 엮음, 「인디컴의 세계영화기행 1」(거름, 1996), 61 · 65쪽.
다) 〈'늑대와 춤을' 관객 130만 동원 방화, 외화상영의 30% 수준〉, 「경향신문」, 1991년 7월 20일, 20면. 91년의 전체 한국 영화 제작편수는 109편이었다.
라) 이헌익, 〈극장가 '성수기' 란 말 사라진다〉, 「중앙일보」, 1991년 4월 4일, 28면.

뉴욕한인회 회장 변종덕은 국내 TV와 영화의 '재미동포 모독'에 항의하기 위해 한국을 방문했다. 그는 "최근 한국 TV드라마나 영화에 재미동포들의 자존심을 매우 상하게 하는 장면이나 내용이 담겨 있어 뉴욕의 한인사회는 분노하고 있습니다. 대부분의 동포들은 이국땅에서 온갖 서러움과 어려움을 딛고 밤낮없이 열심히 살아가고 있는데 도와주지는 못할 망정 감정을 건드려서야 되겠습니까"라고 말했다. 뉴욕한인회가 문제 삼은 영화만도 〈깊고 푸른 밤〉, 〈아메리카 아메리카〉, 〈추락하는 것은 날개가 있다〉 등 7편에 이르렀다.[마]

급기야 문화부는 뉴욕한인회가 청와대 비서실에 낸 청원을 받아들여 한국예술인단체총연합, 한국영화업협동조합 등에 공문을 발송하였다. 문화부는 이 공문에서 해외동포를 부정적으로 묘사하는 영화의 제작에 대해서는 해외촬영 승인과 외환사용 추천, 통관 추천 등 행정처리 때 "특히 유의하여 처리하겠다"고 밝혔다. 이에 한국영화인협회 감독분과위원회는 문화부의 공문이 "창작의 자유를 명백히 침해하는 행위"라고 항의했다.[바]

재미교포를 다룬 영화가 겨냥한 것 중의 하나는 미국의 화려한 소비문화를 보여 주는 데 있었다. 이는 미국 직배영화가 맹위를 떨치는 것과 궤를 같이 했다.

한국 영화의 부진 대신 성황을 이룬 건 비디오 대여점이었다. 한국 영화의 시장 규모(극장 수입)는 1,400억 원에 불과한 반면 전국 3만 5,000여 개 비디오 대여점의 대여료 수입은 3,000억 원으로 영화시장 규모의 2배에 이르렀다. 91년 한 해에 쏟아져 나온 비디오영화만도 2,637편이나 됐다. 그러나 이 중 소비자들의 눈에까지 가 닿은 작품은 30%에 불과했고, 나머지 70%는 비디오 도매상에서 포장도 뜯기지 않은 채 제작자에게 다

마) 『중앙일보』, 1991년 6월 12일.
바) 『한겨레신문』, 1991년 7월 19일.

시 반품되는 것들이었다.[사]

VCR 보급률은 이미 90년에 35%(350만 대)였고, 갤럽의 92년 1월 조사에선 54.2%(서울 68.6%)나 되는 것으로 나타났다. 당시 우리나라 국민은 1년에 1.2편의 영화를 보고 7.4편의 비디오영화를 보는 것으로 추산됐다. 이미 88년에 2,047편으로 껑충 뛴 비디오 수입실적은 89년부터 해마다 3,000편 이상씩 쏟아 놓기 시작해 91년 현재 시중에 2만여 종의 비디오영화가 범람했다.[아] 외국 영화 프로그램은 92년 1월 말까지 나온 전체 비디오 1만 2,088편의 75%인 9,168편을 차지했고, 불법 제품은 6,000~8,000에 이르는 것으로 추산되었다.[자]

그간 국내 비디오 사는 미국의 비디오 메이저들에게 판매가의 30~40%를 로열티로 지급해 왔지만, 메이저들은 영화에 이어 비디오마저 직배를 하겠다고 나섰다. 미국 파라마운트 · 유니버설 · MGM/UA 등이 제작한 영화의 한국 내 직배를 맡고 있는 CIC–UIP가 그러한 직배의 선봉장으로서 91년 서울시내 1만여 개 비디오 대여점 중 7,000여 개소와 직접 거래를 시작했다. 국내 160여 개 중간도매상들은 일부 비디오 대여점들과 연대하여 직배반대운동을 전개하기도 했다.

한국 영화의 비디오 판권은 82년엔 1편당 불과 50만 원 선에 불과했으나, 87년과 88년엔 2,000~3,000만 원 선으로 올랐고, 91년에 이르러 2류 개봉영화도 3,000~4,000만 원 선으로 뛰었다. 웬만한 흥행영화는 7,000~8,000만 원, 흥행 성공작은 1억 원 이상을 받았다. 정지영의 〈남부군〉은 1억 5,000만 원(신한프로덕션), 임권택의 〈장군의 아들〉은 1억 2,000만 원을 받았다. 비디오 판권료가 대략 영화 제작비의 30% 선에 육박했으며, 영화가 개봉되기 전 '입도선매' 해 제작비를 충당했다.[차]

사) 강준만, 〈한국영화의 정치경제학〉, 『말』, 1991년 1월.
아) 『세계일보』, 1991년 8월 29일.
자) 『세계일보』, 1992년 2월 7일.
차) 『전북도민일보』, 1991년 6월 6일; 『국민일보』, 1991년 6월 8일.

1992년

제3장

소비문화와 대중문화의 결혼

정주영의 통일국민당 창당

정주영과 김동길의 의형제 각서

1992년 1월 3일 현대그룹 시무식에서 정주영은 "앞으로 기업경영에는 일절 관여하지 않겠다"며 사실상 정치판에 직접 뛰어들겠다고 선언했다. 그는 91년 12월부터 본격적인 창당작업을 해 왔으며, 이후 관심끌기 이벤트로 세인의 주목을 쟁취해 나갔다.

92년 1월 7일 정주영은 통일국민당 창당과 관련된 기자회견에서 역대 대통령들에게 정치자금을 헌금한 사실을 폭로했다. 노태우에게 준 정치자금에 대해서는 "6공 들어서는 처음에는 종전처럼(추석에 20억 원, 연말에 30억 원) 냈으나 액수가 너무 적어 받는 사람이 서운해하는 것 같다는 육감이 들어 30억 원씩으로 올렸고 그 후에는 50억 원씩 냈다. 그리고 2년 전 마지막으로 냈을 때는 100억 원까지 냈다"고 말했다.

이에 대해 노태우는 1월 10일 대통령 연두기자회견에서 "6공 들어서 대통령이 정치자금을 모으고 있다는 말을 밝은 세상에서 들어본 적이 있느냐, 나는 어느 기업에나 누구에게나 정치자금을 주시오라고 말해 본 적이 없다. 단지 몇몇 기업이 불우이웃을 도와달라는 뜻으로 내는 성금을 그들의 뜻에 따라 쓴 일은 있다"고 주장했다. 노태우 자신이 불우이웃인 셈이었다.

1월 10일 통일국민당 창당발기인대회에 이어, 1월 27일 정주영은 현대그룹 사장단회의에 참석해 "내가 국가를 위해 정치를 하려고 하는데 여러분들이 도울 수 있으면 도와달라"고 요청했다. 2월 8일 통일국민당 창당이 이루어졌다. 이날 창당대회는 바로 하루 전날 연세대 교수 출신 김동길이 주도하던 새한당과의 합당 결행으로 극적인 효과를 냈다.

나중에 밝혀진 일이지만, 김동길은 정주영이 자신에게 대통령 후보를 양보할 뜻을 비친 걸 굳게 믿고 있었다. 두 사람은 서로 의형제를 맺는 각서를 교환하기까지 했다. 각자의 이름 옆에 엄지손가락으로 손도장을 찍은 절차를 거쳐 형은 13세 연상의 정주영, 아우는 김동길이었다.[1]

2월 11일 정주영은 국민당 기자간담회에서 "이승만 대통령은 한반도의 남쪽 반만 통치했고, 박정희 대통령은 남을 동·서로 나눠 동쪽만, 전두환 대통령은 이 중 영남의 북쪽만 통치했으며, 노 대통령은 이것도 대구와 경북으로 갈라놓았다. 국민당은 한반도의 남북을 모두 통치할 것이다"고 주장했다.

노 정권은 국민당에 대한 압박 공세의 일환으로 코미디언으로 서민들의 인기를 누리고 있는 이주일(본명 정주일)이 국민당에서 손을 떼도록 압력을 행사했다. 2월 13일 이주일은 정치적 외압설을 풍기며 홍콩으로 출국했다. 국민당은 2월 14일 "노 정권은 정치탄압을 중지하라"며 광고 공세로 맞섰다.

이주일은 사흘 만에 귀국해 공항에서 후배 코미디언 최병서의 안내를

---

1) 허영섭, 『정주영 무릎꿇다: 대권도전 다큐멘터리』(아침, 1993), 84~87쪽.

1992년 2월 8일 정주영 통일국민당 대표가 창당대회에서 당원들의 환호에 답하고 있다.

받으며 방송출연을 위해 SBS로 직행했다. 그는 〈10시 뉴스쇼〉에서 "나는 일생을 연예인으로 살겠다"며 "14대 총선에는 참여하지 않겠다"고 밝혔다. 정주영을 비롯한 국민당 관계자들은 SBS로 뒤쫓아갔으나 이주일은 방송을 마치자 뒷문을 통해 살짝 빠져나가 버렸다. 정주영은 2월 17일과 18일 77세의 노구로 SBS 1층 로비에서 밤을 새워가며 13시간 30분에 걸친 농성을 감행했다. 이주일 사건은 국민당에 호재로 작용했다. 그가 밤을 새우는 모습이 텔레비전과 신문을 통해 전국에 비쳐져, 그의 건강까지 과시하는 이중효과를 거뒀다.[2]

---

2) 전진우, 『60점 공화국: '작가-기자' 전진우의 6공 비망록』(미문, 1992), 86쪽.

'아파트 반값' 광고

1992년 2월 하순 노 정권의 '현대 목조르기설'이 절정에 이르렀으며, 신문들은 이를 "6공-현대 힘겨루기"라는 기사 제목 등으로 보도했다. 정주영은 '부도 위기'로 벼랑끝 작전을 폈다. 2월 25일 정주영은 국민당 기자간담회에서 "현대그룹에 대한 정부의 탄압이 계속되면 현대는 부도가 날 것이며, 현대그룹이 부도나면 우리 경제의 3분의 1이 연쇄적으로 부도가 발생할 것이다"고 엄포를 놓았다.

정주영은 국민당 지구당대회 연설 때마다 노 정권에 대해 직격탄을 퍼부었다. 2월 27일 정주영은 경남 산청·함양 지구당대회에서 "정부는 지난해 450억 원이나 되는 청와대 신축공사를 하고서도 시공업체인 현대건설에는 공사대금의 반밖에 주지 않았다"고 폭로했다. 2월 28일 정주영은 경북 울진 지구당대회에서 "일찍부터 노 대통령이 신의 없는 줄이야 알았지만 분수를 지킬 줄도 모르는 그 사람에게 지난 4년간 나라 살림을 맡겼다고 생각하면 지금 우리나라가 처한 갖가지 경제침체, 물가불안, 각종 범죄와 기강문란, 교육의 황폐 등 이 모든 것이 당연한 귀결이었다"고 주장했다.[3]

국민당의 최대 히트작은 2월 말 국내 전 일간지에 5단통(가로 37cm, 세로 17cm)으로 실린 통일국민당 정책광고였다. 이 광고는 "현재의 아파트값을 반값으로 낮추어 대량공급하겠습니다"라고 선언해 많은 사람들을 놀라게 한 동시에 일부 서민들에겐 큰 기대감을 갖게 했다. 국민당은 2월 8일 창당 이후 선거법상 정당광고가 금지되는 총선공고일(3월 6일) 이전까지 중소기업육성, 은행자율화, 금리인하, 아파트값 인하, 교육풍토 개선, 문화예술 지원, 농어촌 활성화, 여성지위 강화 등을 주제로 8번

---

3) 전진우, 『60점 공화국: '작가-기자' 전진우의 6공 비망록』(미문, 1992), 84쪽.

의 정책광고를 거의 모든 일간지(지방지 포함)에 대대적으로 게재했는데, 그 중에서도 '아파트 반값' 광고는 큰 반향을 불러일으켜 국민당엔 문의 전화가 폭주했다.[4]

정주영과 결별하고 민자당 공천을 받고 있던 이명박이 아파트값을 반값으로 내리는 것은 현실적으로 도저히 불가능하다는 반론을 제시하자, 정주영은 "정치적 견해가 달라 우리와 합류하지 않는 것은 이해한다 하더라도 아파트 반값 공급이 가능하다는 사실을 누구보다 잘 알고 있으면서도 불가능하다고 말한 것은 그가 민자당에 입당했기 때문"이라며 괘씸해했다.[5]

91년의 히트작 KBS-2TV의 주말연속극 〈야망의 세월〉은 '샐러리맨의 영웅'인 이명박을 다뤘는데, 정주영은 이 드라마를 영 마땅치 않게 생각했다. 그는 "이명박 회장이 서류도 만져보지 못했을 무렵의 초년병 시절의 일들을 〈야망의 세월〉에서는 모두 그가 한 것처럼 꾸며놓으니 회사 안에서 보이지 않는 위화감이 생길 수밖에 없었다"고 비판했다. 이명박은 소양강 댐 건설이나 중동 건설에도 참여하지 않았는데 드라마에서는 그가 이 일들을 모두 도맡아 해낸 것처럼 꾸며졌다는 비판도 제기되었다.[6]

제3당이 된 국민당

1992년 3월 초 현대 임직원의 국민당 입당률은 90%에 이르렀다. 뿐만 아니라 2월 중순 이후 현대의 관리직 사원들에게는 1인당 10~30통씩의 국민당 입당원서가 배포됐고, 울산지역 계열사에서는 일부 근로자

---

4) 전진우, 『60점 공화국: '작가-기자' 전진우의 6공 비망록』(미문, 1992), 85쪽.
5) 허영섭, 『정주영 무릎꿇다: 대권도전 다큐멘터리』(아침, 1993), 115~116쪽.
6) 허영섭, 위의 책, 68쪽.

들이 연월차 휴가를 내고 고향을 찾아 국민당 입당 활동을 벌이기도 했다. 17만 명에 이르는 현대인력의 다수가 국민당에 입당하게 된 원인은 '현대위기설'이 나돈 연초부터 은행대출이 끊기고, 회사채발행이 막히고, 중개시장에서 어음까지 제대로 돌아가지 않는 데다 제2세무사찰설이 현실로 나타나면서 "국민당이 망하면 현대도 끝장"이라는 위기감이 팽배해졌기 때문이었다.[7]

3월 3일 정주영은 외신기자클럽 초청간담회에서 "과거에는 정치가 아주 지저분했기 때문에 정당인이 되는 것을 불명예로 여겼던 게 사실이다. 그러나 국민당은 이 나라를 구할 정당이고 따라서 그에 가담하는 것은 하나도 이상할 것이 없다. 나는 이 때문에 현대그룹 임직원들에게 국민당 참여를 권유하고 있다"고 말했다.

3월 5일 정주영은 한국인간개발원 초청간담회에서 "과거 미국이 한국에 원자탄 저장고를 만들 때 현대가 공사를 맡았다. 과거 정부는 깊은 산속 동굴에 만드는 원자탄 저장소 비밀공사도 경쟁입찰에 붙였었다. 그런데도 최근 정부는 정치자금을 받기 위해 공사들을 수의 계약하고 있다"고 말했다. 정주영은 이 발언 직후 발언 취소를 각 언론사에 통보했으나 북한은 3월 9일 정주영의 발언과 관련, 주한미군 핵기지에 대한 전면 사찰을 촉구했다.[8]

노 정권은 정주영의 벼랑끝 작전에 속수무책이었다. 현대를 압박하는 데에도 한계가 있었다. "현대그룹이 부도나면 우리 경제의 3분의 1이 연쇄적으로 부도가 발생할 것이다"는 정주영의 엄포가 근거가 없는 건 아니었기 때문이다. 노 정권의 현대 압박이 느슨해지면서 한동안 폭락세를 보였던 현대 계열사 주가가 연사흘씩(3월 2일~4일) 상종가를 치기도 했다.[9]

---

7) 전진우, 『60점 공화국: '작가-기자' 전진우의 6공 비망록』(미문, 1992), 87~88쪽.
8) 전진우, 위의 책, 84쪽.
9) 전진우, 위의 책, 79쪽.

코미디언 이주일은 불출마선언을 뒤엎고 국민당 후보로 등록, 14대 총선에서 당선이 확정되자 지지자들에 싸여 기쁨을 토하고 있다.

국민당은 입후보 등록 마감일(3월 10일)까지 189개 지역구에 후보를 낼 수 있었다. 이주일도 3월 10일 정주영과 함께 경기도 구리시에 나타나 국민당 후보로 등록했다. 이로써 이주일이 불출마선언을 했던 〈10시 뉴스쇼〉 출연과 정주영의 항의농성이 '정주영 측 각본, 정주영·이주일 주연'의 쇼였음이 드러나게 되었다. 정부의 압력을 피하기 위한 고단수 쇼였던 셈이다.[10]

1월 10일 창당발기인대회 한 달 만에 48개 지역구를 만들어 창당대회

---

10) 허영섭, 『정주영 무릎꿇다: 대권도전 다큐멘터리』(아침, 1993), 113쪽.

(2월 8일)를 갖고, 다시 한 달 만(3월 10일)에 189개 지역구에 후보를 낼 수 있었던 것은 현대 스타일 덕분이었다. 창당 당시 국민당 사무처에는 45명의 현대 계열사 직원들이 소속사에서 퇴직금을 받고 옮겨와 매일 새벽부터 밤늦게까지 강행군을 했다. 민주당은 13대 국회부의장이었던 조윤형을 공천에서 탈락시키면서 의정활동부진 등 그의 '게으름'을 이유로 들었지만, 국민당 선거대책본부장을 맡은 그도 새벽 6시 30분에 열리는 조직강화특별위원회에 꼬박꼬박 참석했다.[11]

100억 원의 거금을 쏟아 부은 정치광고 덕분이었는지는 몰라도 3월 24일에 치러진 14대 총선에서 국민당은 30여 석의 의석을 확보해 제3당이 되었다. 이명박은 민자당 전국구 25번으로 14대 국회에 진출했다.

총선 후 주춤했던 정부의 공세가 다시 시작되었다. 노 정권은 4월 21일 현대상선의 정몽헌 부회장(정주영의 5남)을 비자금 조성(147억 원) 및 탈세(58억 원) 혐의로 구속했다(8월 14일 집행유예로 석방). 해운업계에서 공공연한 리베이트 자금을 새삼 문제삼은 것이었다.

그러나 4월 말 청와대 경제수석이 김종인에서 전 건설부장관 이진설로 교체되면서 정부의 자세는 "현대와 국민당은 분리 대응한다"는 쪽으로 가닥이 잡혀 6공과 현대의 갈등은 완화 국면으로 접어들었다.[12]

---

11) 전진우, 『60점 공화국: '작가─기자' 전진우의 6공 비망록』(미문, 1992), 89쪽.
12) 전진우, 위의 책, 99쪽.

제14대 총선과 민자당 경선

공약 남발과 부정으로 얼룩진 선거

3·24 총선 직전에 발간된 월간 『사회평론』 92년 4월호에 따르면, 현직 기자들이 뽑은 '6공 9대 비리'는 수서택지 특혜분양, 감사원 비리와 감사중단 의혹, 재벌의 정치헌금 및 대통령의 정치자금, 보안사 및 안기부의 정치사찰, 방송구조 개편, 제주도개발특별법 날치기 통과, 국립과학수사연구소의 허위감정 파동, 제2이동통신 특혜비리 의혹, 골프공화국 추진 등이었다.

그런 비리 의혹으로 인한 민심 이반을 우려했기 때문이었을까? 노태우는 "14대 총선을 역사상 가장 공명정대한 선거로 치르도록 하는 데 최선을 다하겠다"고 여러 차례 밝혔지만, 실제로는 14대 총선을 역사상 가장 많은 공약을 남발한 선거로 만들었다.

노태우는 전국을 순회하며 지역개발의 장밋빛 청사진을 양산해 냈다. 강원도 순시에선 동서고속전철의 조기 착수와 강원도 후발개발론, 청주에선 청주 국제공항 조기착수, 대전에선 제2수도 육성론, 경기도에선 민통선 부근의 종합개발 검토 등 '조기착수'와 '종합개발'이 가미된 공약의 '재탕'을 남발했다. 선거를 겨냥해 양산된 대통령 공약사업만 하더라도 그 규모가 무려 15조 원으로 91년 건설부 예산의 4배에 이르렀다.

각료들도 대통령의 뒤를 따랐다. 건설부장관은 "96년부터 2000년까지 총 사업비 1조 4,000억 원을 들여 영동고속도로를 4차선으로 확장하겠다"고 했고, 수산청장은 "국내 유망 수산업을 육성하기 위해 향후 10년간 4조 원을 투입하겠다"고 했다. 지방자치단체들도 마찬가지였다. 서울시는 2조 4,000억 원을 들여 지하차도를 건설하겠다고 했고, 일부 시도는 92년 사업물량의 50% 이상을 총선 전에 발주하도록 일선 시군에 공식 지시하고 나섰는가 하면 몇 년 전에 시작된 공사의 기공식을 다시 하기도 했다.

민자당은 총선기간 중 고액 일당을 주고 청년조직인 '한맥청년회'를 동원하기도 했다. 한맥청년회는 3월 7일 선거일이 공고된 이후부터 열흘간 서울·인천·군포 등 전국 각지의 유세장과 정당연설회장에 모두 30여 차례에 걸쳐 한 곳에 200~500명 규모의 대학생을 민자당으로부터 돈을 받고 조직적으로 동원해 온 것으로 밝혀졌다.

이들은 피라미드 판매술과 같은 방법과 아르바이트를 미끼로 짧은 시간에 회원을 확보한 것으로 알려졌다. 관악산 등반대회에 참가하기만 하면 민자당 쪽에서 일당 3만 원짜리 아르바이트를 원하는 대로 알선해 준다고 대학생들을 유인하는 한편 조직에 들어온 학생들에게는 5~10명의 학생들을 더 끌어 모으면 조장·팀장 등 승진과 함께 10만 원 내외의 수당을 준다는 '피라미드 판매술'을 썼다는 것이다.[13]

3월 22일 육군 9사단의 보병 소대장 중위 이지문은 공명선거실천시

---

13) 〈'민자 한맥회' 정치쟁점화/중앙당 청년국서 직접관리 밝혀져〉, 『한겨레신문』, 1992년 3월 19일, 1면; 정의길, 〈민자당 대학생조직 실태/한맥회·대학생연합 1월 결성〉, 『한겨레신문』, 1992년 3월 20일, 14면.

민운동협의회(공선협) 전국본부 사무실에서 기자회견을 갖고 지난 16일부터 현역장병 56만여 명을 대상으로 실시하고 있는 군 일부 부대의 부재자 투표에서 국군기무사의 개입으로 공개기표, 중간검표 등 선거부정 행위가 광범위하게 저질러지고 있다고 폭로했다.[14] 또 총선 후 연기군수 한준수는 관권선거를 폭로했다. 이 두 가지 폭로 이외에도 14대 총선은 수많은 부정으로 얼룩졌다.

언론의 '부정'도 심각했다. TV뉴스는 이지문의 양심선언보다는 그것이 거짓이라는 국방부의 설득력 없는 주장에 더 많은 시간을 할애했는가 하면 안기부 직원 부정선거 개입사건은 시간대별로 축소시켰다. 신문들도 축소 보도로 일관했다. 『조선일보』는 이지문의 양심선언을 제2사회면 1단 기사로 처리했다.[15]

김영삼도 모든 걸 걸고 나섰다. 그의 가장 드라마틱한 변화는 부산에서 일어났다. 김영삼은 88년 13대 총선 부산 동구 지원 유세에서 "허삼수 후보는 반란을 일으킨 군인입니다. 반란의 총잡이입니다. 총잡이는 국회로 보낼 것이 아니라 감옥으로 보내야 합니다"고 주장했었다. 그로부터 4년 후 김영삼은 같은 자리에서 이렇게 말했다. "허삼수 씨는 충직한 군인입니다. 허삼수 씨를 뽑아 주시면 제가 중히 쓰겠습니다. 저를 대통령으로 만들어 주시기 위해서도 허삼수 씨를 국회의원으로 뽑아 주십시오."

민자당의 참패

그러나 그런 발버둥에도 불구하고 민자당은 총선에서 참패했다. 71.9%

---

14) 〈군 공개투표등 대대적 선거부정〉, 『한겨레신문』, 1992년 3월 23일, 1면.
15) 1992년 8월 연기군수 한준수가 관권선거를 폭로했을 때에 『조선일보』는 9월 1일자 및 3일자 사설을 통해 그가 5개월 반이나 지나서 그런 폭로를 하는 게 불쾌하다는 식으로 대응했고, 심지어 한준수에 대한 인신공격성 논조로 사건의 본질을 호도하기까지 했다.

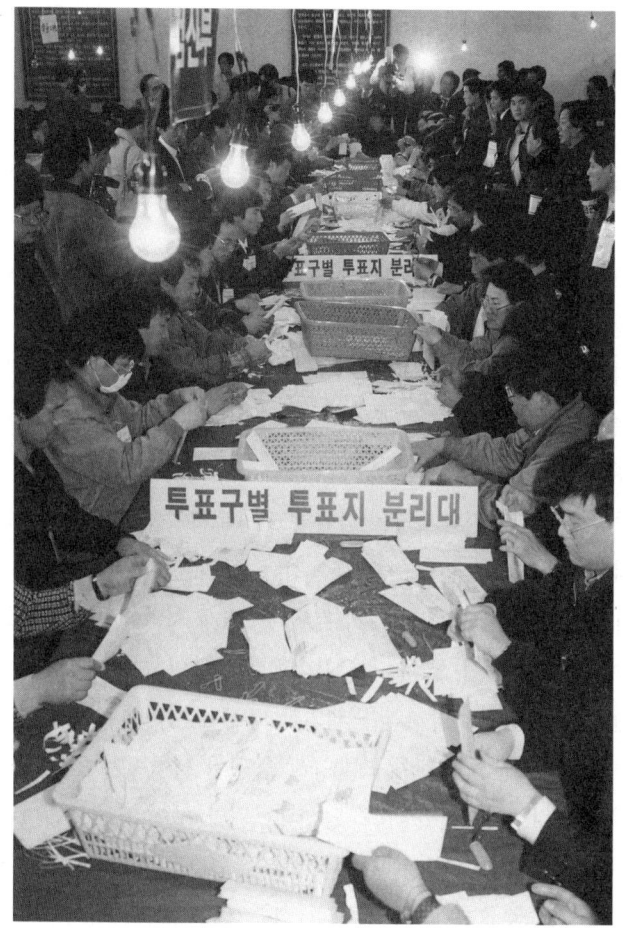

제14대 총선 개표 모습.

의 낮은 투표율을 기록한 14대 총선에서 민자당은 전체 237개 선거구 중 116석밖에 얻지 못해 전국구 33석을 합해도 과반수 의석인 150석에 1석 이 못 미쳤다. 이는 총선 전의 218석에 비해 69석을 잃은 결과였다.

3·24 총선 결과 각 정당별 의석분포는 △민자당 116석(전국구 33석) △민주당 75석(전국구 22석) △국민당 24석(전국구 7석) △신정당 1석 △

무소속 21석 등이 되었다. 각 당별 득표율은 △민자 38.5% △민주 29.2% △국민 17.3% △신정 1.8% △공명민주 0.1% △민중 1.5% 등이었다.

총선 결과를 권역별 판세로 보면 민자당은 부산지역을 석권한 것 외에 나머지 지역에서는 당초 당이 기대했던 것보다 훨씬 못 미치는 성과 밖에 거두지 못했으며 특히 수도권과 충청지역 등 중부권에서 참패를 면치 못했다. 또 여당의 아성이었던 대구·경북·경남지역에서도 무소속을 포함한 야권에 17석을 내주었으나 전북에서는 남원(양창식), 진안-무주-장수(황인성) 등 두 군데에서 당선자를 내 호남지역에 교두보를 마련하는 데 성공했다.

민주당은 광주·전남지역을 석권하고 전북지역에서도 절대적인 우세를 나타낸 반면 강원과 대구·경북·경남 등 영남지역에서는 1명의 당선자도 내지 못했으나 서울의 44개 지역 중 25개 지역에서 당선되고 서울 인접 수도권에서 선전, 당이 당초 기대했던 목표의석을 확보했다.

국민당은 부산과 호남지역을 제외한 나머지 지역에서 골고루 당선자를 내 당초 목표인 교섭단체구성 규모를 훨씬 넘어서는 31석(전국구 포함)을 확보했다. 이주일(구리)도 당선돼 "뭔가 보여 드리겠습니다"라는 그의 코미디 유행어를 현실로 만들었다. 김동길은 서울 강남 갑에서 당선되었으며, 전국구 3번으로 출마한 정주영도 당선돼 지역구의 정몽준과 함께 의정사상 처음으로 부자(父子) 의원이 탄생하는 기록을 세웠다.

신정당, 민중당 등 군소 정당들은 박찬종(서울 서초갑·신정) 1명만 당선자를 냈을 뿐 전국구 의석배정가능선인 유효투표 3% 이상 득표에 실패했다.

특히 민자당 내에서 △민정계는 155명을 공천해 85명의 당선자를 낸 반면 △민주계는 공천자 52명에 20명 △공화계는 공천자 30명 가운데 10명밖에 당선자를 내지 못해 계파별 의석 수에 큰 변화를 가져왔다. 여

기에 전국구 33명(민정 27명, 민주 4명, 공화 2명)까지 포함시킬 경우 민자
의석의 계파분포는 △민정 113명(75.8%) △민주 25명(17%) △공화 11명
(7.5%) 등으로 확정됐다. 이는 3당합당 당시 △민정 127명(57.5%) △민
주 59명(26.7%) △공화 35명(15.8%) 등 221명의 분포와 비교하면 전체
적으로는 개헌선의 상실을, 계보별로는 민주 공화계의 몰락을 의미했
다.[16]

언론의 민자당 경선 보도

이 같은 결과에 대해 민정계는 '김영삼 책임론'을 제기했다. 그러자
김영삼은 청와대로 찾아가 총선 패배에 대해 '정부 책임론'을 역설하며
노태우와 담판을 벌였고, 김윤환 등 민정계 일각의 지원을 받으며 배수
진을 쳤다.

총선 나흘 뒤인 3월 28일 김영삼은 민자당 대통령 후보 경선 출마를
공식 선언했다. 이제 총선 열기는 민자당 내부의 '대권경쟁'으로 옮겨
붙었고, 이는 2개월여 기간 동안 한국 신문들의 제1면을 거의 독점하다
시피하는 '특혜'를 누리게 되었다.

김영삼이 민자당 경선 출마를 공식 선언한 3월 28일부터 그가 민자당
대통령 후보로 선출(5월 19일)되고 나서 며칠 후인 5월 24일까지의 58일
동안 한국 신문의 1면은 민자당 관련 기사 일색이었다.

이 기간 동안 경향, 국민, 동아, 세계, 조선, 중앙, 한겨레, 한국(가나다
순) 등 8개 일간지가 양산해 낸 민자당 관련 머리기사는 190개에 이르렀
다. 이는 1개 신문당 23.8개꼴이며, 16개로 가장 적게 보도한 『한겨레신
문』을 제외하면 1개 신문당 25개꼴로 1개 신문이 거의 이틀에 한 번씩 1면

---

16) 『동아일보』, 1992년 3월 25일, 1~2면.

머리기사를 민자당에 할애했다는 것을 의미했다. 그 기간 중에 LA흑인 폭동, 남북고위급회담, 태국 유혈시위, 백범암살 관련 보도 등 굵직한 사건들이 있었기에 망정이지 그렇지 않았다면 민자당 경선 보도는 그 기간 내내 신문 1면을 완전히 독점했을지도 모를 일이었다.

언론이 민자당 경선을 2~3일에 한 번꼴로 보도했다 하더라도 그 내용만 알차다면야 문제될 게 없었겠지만, 문제가 될 정도로 그 내용은 부실하기 짝이 없었다. 민자당의 '홍보'에나 해당될 민자당 내부의 움직임에 대해 1면 머리기사를 아낌없이 내주면서도 민자당 중앙교육원 매각 의혹이 제기되자 이건 1면 머리기사로 다루지 않은 신문들이 더 많았다. 또 민자당 '홍보'의 와중에서 안기부 선거개입, 한맥회사건 등에 관한 재판은 눈에 잘 안 보일 만큼 축소보도되었다.

방송은 더 심했다. 『KBS 노보』 92년 5월 6일자는 "총선이 끝난 3월 25일부터 4월 26일까지 KBS 9시 뉴스에서 안기부 사건에 대한 보도는 지난 4월 11일 딱 한 차례 25초 동안 방송된 것이 전부이고 한맥회 사건은 3월 31일과 4월 8일에 각기 15초씩 30초간 방송된 후 잊혀진 사건이되었다. 또 무더기 부정투표로 현직 공무원이 구속된 칠곡군 부정선거도 4월 22일 15초간 보도된 후 더 이상 다루어지지 않고 있다. 이러한 사실만으로도 우리는 KBS가 얼마나 권력에 맹종적인지를 충분히 짐작할 수 있다. 안기부의 공작정치, 집권 여당의 불법 선거운동, 대통령에서부터 통반장에 이르기까지 행정기구에 의한 관권선거 등 한국 사회의 고질적 문제점에 대해서 철저하게 외면하고 있는 방송 언론의 실상이 15초, 25초, 30초의 보도 속에 잘 나타나 있다"고 말했다.

정당들의 전당대회 보도도 마찬가지였다. 방송사들은 5월 19일 민자당 전당대회를 40여 분간 생중계하고 9시 뉴스에서는 아예 '특집방송'을 했다. 서울 YMCA 시청자시민운동본부의 모니터 보고서는 KBS가 "첫 번째 뉴스꼭지 '대통령 후보'에서 민자당의 대통령 후보 수락연설

1992년 5월 19일 김영삼은 민자당 대통령 후보로 선출되었다.

인용보도시 연설 사이마다 박수와 환호 장면과 음향을 무려 5차례에 걸쳐 삽입시켰고, 노 대통령 축하연설에서도 2차례의 환호와 박수, 팡파르 연주를 커다란 음향효과로 넣어 민자당 전당대회의 분위기를 한껏 고조시켜 보도하고 있어, 실제적 자유경선이었던 민주당 전당대회의 축소적 보도와 비교된다"고 밝혔다.

'김영삼 추대 당위론'의 논리

1992년 5월 19일 서울올림픽 체조경기장에서 열린 민자당 전당대회에서 김영삼은 총 투표수 6,660표 중 66.3%인 4,418표를 얻어 제14대 대통령 후보로 선출됐다. 경선 거부를 선언한 이종찬은 총 투표수의 33.3%인 2,214표를 얻었다. 김영삼은 후보수락연설에서 "3당통합의 결실을 바탕으로 민주주의 완성, 선진경제의 실현, 민족통일의 성취를 향해 매진하겠다"면서 "이 같은 역사적 과업의 수행을 위해 민자당은 일치단결해 대통령선거에서 반드시 승리해야 한다"고 말했다.[17]

민자당 내부에서 김영삼 승리를 이끈 1등 공신은 김윤환이었다. 김영삼 후보 추대위원회를 발족시켰던 김윤환은 훗날 "추대위가 대의원들을 각개격파한 무기, 즉 YS 추대 당위론의 논리가 무엇이었느냐"는 질문에 대해 이렇게 답했다.

"처음에는 여권 내부의 반YS여론에 눈앞이 캄캄하더군요. 여기에 대항하여 나는 다음과 같은 논리를 폈습니다. 첫째, 김 대표 옹립은 3당합당 때부터 예정된 대세였다. 둘째, 김 대표를 내세우지 않으면 국민들이 6공을 용서하겠는가. 셋째, 다른 당의 후보가 대권을 쥐면 그때 우리는 어떻게 되겠는가. 즉, 김대중 후보에게 맞서 이길 수 있는 사람은 김 대표뿐이지 않겠는가 하는 논리였습니다."[18]

가장 큰 힘을 발휘한 건 세 번째 논리였다. 91년 9월 10일에 이루어진 신민, 민주 양당의 통합은 김영삼에게 '김대중 카드'를 더욱 실감나게 활용할 수 있는 무기가 되었다. 『월간조선』 92년 6월호는 익명을 요구한 김영삼 추대위의 고위 책임자가 김영삼 지지 측의 분위기를 다음과 같이 전했다고 썼다.

"정권재창출이란 말은 곧 김대중 씨에게 정권을 넘겨줄 수 없다는 말입니다."

---

17) 〈김영삼 대통령후보선출/민자전당대회/대의원 97% 참가 66% 득표〉, 『한국일보』, 1992년 5월 20일, 1면.
18) 〈'킹메이커' 김윤환 의원 독점 인터뷰 10시간〉, 『월간조선』, 1994년 8월.

국민을 열광시킨 바르셀로나올림픽

방송사들의 올림픽 중계전쟁

1992년 7월 25일부터 8월 9일까지 스페인 바르셀로나에서 열린 올림픽에서 한국은 금메달 12개, 은메달 5개, 동메달 12개를 획득하여 종합 7위를 차지했다. 무엇보다도 값진 건 황영조의 마라톤 우승이었다.

바르셀로나올림픽은 '열광'을 넘어 '광란'이라는 말이 나올 정도로 전 국민을 들뜨게 했다. 여기엔 방송사들이 앞장섰다. 처음에 방송사들은 올림픽 기간 동안 하루 온종일 중계방송을 하겠다고 했다. 여론의 비난이 빗발치자 방송사들은 한 걸음 뒤로 물러서는 척했다. 낮 2시와 4시 사이의 두 시간을 제외한 종일방송을 하겠다는 것이었다.

올림픽 중계를 위해 180여 명(KBS 89명, MBC 68명, SBS 29명)의 인력을 파견한 방송사들이 위성사용료, 중계권료, 체제비 등으로 지출할 돈의 규모는 130억 원이었지만, 올림픽 중계로 인한 광고수입은 약 400억 원, 평상시에 비한 순수입 증가액만도 200억 원에 이른 것으로 추산되었다.

바르셀로나올림픽의 영웅 황영조.

　3개 채널의 집요한 중복·반복 방송으로 시청자들의 채널 선택권과 프로그램 선택권은 박탈당했다. 서울 YMCA 시청자시민운동본부의 분석보고서에 따르면, 총 방송시간 대비 올림픽 방송시간이 평균 50%를 넘었고 MBC는 70%나 됐다. 방송사들이 중계방송에 앞서 맺었던 신사협정이라 할 '3사분할 중계'의 원칙은 올림픽이 개막된 지 세 시간도 못 되어 깨져버렸다. 방송 초기에 예상 밖의 금메달이 나오자 방송사들은 흥분했고 그 이후 정규 편성은 엉망이 돼 버렸다. 저녁 뉴스 프로그램은 갈가리 찢겨 또 하나의 올림픽 중계방송이 돼 버리고 말았으며, 그 밖의 시사 프로그램들은 아예 방영이 중단되고 말았다. 지방뉴스는 올림픽 기간 동안 전면 폐지됐다.

또한 금메달을 딸 가능성이 높은 선수들의 부모들을 인터뷰할 목적으로 여의도의 맨하탄호텔로 '납치'하다시피 해서 대기시켜 놓기까지 했다. 여의도 맨하탄호텔의 인터뷰는 매번 보기에 민망했다. 방송사 간부들의 과잉 기획 때문에 쓸데없는 고생을 하는 선수 가족들과 그들을 인터뷰해야 하는 아나운서들이 측은하게 생각됐을 정도였다. 모두 다 오로지 기쁠 따름이지 딱딱한 인터뷰 형식을 통해 오랫동안 물어볼 말이 무어 있으며 또 대답할 말은 무어 있겠는가. 시청자들은 그저 "어떻게 생각하느냐"는 공식화된 질문에 말의 순서와 어형이 좀 변화된 정도의 차이만 있었을 뿐 거의 공식화된 대답을 금메달을 딸 때마다 보아야 했다. 특히 선수들을 '정치화' 시키는 대목에선 상당한 인내가 필요했다. 방송사들은 선수들의 승리를 꼭 '국가와 민족의 영광'에 연결시키는 장광설을 늘어놓기에 바빴다.

그러나 8월 10일 새벽 엄청난 감격을 맛본 국민은 그런 '성의'에 오히려 감사드리고 싶은 마음이었을 것이다. 황영조의 올림픽 마라톤 우승 덕분이었다. 11일 저녁 방송사들은 여론조사 결과를 보도했다. 국민들의 다수가 올림픽 방송에 대체적으로 만족했다는 내용이었다.

올림픽 관제 축제

『한겨레신문』 8월 11일자 '신문주평'은 "언론이 이번 올림픽에 보인 보도태도는 흡사 올림픽이 우리나라에서 열렸나 싶을 정도로 열광적이어서 과열 그 자체였다"며 "특히 텔레비전이 심각하게 두드러졌지만, 실상 따지고 보면 신문도 그에 못지 않았다"고 평했다.

"보도의 양에서 올림픽 기간에 『조선일보』와 『서울신문』이 4개 면 기본에 6개 면까지, 『한겨레신문』은 기본 2개 면으로, 다른 신문들은 2~3개면 기본에 4~5개 면까지를 금메달 획득을 중심으로 올림픽에 할애했다. 이러한 양적 과열은 보도의 내용적 편향과 결합하면서, 50~77%의 시간을 올림픽 중계방송에 쏟아 부었던 텔레비전과 함께 신문이 그 기간 중 국민의 관심을 올림픽에서의 금메달 획득 열기로 몰아가기 위해 흥분한 것이 아닌가 하는 느낌이 들 정도였다."

올림픽 성과는 정치 비판에도 활용되었다. 예컨대, 『세계일보』 8월 6일자 사설은 "우리에게 첫 금메달을 안겨 준 사격선수 여갑순은 18세의 여고 3년생이다. 그는 상대방 선수의 점수나 자신의 점수는 생각지도 않고 정신일도하사불성의 마음결이었다. 금메달에 마음 없었다고 했다. 어린 소녀선수가 던지는 이 말을 듣고 우리의 3김씨를 볼 때 하늘을 우러러 보고 땅을 보고 부끄럽게 느끼지 않을 사람은 없다"고 했다.

바르셀로나올림픽에 참가한 선수단 개선에 맞춰 8월 초 지방단위 환영행사 개최지침을 각 시도에 시달했던 내무부는 '후속적인 관련 조치 사항'으로 지방언론에 협조를 구해 올림픽 성과의 공감대를 지속적으로 확산시키라고 주문했다. '올림픽 참가선수단 개선 지방단위 환영행사 개최지침'이라는 제목의 이 공문은 지방언론과 협조해 '기획시리즈'의 연재와 지방별 연고선수의 '미담사례' 소개 등에 역점을 둬 달라는 내용이었다.[19]

그 지침의 효과는 컸다. 전국적으로 올림픽을 앞세운 관제 축제가 요란스럽게 열렸으며, 이런 행사에 들어간 예산만도 100억 원이 넘을 것으로 추산되었다. 이에 대해 『경향신문』 8월 29일자 사설 〈시도 때도 없는 관제축제〉는 "도대체 시도 때도 없이 벌이는 축제버릇은 언제쯤에나 고치게 되는 것일까. 그동안 한마당잔치니 화합이니 해서 얼마나 많은 잔치를 벌여 왔는가. 그런데도 또 무엇이 모자라서 올림픽 성과 홍보를 구

---

19) 『기자협회보』, 1992년 8월 27일.

김포공항 입국장에서 환영 플래카드를 내걸고 바르셀로나올림픽 선수단을 기다리고 있는 가족, 친지들과 시민들의 모습.

실로 잔치판 멍석을 펴려고 하는지 알다가도 모를 일이다"고 비판했다.

"허구한날 잔치판만 벌이면 일은 언제하나. 작년 가을에도 88올림픽의 감격을 재탕하는 한민족 체육대회에다 심지어 유엔가입 축하공연이다 해서 꽹과리치고 북치는 '거국적 잔치'를 치렀다. 그런데도 올해에 또다시 '올림픽성과' …… 운운하는 구실을 붙여 관제 잔치를 벌이고 있다. 잔치에 들어가는 돈이 아까워서가 아니다. 가뜩이나 나라 살림이 어렵고 바구니경제마저 비명을 올리고 있는 판에 이런 잔치판이나 벌이고 있으면 나라꼴은 어떻게 되는지 한번쯤은 생각해 봐야 하지 않겠는가."

황영조 신드롬

'황영조 신드롬'도 일어났다. 유명 인사들이 앞 다투어 황영조와 같이 뛰고자 했다. 민자당 총재 김영삼은 황영조 선수와 만났을 때 '하영조' 선수라고 여러 차례 말하는 바람에 비서진이 종이에 커다랗게 '황영조'라고 써서 김영삼에게 보여 주는 해프닝을 벌이기도 했지만, 황영조와 함께 조깅을 하는 김영삼의 모습은 실속 있는 '선거운동'이 되었다.

'황영조 신드롬'은 그 정도가 지나쳐 '신드롬'이라기보다는 사실상 '황영조 못살게 굴기'에 가까웠다. 황영조는 여기저기 행사에 끌려 다니느라 몸살을 앓았다. 황영조는 엄청난 스트레스를 받았고, 그래서 은퇴를 선언했다가 번복하는 등 연말까지 내내 화제의 주인공이 되었다.

황영조가 은퇴를 선언하자 언론과 많은 사람들이 '황금만능주의'에 오염된 엘리트 체육정책을 비난했다. 그러나 그런 비난으로부터 자유로울 수 있는 사람은 많지 않았다. 황영조는 만나는 사람들마다 돈 얘기를 하는 걸 견딜 수 없었다고 토로했다.

차마 말은 못했지만, '민족의 영광'을 위해 인간의 한계를 넘는 '지옥 훈련'을 4년간 더 하라고 범국민적으로 등 떠미는 것에 대한 고통도 컸을 것이다. 93년 1월 4일 밤 TV뉴스는 황영조의 삭발한 모습을 보여 주었다. 황영조의 삭발은 그가 이제 마음을 가다듬고 훈련에만 전념하겠다는 굳은 의지의 표현으로 해석되었다.

제14대 대통령선거: 언권선거

'TV토론' 논쟁

1992년 5월 15일 정주영, 5월 19일 김영삼, 5월 26일 김대중이 각각 국민당, 민자당, 민주당 대통령 후보로 선출돼 대선은 본격적인 국면에 이르게 되었다.

6월 1일 민주당 대표 김대중은 민자당 대표 김영삼이 제의한 대통령 선거운동 중지 및 여야대표 회담과 관련, "소모적인 선거운동을 자제하기 위해 당분간 옥외집회 등 정치, 경제안정을 해치는 행동은 자제하자"면서 "그 대신 산적한 국정현안에 대해 3당 후보가 TV공개토론을 갖고 국민에게 각 당의 입장을 밝히자"고 제의했다.

이에 민자당 대변인 박희태는 "대통령 후보 3인이 TV토론을 하게 되면 대선 분위기가 조기에 과열될 우려가 높다"면서 "이렇게 되면 정치권 전체가 공멸할 수밖에 없을 것"이라며 김대중에게 "자신의 장점을 너무 내세우지 말라"고 충고했다.

결국 TV토론의 당위성에 대한 판단은 언론이 할 수밖에 없게 되었다. 그런데 별 시시콜콜한 문제도 사설로 다루던 언론이 이 문제에 대해선 약속이나 한 듯 침묵을 지켰다. 『한겨레신문』만이 6월 3일자에서 '텔레비전 토론을 왜 거부하는가—정치왜곡 막기 위해서도 토론은 필요하다'는 제목의 사설을 통해 TV토론의 필요성을 역설했을 뿐이었다. 반면 『조선일보』 6월 5일자 관련 기사는 "대선일이 200일 정도나 남아 있고, 그때까지 선거유세를 통한 지나친 국력낭비를 피하자는 여론이 우세"하다고 주장했다.

대선후보 선출 직후 재벌해체론으로 논란을 빚었던 정주영은 『시사저널』 6월 18일자 '패널 토론회'에선 국가보안법 관련 질문을 받고 철폐를 찬성한다고 말하는 와중에 공산당 허용 발언을 해 파문을 일으켰다. 92년 7월 14일 정주영은 민주당과의 야당 대표회담에서 민주당 대표 김대중에게 '이봐'라고 했대서 신문 가십란에 올랐다. 오랜 입버릇이 튀어 나왔을 것이라는 해석이었다.[20]

이동통신 사업자 선정

1992년 7월 '황금알을 낳는 거위'로 표현된 이동통신 사업자 선정이 정치적 쟁점으로 떠올랐다. 경제력 집중을 막기 위해 현대, 대우, 삼성, 럭키금성 등 기존의 4대 통신장비 제조업체는 제외하기로 했기 때문에 5위인 선경이 가장 유리했다. 그런데 선경은 노태우와 사돈관계였다. 그래서 특혜 의혹이 떠돌았다.

7월 23일 청와대 주례회동에서 이젠 민자당 대통령 후보가 된 김영삼은 노태우에게 이동통신을 둘러싼 의혹이 차기 선거에 불리하게 작용할

---

20) 전진우, 『60점 공화국: '작가-기자' 전진우의 6공 비망록』(미문, 1992), 97쪽.

것이 분명하니 사업자 선정을 대선 이후로 연기하자고 건의하고 나섰다. 그러나 김영삼의 건의는 받아들여지지 않았다.

8월 20일 제2이동통신 사업의 최종 사업자로 선경그룹이 낙착됐다. 체신부장관은 "대학총장의 자식이라고 해서 우수한 성적으로 합격한 학생을 떨어뜨릴 수는 없는 일 아니냐"고 반문했지만, 반발은 컸다. 야당은 물론 여당의 대통령 후보까지 연기를 요청했던 사업자 선정이었기 때문이다. 바로 그날 정주영의 통일국민당은 일간지들에 '6공 정권의 도덕성은 땅에 떨어졌다'는 정치광고를 게재해 공세를 퍼부었다.

발표 직후 노태우와 김영삼은 정면 충돌했다. 김영삼은 언론을 통해 반대 입장을 표명했고 노태우는 크게 분노했다. 노태우의 입에서 "갈라서자"는 말까지 나왔다. 그러나 노태우의 측근인 이원조와 동서 금진호는 이미 김영삼 쪽으로 방향을 선회한 터라 노태우를 설득하는 데에 앞장섰다. 그래서 선경이 사업권을 자진반납하는 쪽으로 사태가 수습되었다.[21]

발표 일주일 만인 8월 27일 선경은 사업권 반납을 발표했고, 정부는 제2이동통신사업의 진행을 중단한다고 발표했다. 이틀 전인 8월 25일 노태우는 당 총재직까지 김영삼에게 넘겨주었으며, 8월 28일 서울 올림픽공원 역도경기장에서 열린 민자당 중앙상무위원회에서 김영삼은 당 총재로 공식 선출되었다. 김영삼은 취임연설에서 자신이 "순수 민간인 출신으로는 31년 만에 처음으로 집권당 총재가 되었다"며 "그것은 이제 명실상부한 문민시대가 열리고 있음을 뜻한다"고 주장했다.[22]

---

21) 이장규 외, 『실록 6공 경제: 흑자 경제의 침몰』(중앙일보사, 1995), 255~256쪽. 이용호는 철저한 반(反)김영삼파였던 노태우 부인 김옥숙을 설득한 건 당시 무시로 청와대를 드나들던 조용기 · 김장환 목사였다고 말했다. 이용호, 『권력의 탄생』(새로운사람들, 1997), 38 · 164~165쪽.
22) 김영삼, 『김영삼 회고록 3: 민주주의를 위한 나의 투쟁』(백산서당, 2000), 311쪽.

'김영삼 장학생' 논란

1992년 대통령선거는 이른바 '언권(言權) 선거'로 불렸다. 일부 언론의 당파적 행위가 극에 이르렀다는 뜻이었다. 여기에 정부의 압력까지 가해졌다. 『한겨레신문』은 8월 15일자 1면 머리기사 〈대선 앞두고 언론통제 강화〉를 통해 청와대와 공보처가 '6공 비리'와 관련된 보도에 사전검열과 삭제압력을 가하고 있다고 폭로했다.

미국 『샌프란시스코 이그재미너』지의 편집장을 지낸 데이비드 할보르센은 『아시아 월스트리트저널』 8월 22일자에 기고한 '한국인들은 언론의 자유를 어떻게 탕진하고 있나'라는 칼럼에서 다음과 같이 주장했다.

"일반적으로 편집국의 간부들은 전두환 체제의 강압 아래서 살아남은 나이 많고 노회한 저널리스트들이다. 그들은 그 야만적 시절, 즉 계엄당국에 의한 검열·협박·투옥·구타·통폐합이 자행된 그 시절을 견뎌낸 사람들로 당시의 경험을 쉽게 잊지 못하고 있다. 그들은 당시 날카로운 생존감각을 터득했으며 오늘날에는 정부의 바람을 미리 읽어내는 동류의식을 구비하고 있다. 그 결과 정부 검열은 언론사 내 '자기검열'로 대체돼 정부 성명은 변질되지도 의문을 달지도 않은 상태로 신문에 실린다."[23]

8월 31일 연기군수 한준수가 14대 총선에서의 관권선거를 폭로하자, 『조선일보』와 『중앙일보』는 각각 9월 1일자 사설에서 〈관권선거 진상 가려야〉, 〈관권선거 진상 철저히 밝혀라〉는 제목을 내걸고서도 그 내용은 검찰 측 발표 내용만 일방적으로 보도하였다. 특히 『조선일보』는 이 사설에서 "한씨가 14대 총선이 있은 지 5개월 반이나 지난 이제 와서 그런 주장을 하는 동기와 사정에 대해서는 솔직히 많은 사람이 불유쾌한 심정을 가질 수 있다"고 했는가 하면, 3일자 사설 〈양심선언의 당당함을 위

---

23) 『일요신문』, 1992년 10월 18일.

해〉에서도 한준수의 양심선언이 당당치 못하다는 점을 부각시켰다.

또한 『조선일보』는 9월 8일자 사설 〈'관권선거'와 청와대〉에서 문제의 민자당 후보 임재길의 "배후에는 김영삼 씨조차도 어쩔 수 없었던 막강한 지원세력이 있었다는 이야기일 것이다"면서 김영삼을 두둔하고 나섰고, 9월 9일자 사설 〈한씨 구인과 공정한 수사〉는 "노 대통령 정부는 이번의 '관권선거' 시비로 치명적인 정치적·도덕적 상처를 자초했다. 그리고 그 손해와 해악은 급속히 김영삼 후보 쪽으로 전이되고 있음을 알아야 한다"고 주장했다.

9월 9일과 10일 국민당은 거의 모든 일간지에 낸 〈공무원과 언론은 공명선거를 가늠하는 두 잣대입니다〉라는 광고를 통해 "언론계에는 '김영삼 장학생'이라는 말이 있습니다. 조직적으로 신문·방송에 영향력을 심고 있는 것은 이제 비밀이 아닙니다"고 주장했다.

이에 대해 민자당은 "국민당 정주영 대표는 선량한 공무원과 양심적 언론인을 모독하는 언행을 즉각 중단하고 전 공무원과 언론인들에게 진심으로 사과하라"는 반격을 가하였다. 또 사실상 '김영삼 장학생'이 가장 많은 것으로 지목된 『조선일보』는 9월 10일자 사설 〈국민당 광고와 언론〉을 통해 "이 광고는 '그런 말이 있다'고 자신의 거증 책임을 피해 가면서 '비밀이 아니다'라고 덧붙임으로써 그것을 기정사실화하고 있는 것이다. 이것은 논리적으로도 아주 빈약한 것이며 보기에 따라서는 마타도어적 수법이라는 비판을 받을 수 있다"고 주장했다.

그러나 한국기자협회의 회보인 『기자협회보』 10월 1일자는 '김영삼 장학생'의 실체를 밝히는 물증을 공개하였다. 연합통신 편집국 모 부국장이 민자당 김영삼 총재 또는 김덕룡 총재비서실장 등에게 언론사 주요 편집·보도국 간부 및 기자들의 성향과 동향 등을 수시로 보고하고 조직적인 모임 등을 통해 이들 언론사 주요 간부 및 기자들을 친김영삼 쪽으로 끌어들이기 위한 언론공작을 치밀하게 해 왔다는 것을 폭로한 것이

'김영삼 장학생' 논란이 일 만큼 1992년 대통령선거는 일부 언론의 당파적 행위가 극에 달았다.

다. '김영삼 장학생' 그룹의 '수석 장학생'이라 할 연합통신의 모 부국장이 작성한 '언론사 주요 기자 접촉상황 보고 내용'의 일부는 다음과 같았다.

"지난 26일 김 대표께서 이종찬 의원을 전격적으로 방문해 이 의원 탈당의사 철회, 대통령선거협조 등을 끌어낸 것은 참으로 잘된 일입니다. 정말 김 대표만이 할 수 있는 멋진 드라마의 연출이라 할 수 있을 것입니다. 이제 대통령선거의 승리는 반 이상 이루어 놓은 것이나 다름없다고 생각합니다. 다만 한 가지 걱정으로 남아 있는 것은 대구·경북의 주요 인사들이 하나로 뭉치지 못하고 각자가 서로 잘났다고 생각하고 있는 점입니다. 이 문제도 적당한 시기에 김 대표께서 이들을 하나로 묶어 화끈하게 지원하도록 만들 것으로 믿습니다. 그러나 한시도 방심하지 말고 더욱 분투, 노력해야 할 것으로 생각합니다. 지난 7일 접촉상황 보고를 보내드린 이후의 상황을 요약하면 다음과 같습니다. 11일 저녁, 김영구 총장 축하 명분으로 XX에서 회식. 이 자리에는 P, L, L, K 등이 참석했는데 전반적으로 분위기가 좋았으나 P만은 다른 소리를 하고 있어 별도의 대책을 세워야 하겠다고 생각했음. 옛말에 열 번 찍어 안 넘어가는 나무 없다고 했으니 나도 계속 노력하겠음.”

국민당의 ‘김영삼 장학생’ 주장에 대해 유일하게 사설을 통해 반론을 제기한 『조선일보』의 정치부장은 위와 같은 모임에서 “김영삼 지지에 이상 없다”는 판정을 받은 것으로 밝혀졌다. 한국기자협회 연합통신분회는 이 사건과 관련해 10월 10일 성명을 내고 “우리가 몸담고 있는 회사의 고위 간부가 언론계 동향 보고서를 작성해 YS에게 보고해 왔다는 사실에 말할 수 없는 모멸감과 절망감을 느낀다”고 밝혔다.

훗날, 민자당을 출입했던 한 정치부 기자는 ‘김영삼 장학생’이 만들어진 이유와 과정에 대해 “상도동의 홍보팀은 (김영삼 대통령을 만드는) 목표를 위해서는 무엇이든지 해야 하며, 할 수 있다는 기능주의적 사고방식을 가졌다”며 “언론기자에 대해서도 마찬가지였다”고 말했다.

“3당통합 후 김영삼 진영은 민자당 출입기자실에서 인기가 없었다. 기왕의 민자당 출입기자들이 과반수 이상인 탓도 있었지만 상도동 측에서 의도적으로 믿을 사람, 못 믿을 사람의 금을 그어놓고 차별 대우를 하는 것이 눈에 보였기 때문이다. 당시 상도동은 ‘어차피 다 설복시키지 못할 바에는 확실히 믿을 사람만을 상대하자’는 식이었다. 그러면서도 유력 매체의 경우 집중적으로 포섭하려 했다. 대선정국 때 유력 매체의 K · H기자의 ‘상도동 전향’은 한동안 기자들 사이에 이야깃거리로 회자되기도 했다.”[24]

---

24) 고도원, 〈YS에게 'NO'라고 말하면서도 '우리 원종이'된 참모학〉, 『월간중앙』, 1994년 2월, 214쪽.

간첩단 사건 파동

1992년 10월 5일 노태우는 민자당을 탈당했고, 이어 10월 7일 한림대 총장인 현승종이 국무총리로 임명됐다. 선거의 공정 관리를 위한 이른바 '중립 내각'이었다. 그러나 노태우가 중립을 선언하고 난 뒤에도 엄청난 자금이 민자당으로 흘러 들어갔으며, 급기야 김대중은 중립 선언이 기만이라고 비난하게 되었다.[25] 안기부 등 공안기관들도 중립은 아니었다.

10월 23일 안기부장 이현우는 국회 국방위의 안기부에 대한 감사에서 "리선실 등 간첩들이 정치권과 재야를 공작목표로 접촉해 온 사실이 확인돼 내사 진행 중"이라고 밝혔다. 『조선일보』 10월 24일자는 간첩단 사건과 관련하여 안기부장의 발언을 1면에, 그것도 사이드톱으로 큼지막하게 실었다. 그것도 인용 부호를 빙자해 "간첩단 정치권 접촉 확인"이라는 제목으로.

10월 30일 각계 원로 55명은 '국민에게 드리는 글'에서 "남한 조선노동당 간첩 사건이 대선 쟁점으로 이용돼서는 안 될 것"이라는 긴급 발언을 하였지만, 이는 거의 외면되었다.

'민주산악회 회장 고발' 기사를 누락하는 등 민자당에 불리한 사건은 축소·은폐해 온 KBS는 10월 31일 9시 뉴스 머리기사로 '북의 테러 기도 포착'을 보도했다. 이에 KBS 노조 공정방송추진위원회는 "신문의 경우 전혀 다루지 않은 이 같은 출처불명의 북한 관련 정보를 톱뉴스로 키운 것은 집권당의 선거전략에 방송이 이용되고 있음을 말해 주는 것"이라며 "대선을 앞둔 미묘한 시점에서 북한 관련 정보가 정치적으로 이용되지 않도록 보도에 신중을 기하라"고 비판했다.[26]

11월 2일 총리 현승종은 『경향신문』과의 인터뷰에서 "간첩과 접촉한

---

25) 이용수, 『서울에 남겨둔 제럴드 리의 코리아 파일』(지식공작소, 1996), 192쪽.
26) 『언론노보』, 1992년 11월 7일.

정치인이 적지 않은 것은 사실인 것 같다"고 했다. 이 발언은 석간 『동아일보』 11월 2일자가 1면 머리기사로 재보도하고, 다른 언론매체들이 잇따라 보도함으로써 큰 파문을 일으켰다.

'간첩'이라는 섬뜩한 단어들만 난무했을 뿐, 11월 들어서도 김영삼이 한사코 토론을 회피하는 바람에 대선후보들 간 토론회는 이루어지지 않고 있었다. 『한겨레신문』은 11월 3일자 사설에서 "이번 대통령선거가 정책대결의 분위기를 갖지 못하는 것은 김영삼 씨의 토론기피증에 그 책임의 많은 부분이 있다"고 비판했다. 김영삼은 훗날 자신의 회고록에서 '토론기피'의 이유를 92년 9월 4일 한국을 방문했던 영국 전 총리 마가렛 대처의 조언 때문이었다고 주장했다.

"대처 여사는 나와 저녁을 먹는 자리에서 나에게 '한국에서는 법적으로 후보 간 TV토론을 하게 되어 있습니까'라고 묻는 것이었다. 나는 '법에는 없지만 토론에 응할 생각'이라고 속마음을 말해 주었다. 그러자 대처 여사는 '지금 이기고 있는 것 아닙니까?'라고 다시 물었다. 나는 상당한 비율로 앞서고 있다고 대답했다. 대처 여사는 '그런데 왜 합니까'하며, TV토론은 국민에게 현명한 정보를 제공하기보다는 '궁지에 몰린 사람이 사태를 우스운 방향으로 끌고 갈 뿐인데, 왜 하려 하세요?'하는 것이었다. 참으로 정치감각이 돋보이는 지적이었다."[27]

'밤의 대통령'

1992년 11월 하순 '밤의 대통령'이란 말이 인구에 회자되었다. 한국기자협회가 발행하는 『기자협회보』 92년 11월 26일자는 조선일보사 사보 11월 7일자를 옮겨 다음과 같이 보도했다.

---

27) 김영삼, 『김영삼 회고록 3: 민주주의를 위한 나의 투쟁』(백산서당, 2000), 342~343쪽.

'조선일보맨'을 키우는 방일영 장학회. 1983년 3월 제2기 방일영 장학생에게 금반지를 끼워주고 있는 방일영 조선일보 회장.

"얼마 전에 조선일보사 방일영 회장의 고희 잔치가 서울 흑석동 그의 집에서 열렸다. 『조선일보』, 『스포츠조선』, 코리아나호텔, 조광인쇄 등 모든 계열사의 차장급 이상 간부들을 비롯해서 250여 명이 참석한 자리에서 '사원대표'인 『스포츠조선』 사장 신동호 씨는 이런 축하의 말을 했다. '방 회장님을 남산으로 부르고 싶다. 남산에 있는 옛날의 중앙정보부와 현재의 안기부 못지 않게 회장님이 계신 태평로 1가에는 모든 정보와 인재들이 모여들었다. 낮의 대통령은 그동안 여러분이 계셨지만 밤의 대통령은 오로지 회장님 한 분이셨다.'"

'밤의 대통령' 추종세력은 선거에 적극 개입했다. 『조선일보』는 말할 것도 없고 그 자매지인 『월간조선』은 12월호를 김대중에게 타격을 입히기 위한 특집으로 꾸몄다. 특히 『월간조선』 11, 12월호에 연이어 실린 〈대선정국의 뇌관, 조선 노동당 수사의 진행 방향: 안기부의 정치권 수사〉와 〈간첩단 사건과 정치인〉이라는 두 기사는 안기부와 민자당의 시각을 빌리는 척하면서 "김일성이 미는 김대중 후보"를 부각시켰다. 또 〈3당 통일정책을 점검한다〉는 기사는 민주당의 통일방안이 "공산혁명전략의 민족주의 기만선전에 불과한 북한의 연방통일방안과 놀랍게도 일치하고 있다는 사실은 그 통일정책 입안자들의 무책임성을 말해 주고 있다 할 것이다"고 했으며, "도대체 김 대표의 연합제 통일방안은 어떠한 사상과 제도의 통일 국가 건설을 추구하고 있는 것일까? 독재의 공산통일인가, 아니면 자유의 민주통일인가"라고 주장했다.

『조선일보』 논설주간 류근일은 11월 28일자 칼럼에서 통일국민당 후보 정주영이 "적당히 많이 득표할 경우엔 그는 김영삼 씨를 떨어뜨리고 김대중 씨를 당선시킬 것"이라고 주장했다. 이 칼럼은 나중에 한국기자협회가 선정한 92년 불공정 대선 보도 사례 가운데 '최악 10' 중 하나로 꼽혔다.

김영삼의 '평양지령설'

1992년 12월 5일 새벽 1시 30분, 현대중공업의 출납담당 여직원인 정윤옥은 서울 종로구 평동 샬롬교회에서 기자회견을 갖고 "현대중공업의 기업자금 330억 원이 '돈 세탁' 과정을 거쳐 국민당에 선거자금으로 유입됐다"고 폭로했다. 이 교회의 목사 정진성이 정윤옥의 메모를 읽어나가는 식으로 이뤄진 이날의 발표는 정주영에게 큰 타격을 입혔다.[28]

국민당 측은 폭로 기자회견이 새벽 1시 30분에 열린 사실이나 경찰이 기자회견장을 삼엄하게 경비한 사실 등을 들어 이 사건은 김영삼 진영이 사주해서 터뜨린 정치적 사건이라고 주장했다.[29]

---

28) 허영섭, 『정주영 무릎꿇다: 대권도전 다큐멘터리』(아침, 1993), 178~181쪽.
29) 동아일보 특별취재팀, 『잃어버린 5년-칼국수에서 IMF까지: YS 문민정부 1,800일 비화 1』(동아일보사, 1999), 203쪽.

친미인사들의 모임인 한미우호협회는 대선 막바지인 12월 10일부터 "오호라! 이 나라가 어쩌다 이렇게 되었나"라는 광고 격문을 일간지에 대대적으로 게재했다. 〈나라의 안위를 걱정한다〉는 제목의 광고 문안은 정부에게 "조선 노동당 사건 수사에 신속과 엄정을 기하고 전국연합의 선거운동에 단호한 법적 대응을 하라"고 촉구했다.[30]

김영삼은 유세 과정에서 자신의 어머니가 남파 간첩에 의해 총살당한 사실을 화제로 끄집어내는 등 지속적으로 김대중을 향한 사상 공세를 펼쳤다. 김영삼 측은 김대중 후보와 대선 직전 발생한 간첩단 사건을 연관시키며 노골적으로 비난했는데, "평양방송이 야당의 김대중 후보를 당선시키라고 방송하였다"는 평양지령설까지 나왔다.[31] 김영삼은 선거 막바지에 들면서 김대중을 겨냥해 직접 다음과 같은 매카시즘 공세를 펼쳤다.

"북한이 남한을 적화하려는 데 우리 내부에 동조하는 세력이 있다", "최근 평양방송은 김영삼이를 낙선시키고 모 당 후보를 당선시키라더니 그 당이 김일성 노선 추종자들이 섞인 전국연합과 손잡자 이를 환영했다", "책임 있는 대통령 후보라면 김일성 노선에 동조하는 세력과 손을 끊어야 한다. 북한이 원하는 후보를 대통령으로 뽑아야 하는가, 우리가 원하는 후보를 뽑아야 하는가."[32]

---

30) 한미우호협회를 이끈 변호사 김상철은 3당합당시의 극찬과 대선시 이런 공적을 인정받았는지는 몰라도 김영삼 집권 후 7일간이나마 서울시장으로 일하게 된다.

31) 김헌식, 『색깔논쟁』(새로운사람들, 2003), 133쪽에서 재인용.

32) 이에 대해 김대중은 선거가 끝난 뒤 "사실, 나는 지난 대선을 치르면서 깨끗한 경쟁을 하려고 최선을 다했습니다. 돈도 우리가 제일 적게 썼어요. 우리도 인신공격을 해야 한다는 당내의 주장도 많았지만 내가 앞장서서 그래서는 안 된다고 말렸습니다. 우리는 정책으로 이성적인 대결을 하려고 했습니다. 그런데 나와 함께 30년이나 민주화투쟁을 같이 했던 옛날의 동지가 나의 사상을 물고늘어지는 데는 정말 놀랐습니다. 이것은 지금도 나의 가슴에 응어리로 남아 있습니다. 쉽게 잊을 수가 없어요"라고 말했다. 『신동아』, 1993년 4월.

부산 기관장회의 사건

선거를 사흘 앞둔 1992년 12월 15일 오전 9시 국민당 중앙당사 17층 대회의실에는 내외신 기자들이 빽빽이 몰려들었다. 선거대책본부장 김동길의 긴급 기자회견 때문이었다. 김동길은 스스로 흥분을 억제하고 있는 듯한 목소리로 발표문을 읽어내려갔다.

"나흘 전인 12월 11일 오전 7시 부산지역 주요 기관장들이 김기춘 전법무부장관의 주재로 시내 남구 대연동에 있는 '초원' 복국집에서 선거대책 모임을 가졌습니다. 참석자들은 지역감정을 유발시켜서라도 김영삼 후보를 대통령으로 당선시키자고 모의했습니다."

국민당은 이 모임의 대화를 담은 녹음테이프와 녹취 기록, 참석자들이 모임을 끝내고 헤어져 나오는 모습을 찍은 사진까지 제시했다. 참석자들은 김기춘 이외에 부산시장 김영환, 경찰청장 박일룡, 안기부지부장 이규삼, 기무부대장 김대균, 교육감 우명수, 지검장 정경식, 상공회의소 회장 박남수, 상공회의소 부회장 강병중 등 9명이었다.

이게 바로 세상을 떠들썩하게 만든 '부산기관장 대책회의' 사건 또는 '초원 복국집' 사건이었다. 이 모임에서 김기춘은 "지역감정이 유치한지 몰라도 고향 발전에는 긍정적이다. 이번에 김대중이나 정주영이가 어쩌고 하면 부산·경남 사람들 영도다리에 빠져 죽자. 하여튼 민간에서 지역감정을 좀 불러일으켜야 돼"라고 말했다. 또 그는 "부산·경남·경북까지 요렇게만 딱 단결하면 안 되는 일이 없다. 5년 뒤에는 대구 분들하고 서울 분들 하고 다툼이 될는지, 그때 대구 분들 우리에게 손벌리려면 지금 화끈하게 도와주고 …… 안 그렇습니까?"라는 말도 했다.

김기춘은 언론에 대해선 "광고주들 있잖아요? 경제인들 모아 가지고 신문사 간부들 밥 사주면서 은근히 한번 좀 …… 신문사 사장이랑, 한번 밥이나 사 먹으면서, 고향 발전을 위해 너희가 해 달라고 해 보십시오

경찰이 부산 초원복국집 기관장 모임 도청 현장검증을 하고 있다.

······ 강 회장 ······ 편집국장, 사회부장, 정치부장, 이런 놈들 뭐 ······ (돈) 주면서, 돈 걷어 뭐 할라요?"라고 말했다. 류근일의 칼럼에 대해선 이런 말도 했다.

"그래 류근일이가 그거 써 가지고 (국민당이) 요번에 막 『조선일보』 하고 붙었는데 ······ 『조선일보』하고 붙은 건 우리 쪽에서 보면 호재다. 그 영감이 말이지 옆에 참모들이 『조선일보』하고 싸우면 안 된다고 건의해도, 그러니까 영감이 보고를 받고 광고 빼라 해서 확 엎어버린 거지 ······ 데스크 보는 애들이 괜히 밑에 놈 핑계 댄다고. 나는 하려 했는데 애들이 말을 안 듣는다고 ······ 그러니 안 돼. 통솔력 있는 사람은 합니다. 아, 『조선일보』는 과격한 기자 없나, 있지만 전부 신문사 간부가 달라지니까 합니다. 나가는 논조 보세요."[33]

충격파는 컸다. 정부는 그날 저녁으로 이 모임에 참석했던 부산시장 김영환을 해임하고 박일룡, 이규삼, 김대균 등을 직위해제했다. 17일 김영삼은 기자회견을 가졌다.

『조선일보』는 선거 당일인 12월 18일자에서 〈'부산 사건'은 음해공작…기필코 승리〉라는 제목으로 "김영삼 민자당 후보는 17일 기자회견에서 시종 비감하고 분노에 찬 어조로 '부산 사건은 나를 떨어뜨리기 위한 공작적 발상에서 나온 것'이라며 ······ '나는 이번 사건의 최대 피해자'라고 되뇐 뒤 '공명선거를 이룩하겠다는 나의 소박한 꿈에 너무나도 큰 상처를 남겨주었다'고 통탄해했다"고 보도했다.

87년 대선에선 노태우에게 표를 던졌고 92년 대선에선 김영삼을 '있는 힘을 다해'[34] 민 소설가 이문열은 자신이 『조선일보』에 연재하고 있던 소설 〈오디세이아 서울〉에서 '초원복국집 사건'에 대해 독특한 해석을 내놓았다. 이문열은 "그것은 공식적인 회의가 아니었다는 점, 주재자가 현재의 내각과는 전혀 무관하고 모임의 형식도 아침식사를 겸한 사적인 성질의 것이며, 내용도 사담 수준으로 전혀 어떤 결정력을 가지지 않

---

33) 허영섭, 『정주영 무릎꿇다: 대권도전 다큐멘터리』(아침, 1993), 241~247쪽.
34) 최보식, 〈인터뷰/이문열의 세상읽기: "위정자여, 대중의 천박한 복수욕에 야합하지 마라"〉, 『월간조선』, 1996년 7월, 331쪽.

는 점 등"을 지적했다. 이문열은 "장교 몇이 모여 아침을 먹으며 어떤 후보를 돕기 위한 사적인 논의를 했다고 해서 '군부회의'라 할 수 있는가"라고 반문하면서 "더 관심이 있는 것은 당연히 그 도청의 경위와 방법"이라고 주장했다.[35]

부산 기관장회의 사건은 처음엔 김영삼의 측근 참모 중에서 "일을 그르치게 됐다"면서 쓰러지는 사람까지 나올 정도로 김영삼에게 불리하게 여겨졌지만, "'우리가 남이가'라는 영남 유권자의 공감대를 자극한 YS 측의 역공으로 오히려 호재로 변했"다.[36] 이 사건은 영남 유권자들의 위기의식마저 고조시켜 그들을 결집시키는 효과를 낸 것으로 분석되었다.

김영삼 대통령 당선

1992년 12월 18일에 치러진 대선은 김영삼의 승리로 끝났다. 김영삼은 총 유효표의 41.4%(997만 7,646표)를 얻어 2위인 김대중 민주당 후보(804만 1,690표)를 8.0%(193만 5,956표) 차이로 앞질렀다. 3위는 정주영 국민당 후보로 388만 167표(16.1%)를 얻었다. 신정당 후보 박찬종은 151만 6,047표를 얻었다.

『한겨레신문』 1993년 1월 7일자 사설은 "총득표에서 두 사람의 차이는 193만 5,956표였다. 김영삼 씨가 부산·경남과 대구·경북에서 얻은 표는 474만 7,184표, 김대중 씨가 광주·전남과 전북에서 얻은 표는 281만 4,226표였다. 그 차이는 193만 2,958표이다"며 다음과 같이 말했다.

"김영삼 씨 표에서 영남을, 김대중 씨 표에서 호남을 빼고 두 사람의

---

35) 최재봉, 〈이문열을 친 이문열의 정치성〉, 『한겨레』, 2001년 7월 16일, 27면에서 재인용.
36) 한국일보 특별취재팀, 『대통령과 아들: 실록 청와대-문민정부 5년』(한국문원, 1999), 206쪽.

차이를 계산하면 놀랍게도 2,998표가 나온다. 여기서 우리는 대통령선거의 결과를 결정한 것이 영남과 호남의 인구 차이라는 주장을 부인할 수 없게 된다. 그렇다고 해서 '선거의 승패가 지역의 인구 수로만 결정된다면 아이를 많이 낳는 수밖에 달리 방법이 있겠느냐'는 극단적인 탄식이 이성의 소리라는 뜻은 아니다."

훗날 미국의 『워싱턴타임스』지는 한국의 한 고위 정치지도자의 증언을 인용해 92년 대선 때 한국의 특수부대원을 북한군 복장으로 위장시켜 휴전선 일대에서 사건을 일으키려 계획했으며, 이 계획은 김영삼 당시 민자당 대통령 후보의 지지도가 낮았더라면 실행될 예정이었다고 보도했다.[37]

나중에 중앙선관위가 공개한 92년 대선 출마 후보들의 선거비용은 많은 이들을 웃게 만들었다. 법정제한액이 367억 원이었는데 민자당의 김영삼 후보가 그 제한액의 77% 수준인 284억 원, 민주당 김대중 후보가 207억 원, 국민당 정주영 후보가 220억 원을 사용했다는 것이었다.

그러나 민자당이 92년 대선에서 쓴 비용은 적어도 신고액의 10배가 넘는 3,000억 원 선이 될 것으로 추산되었다. 『월간조선』 93년 3월호 기사 〈김영삼의 최근 정치자금〉에 따르면, 서울대 교수 김광웅은 "민자당이 직접 지출한 비용 외에 관변조직이나 각종 협회·이익단체들이 자발적으로 쓴 비용까지 포함한다면 선거비용은 3,000억 원을 훨씬 초과할 것"이라고 추산했으며, 서울대 교수 황수익은 이런 변수를 감안, 민자당의 대선 비용을 5,000억~6,000억 원으로 추산했다. 이 기사는 "3,000억 원으로 추정되는 대선비용을 조달하는 부담은 김영삼 후보에게 던져졌다"며 "그 돈은 주로 재벌들로부터 나왔다"고 했다.

"'재벌 아니면 어디서 나오겠느냐.' 의원들의 한결같은 반문이었다.

---

37) 『워싱턴타임스』, 1995년 5월 29일.

현대 비자금에 대한 엄정 수사를 촉구한 김 대통령이 재벌들의 비자금에서 대선비용을 조달했다는 사실은 역설적이다. 법 적용의 형평성을 차치하고라도 '개혁'과 '부패방지', '깨끗한 정부', '윗물맑기'를 내세우는 그가 집권을 위해서 '검은 돈'을 모았다는 사실은 큰 흠집이다. 김 대통령의 측근들은 '노 대통령이 체제유지자로서의 책무를 저버렸다'고 맹렬히 비난하고 있다."

또 『월간중앙』 편집위원 정순태는 93년 2월호에서 "14대 대선을 전후하여 YS를 지원하는 재벌그룹은 2H2L이라는 소문이 나돌았다"며 "2H란 한진그룹과 한일그룹, 2L은 롯데그룹과 럭키금성그룹이다"고 했다.

"이들 4개 그룹이 YS를 얼마나 도왔는지는 확인할 수 없었지만, 4개 그룹의 회장들이 평소 YS에 호의적이었던 것은 사실이다. 조중훈 한진그룹 회장은 이번 대선 직전 공개적으로 YS를 '노골적으로' 지지하는 발언을 하기도 했다. 한진중공업에서 LNG선 건조에 착수하면서 조 회장은 '나는 세계에서 제일 좋은 배를 지을 터이니, 여러분은 김영삼 후보를 당선시켜 제일 훌륭한 대통령이 되게 하라'고 연설하기도 했다."

14대 대선 결과에 대해 성공회대 교수 조희연은 "부르주아적 지배체제와 친화력을 갖는 도시 중산층이 두터워져 간다는 점을 보여 준"것이라 했고, 고려대 교수 최장집은 "한국 자본주의 발전의 천민성과 부르주아 윤리 부재의 산물", 즉 "도덕적으로 통제되지 않은 가진 자들의 이기주의와 물질적 탐욕이 표로써 나타난 것"이라고 평가했다.

반면 재야 진보파로서 김영삼의 대통령 당선을 위해 뛴 김정남은 "우리나라의 민주화는 어쩌면 이런 방식이 가장 바람직한 것일 수도 있다고 생각합니다. 그렇지 않을 경우에는 엄청난 혼란이 초래될 것입니다. YS를 변절이라는 측면에서 볼 수도 있으나, 그가 기득권세력의 집요한 공세에 시달려 왔음을 상기해야 합니다. 정치적 야욕은 정치인이라면 누구에게나 다 있을 것입니다. 따라서 그것만으로 사태를 이해하는 것은 편

협합니다. 그 속에서 YS가 이룩한 것이 적지 않습니다. 그가 대통령 후보가 됨으로써 민간정부가 가능해졌음을 인식해야 합니다. 만약에 4당 구조가 그대로 유지되었다면, 이번에도 민간정부는 안 되었을 것입니다"라고 말했다.[38]

김대중의 정계은퇴 선언

대통령 당선자 김영삼은 아버지 김홍조에게 당선 통지서를 바치면서 "아버지, 이걸 타기 위해 40년이 걸렸습니다"라고 말하며 큰절을 올렸다.[39]

정주영은 900만 명을 목표로 하여 늘린 국민당 당원이 목표치를 넘어 1,200만 명에 이르렀지만 정작 자신이 얻은 표는 그 3분의 1도 되지 않는 388만 명뿐인 것에 놀라 "우리 당원들은 도대체 누구를 찍은 것이냐"고 한탄했다.[40]

1992년 12월 19일 오전 8시 35분 민주당 마포 중앙당사 5층 기자회견장에 들어선 김대중은 정계를 은퇴하겠다고 발표했다.

"또다시 국민 여러분의 신임을 얻는 데 실패했습니다. 40년의 파란만장한 정치생활에 종말을 고한다고 생각하니 감개무량한 심정 금할 길 없습니다. 국민 여러분의 하해 같은 은혜를 하나도 갚지 못하고 물러나게 된 점 가슴 아프고 송구스럽습니다. 저에 대한 모든 평가를 역사에 맡기고 조용한 시민생활로 돌아가겠습니다."

『조선일보』 12월 20일자는 "여의도 민자당 중앙당사에서 승자인 김

38) 『사회평론』, 1993년 3월.
39) 최장원, 〈14대 대통령선거, 김영삼 당선〉, 월간조선 엮음, 『한국현대사 119대 사건: 체험기와 특종사진』(조선일보사, 1993), 361쪽.
40) 허영섭, 『정주영 무릎꿇다: 대권도전 다큐멘터리』(아침, 1993), 258쪽.

1992년 12월 19일 정계은퇴 선언 후 민주당사를 떠나는 김대중.

영삼 씨가 '나의 승리는 위대한 국민 모두의 승리' 임을 누누이 강조하면서 화합의 시대의 개막을 선언하기 30분 전이다"며 "승자와 패자. 70년 옛 신민당의 대통령 후보 선출 전당대회에서 처음 부딪친 이래 때론 동지로, 때론 경쟁자로 만나고 헤어졌던 30여 년에 걸쳤던 두 사람의 협력과 경쟁의 역사가 마침표를 찍는 순간이기도 했다"고 보도했다.

"승자는 현실의 무대로 향하고 패자는 역사의 판단에 몸을 기댔다. 승리를 목전에 둔 것 같았던 71년 선거의 환호, 유신, 망명, 동경에서의 강제납치, 세 차례의 대통령선거 도전, 광주 민주화운동, 내란음모 사건과 사형선고, 미국 망명…….. 김대중 씨는 40년에 걸친 파란만장했던 정치역정을 한동안 기억 속에서 더듬어 나가는 것만 같았다. 기자회견을 마친 김씨는 뺨에 흐르는 눈물을 주체하지 못하고 혹은 어깨까지 들먹이는 중진, 일반 당원들과 일일이 악수를 나누고 '동지이자 반려'인 이희호 씨가 기다리는 동교동 자택으로 돌아갔다. 그가 떠나자, 전국구 의원직도 마다하고 '김대중 후보를 대통령으로 만드는 것이 나의 정치인으로서의 역할'이라고 기회 있을 때마다 밝혀왔던 조승형 비서실장도 끝내 자신의 '사명'을 못다 한 채 짐을 꾸리기 시작했다. 한 시대의 끝은 이렇게 마감되어 갔다."

이어 이 신문은 "곡절 많던 김씨의 정치인생에서 늘 정치적 등받이 역할을 해 왔던 광주 시민들은 김씨가 공정한 경쟁의 결과에 승복한 데 대해 대체로 찬사를 보내는 분위기였다"고 했다.

"김씨를 지지했던 회사원 김현수씨(37)는 '김씨가 문민정치시대를 맞아 많은 역할을 할 수 있을 것으로 기대했는데……'라고 아쉬워하면서도 '그러나 패배를 깨끗이 인정하고 정계은퇴를 선언하는 것을 보고는 큰 정치가는 역시 다르다는 생각이 들었다'고 말했다. 사투를 벌이다시피 했던 상도동 사람들도 '그분의 퇴장소식을 막상 듣고 보니 더없이 적막하다'며 '그분이 간직했던 포부가 어느 땐가 싹을 틔워 나가기를 바란다'고 밝혔다. 굽이쳐 온 해방 이후 한국 정치사의 복판에서 때론 파도를 타고, 때론 파도에 밀리면서, 절대지지와 결사반대의 깊은 골에 갇히기도 했던 김대중 씨. 그 정치인 김대중 씨가 역사 속으로 물러나기로 결심한 순간 '인간' 김대중 씨가 다시 일어서고 있다는 사실은 역사의 깊고 넓은 이치의 한 자락을 엿보게 했다."[41]

김대중에 대해 적대적이었던 『조선일보』는 이 기사 외에도 다른 지면을 통해 김대중에게 찬사를 보내는 데에 인색하지 않았다. 이에 대해 『시사저널』 편집부국장 김동선은 92년 12월 31일자 칼럼에서 "지난 십수 년

---

41) 〈당도 광주도 국민도 목메인 '고별'/김대중 후보 은퇴선언 하던 날〉, 『조선일보』, 1992년 12월 20일, 19면.

간 김대중 씨에 대해서는 사사건건 배타적 입장을 취해 왔던 한 신문은 은퇴소식을 다루면서 사설, 기자수첩, 특집, 사회면 머리기사 등에서 기존의 배타적 태도를 버리고 대단히 우호적인 편집 태도를 보였다"며 다음과 같이 말했다.

"우선 이들 기사의 제목에서부터 태도 변화가 감지된다. 사설 제목은 '김대중 씨의 기여', 사회면 머리기사는 '당도 광주도 국민도 목멘 고별'이라는 부제 밑에 '거인 퇴장하다'였다. '김대중 선생'이라는 기자수첩은 광주의 슬픈 분위기를 전하는 것이었고, 사설이나 사회면 머리기사 특집 등의 기사 내용은 구구절절 그의 파란 많은 정치 40년에 대한 애정이 듬뿍 담겨 있었다. 특히 사설에서는 다음과 같은 대목이 눈길을 끌었다. '앞으로 평당원으로 백의종군하면서나마 그의 경륜과 통찰은 집권당과 야당 모두의 지혜를 북돋우는 자양으로 활용돼야 할 일이다. 빌리 브란트 씨가 당수직을 떠난 후에도 많은 훌륭한 일을 했던 사실을 상기할 수 있듯이 말이다.' 한마디로 김대중 씨에 대한 이런 '찬사'가 놀랍다. 김대중 씨 은퇴 이전에는 있는 사실도 '비틀어' 씀으로써 쌍방 간에 전쟁까지 치렀던 신문에서 느닷없이 '애정어린' 표현이 등장한 사실은 세상 인심 조석변이라는 말 이외에 달리 해석할 길이 없다."

그러나 훗날 『조선일보』는 다시 김대중을 마음껏 비난할 수 있는 기회를 갖게 된다.

종교의 대선 참여

기독교 장로인 김영삼은 『주간충현』 1992년 1월 13일자에 '기독교인의 사회참여'라는 글에서 "정교분리는 일제 총독정치 때 한국 교회의 선교적 역량을 분쇄하기 위해 즐겨 사용한 말"이라고 언급하면서 "정교는 상호보완관계에 있을 때 더욱 의미가 있다고 생각한다"면서 "근자에 와서 정교분리가 자주 요구되기는 하나 한국 교회도 다윗의 죄악상을 깨친 나단 선지자와 같은 직업의식을 가진 목사님들이 많이 있어야 한다"고 주장했다.

92년 2월 24일, 서울 앰배세더호텔에서 열린 한국기독교부흥사협회 제23대 회장 취임 축하 예배에서 설교를 맡은 목사 조용기는 "기독교 정당의 출현이 요구되는 시기인 만큼 이번 선거(총선)에서 기독정치인을 많이 뽑아야 한다"고 역설한 데 이어 "기독교인들의 정치 참여가 더욱 활성화되기 위해서는 기독 장로를 대통령으로 선출해야 한다"고 이른바 '장로 대통령론'을 들고 나왔다.

조용기는 "앞으로의 한국 정치는 '기독교'가 일어나서 해야 한다"며 "그러기 위해서는 국회의원은 기독교인이, 대통령은 장로가 해야 한다"고 했다. 또 그는 "이제까지 청와대에서 너무 목탁 소리가 많이 들렸다"며 "가톨릭의 김 추기경이 자주 들어가는 일이 없도록 하자"는 말도 했다. 조용기는 공명선거실천시민운동협의회로부터 '특정 종교를 가진 후보를 선출하자는 발언은 선거법 위반'이라는 권고를 받았다.

이어 등단한 신임회장인 목사 이종만은 취임사 중간에 "대통령을 기독교인으로 선출하는 데 생명까지 바치겠다"며 결연한 의지를 밝혔다.

김영삼은 92년 2월 29일 제주 오리엔트호텔에서 열린 '나라를 위한 기원법회'에 참석했는데, 여기서 조계종 총무원장 서의현은 "김 대표께

김영삼, 김대중 대통령 시절과 2004년 5월에 열린 '국가조찬 기도회' 모습들. 조찬기도회를 이끈 교계 거물들 중에는 '장로 대통령론'을 들고 나온 조용기 목사도 포함되어 있다.

서는 과거 이 나라의 민주주의를 소생시키기 위해 숱한 역경을 헤쳐나오셨고 '닭의 모가지를 비틀어도 새벽은 온다'는 등 우리 가슴속에 길이 남을 말씀들을 많이 남기셨다"며 "김 대표는 '변절자'란 비난을 감수하면서 3당합당이라는 구국의 결단을 내리신 분이다"고 말했다.

92년 3월 18일 서울 강남구 삼성동 인터컨티넨탈 그랜드볼룸에선 강남지역 271개 교회가 초교파적으로 모인 '강남지역 교계지도자 조찬 기도회'가 열렸다. 이날 나온 기도문은 "주의 종이 대통령이 되게 해 달라"
와 "이 나라가 기독교 국가가 돼야 한다"는 것이었다.

김영삼의 기독교계 사조직인 나라사랑협의회가 92년 12월 3일에 개
최한 '나라와 민족을 위한 목사·장로 기도회'에는 한국 교회를 대표하
는 1,200여 인사들이 모였다. 이 기도회에 참석한 김영삼은 등단해 "많
은 기도를 바란다"는 말을 여러 번 강조했다. 이날 설교를 맡은 목사 최
훈은 "역사의 주인공은 신앙인이 되어야 한다"며 김영삼 지지성 발언을
했다. 이날 대회장 한구석에선 총신대생들이 "교회는 권력의 시녀가 아
니다"라고 쓴 피켓을 들고 침묵시위를 벌였지만, 그들은 대회 주최 측으
로부터 집단 폭행을 당했다.

이 기도회가 있기 바로 얼마 전, 앞서의 목사들이 소속돼 있거나 대표
로 있는 한국기독교총연합, 기독교교역자협의회는 공명선거를 촉구했었
다.[가]

가) 김택환, 〈김영삼 지지 목사들이 돌아서고 있다〉, 『말』, 1994년 7월, 50~58쪽.

마광수와 이문열: 시대와의 불화

『즐거운 사라』 파동

1992년 10월 29일, 연세대 교수 마광수는 자신의 소설 『즐거운 사라』가 음란 시비에 휘말리면서 검찰에 의해 음란물 제작 및 배포 혐의로 전격 구속되었다. 마광수의 구속에 대한 문단의 반발은 옹색했다. 문인 200여 명이 '문학작품 표현자유 침해와 출판탄압에 대한 문학·출판인 공동성명서'를 발표하고 조그마한 시위를 벌이긴 했지만, 그들 대부분이 '마광수 소설의 문학성은 인정할 수 없지만'이라는 단서를 달고 있었다.

문학성을 인정할 수 없다면 그건 마광수 구속이 사법 당국의 고유 영역임을 인정하는 것이 아닌가. '문학성'이란 '문학이냐 아니냐 하는 논란의 여지'까지도 포함하는 개념이어야 마땅할 터인데, 문인들은 획일적인 '문학성' 개념에 집착하고 있었으며, 바로 이것이 마광수가 개탄해 마지않던 한국 문단의 현실임을 웅변해 주었다.

문단 내에선 마광수의 반대편에 이문열이 있었다. 마광수가 구속된

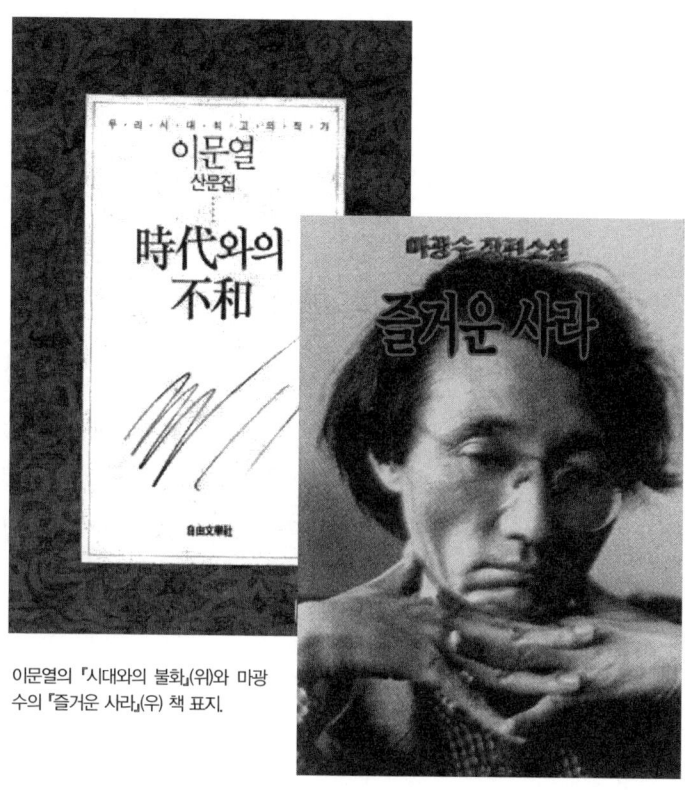

이문열의 『시대와의 불화』(위)와 마광수의 『즐거운 사라』(우) 책 표지.

바로 그 10월 이문열은 『시대와의 불화』라는 산문집을 냈다. 그가 말하는 '불화'는 그가 옹호해 온 보수 이데올로기가 80년대부터 무너지기 시작하면서 겪게 된 이념적 갈등을 말하는 것이었다. 엄밀히 말하자면, '시대와의 불화'라기보다는 자신의 반대편이 점점 더 큰 세력을 갖게 되면서 그들과 겪게 된 불화였다. 오히려 마광수의 경우가 '시대와의 불화'에 가까웠다. 92년의 한국 사회는 시대적으로 마광수를 포용할 수 없을 만큼 인권·다양성 의식이 척박했기 때문이다. 마광수와 이문열 사이에도 불화가 있었다. 각기 다른 이 세 개의 '불화'는 어떻게 전개되었던가?

이문열이 『중앙일보』 92년 11월 2일자에 기고한 칼럼 〈문학을 뭘로 아는가〉는 '마광수 탄압'에 큰 영향을 미쳤다. 『즐거운 사라』를 출간해 마광수와 같이 구속되었던 청하출판사 대표이자 시인인 장석주는 자신이 받은 재판에 이문열이 미친 영향에 대해 다음과 같이 말했다.

"그가 신문에 기고했던 그 글의 논지는 구속을 정당화하려는 검찰이나 재판부를 크게 고무시켰고, 재판에서 '유죄의 정당성'을 보강해 주는 근거로 자주 거론되었다는 사실을 그는 알고 있었을까."[42]

마광수 사건과 관련해 항소심 재판부에 감정서를 제출한 문학평론가이자 서강대 영문학과 교수인 이태동도 자신의 감정서에서 "작가 이문열이 소설가로서 마광수의 자질을 의심했던 사실을 기억해 둘 필요가 있습니다"라면서 이문열의 칼럼 일부를 길게 인용했다.[43] 이태동이 이문열의 권위를 존중하는 건 자유지만 재판부에 제출하는 감정서에서까지 그럴 필요가 있는 것이었을까?

이문열의 마광수 비판

그 칼럼에서 이문열은 도대체 무슨 말을 했던가? 이문열은 그 칼럼을 "나는 근래 모두가 한끝에 이어진 일로 세 번이나 심한 구역질을 동반한 욕지기를 내뱉어야 했다"라는 말로 시작했다. 무엇이 그렇게 이문열로 하여금 구역질을 나게 했을까?

"그 첫 번째는 간행물윤리위원회에서 보낸 『즐거운 사라』라는 책을 읽었을 때였고, 두 번째는 검찰이 그 책을 쓴 사람과 발행인을 구속했다는 뉴스를 들었을 때였으며, 세 번째는 내가 발기인이 되어 무슨 위원회

---

42) 장석주, 〈'즐거운 사라' 재판, 그 탈억압의 끝없는 싸움〉, 『민주사회를 위한 변론』, 1994년 제4호, 277~293쪽.
43) 연세대학교 국어국문학과 학생회, 『마광수는 옳다: 이 시대의 가장 음란한 싸움에 대한 보고』(사회평론, 1995), 382~383쪽.

를 구성하고 그 책을 쓴 사람의 석방을 촉구하는 서명운동을 벌였다는 TV뉴스를 들었을 때였다.”

이문열은 『즐거운 사라』를 어떻게 평가했던가?

“내가 이 나라에서 글쓰는 사람들 중에 가장 못마땅해하는 사람들 중에 하나는 바로 그 『즐거운 사라』를 쓴 마아무개 교수다. 여기서 굳이 마 교수를 소설가로 부르지 않는 것은 아무리 애써도 그가 어떤 공인된 절차를 거쳐 우리 소설 문단에 데뷔했는지 기억나지 않기 때문이다.”

이어 이문열은 자신이 마광수를 못마땅하게 생각하는 이유로는 크게 두 가지를 들 수 있다고 했다.

“그 첫째는 그의 보잘것없는 상품이 쓰고 있는 낯두꺼운 지성과 문화의 탈이다. 근년 그가 쓴 일련의 글들은 이미 알만한 사람에게는 그 바닥이 드러났을 만큼 함량 미달에 정성까지 부족한 불량상품이었으나 그는 어거지와 궤변으로 과대포장해 왔다. 둘째, 그가 못마땅한 이유는 이미 자신의 생산에서 교육적인 효과는 포기한 듯함에도 불구하고 대학교수라는 신분을 애서 유지하는 점이다. 나는 그가 지닌 교수라는 직함이 과대포장된 불량상품을 보증하는 상표로 쓰이고 있는 것 같아 실로 걱정스러웠다.”

이문열의 독설은 두 사람의 문학관의 불화를 의미했다. 마광수의 문학관은 문학을 ‘상상력의 모험’이며 ‘금지된 것에 대한 도전’이라고 정의했다. 문학은 언제나 기성 도덕에 대한 도전이어야 하고 기존의 가치체계에 대한 ‘창조적 불복종’이요 ‘창조적 반항’이어야 한다는 것이다. 이문열이 보수 이데올로기를 옹호하는 문학관을 가졌다면, 마광수는 기성 체제에 저항하는 문학관을 가졌다.

한국외국어대 교수 조종혁은 “마광수 교수의 커뮤니케이션 행위는 지금까지 우리 사회가 지녀온 ‘교육의 신화’를 전면 거부하는 것이었다”고 평가했다.

"신화의 거부—이것이 그에게 주어진 모든 사회적 지탄과 비난과 억압의 이유였다. 그러나 신화의 거부, 신화의 파괴는 언제나 새로운 의미의 장을 연다. 그것은 새로운 현실구축의 가능성을, 새로운 출발점을 시사한다. 마 교수는 이 땅에 전인교육의 신화를 엮어온 기존의 상징체들, 즉 '대학', '권위', '지성', '윤리', '교수', '학자적 양심' 등의 의미작용에 더 이상 귀기울이기를 거부한 것이다. 이러한 그의 커뮤니케이션 행위는 『즐거운 사라』를 매체로 구체화되었다. 그는 과연 대학으로부터 격리되어야 할 반사회적인 교수인가?"[44]

마광수의 성역 없는 비판

마광수는 현 사회의 지배적이고 유용한 가치가 정말 옳은 것인지를 질문하는 것이 바로 작가의 책임이라며 "기성도덕과 가치관을 추종하며 스스로 '점잖은 교사'를 가장하는 것은 작가로서 가장 자질이 나쁜 자들이나 하는 짓이다"고 주장했다.

"문학은 무식한 백성들을 훈도하여 순치시키는 도덕교과서가 돼서는 절대로 안 된다. 문학이 근엄하고 결백한 교사의 역할, 또는 사상가의 역할까지 짊어져야 한다면 문학적 상상력과 표현의 자율성은 질식되고 만다. 문학의 참된 목적은 지배 이데올로기로부터의 탈출이요, 창조적 일탈인 것이다."

마광수는 "우리나라 지식인들은 '가벼움'을 '경박함'으로 그릇 인식하는 경우가 많고, 설사 경박하다고 해도 그것이 '의도된 경박성'이라는 것을 아는 이가 드물다"며 "소설 문장에 사용되는 단어가 일상어 또는

---

44) 연세대학교 국어국문학과 학생회, 〈마광수 교수 구속의 평계〉, 『마광수는 옳다: 이 시대의 가장 음란한 싸움에 대한 보고』(사회평론, 1995), 138~139쪽에서 재인용.

비속어일 경우 흔히들 그런 인상을 받는 것 같다"고 했다.

"우리나라는 예전부터 한문을 숭상하고 우리말을 폄하해서 보는 습관이 지식층에 형성돼 있기 때문에 이를테면 '핥았다', '빨았다' 등 순 우리말을 구사한 표현은 쉽사리 조악하고 경박한 표현으로 간주되는 경향이 있다. 그래서 특히 성희 묘사의 경우 대체로 빙둘러 변죽 울리고 한자어를 많이 쓰는 문장이 더 품위 있는 문장으로 간주되고, 직설적인 구어체의 문장은 상스럽고 천박한 문장으로 간주되는 것이 보통이었다."

마광수는 자신은 의도적으로 천박하게 표현하기 위해 애썼다고 말했다.

"이유 없이 그렇게 썼겠어요. 문학의 품위주의, 양반주의, 훈민주의 이런 것에 대한 반발이지. 우리나라에선 아무리 야한 소설을 쓴다고 해도 어법이나 전체적 틀은 경건주의를 유지하려 애를 쓰고 꼭 결론에 가서 권선징악적으로 맺는다거나 반성을 한다거나 그런 식으로 글을 맺잖아요. 저는 그런 것에 대한 반발로 사라를 부각시키려고 했어요. 우리나라 소설에 사라 같은 여자가 있나요. 다 자살하거나 반성하거나 그러지."

마광수는 조선조식 양반 문학, 그리고 '이념과 교훈으로 포장된 위선의 문학'에 도전하고자 하는 의욕을 불태워 왔다. 성역 없는 비판을 감행했다. 당연히 그는 '민중문학'에 대해서도 마땅치 않게 생각했다.

"지금 한국의 문학인들은 '민중'을 부르짖고 '민중문학'을 부르짖으면서도, 실제로는 문장을 구사하는 데 있어서는 양반문학이 갖는 '품위주의'를 벗어나지 못하고 있다."

그는 일부 대학원생들에 대해서도 "그들은 노동문학이나 민중문학, 또는 사회주의적 리얼리즘 이론 등을 그저 재미있게 공부할 수 있는 소재거리로만 생각하고 있을 뿐, 스스로의 삶 자체를 문학관과 일치시키려고는 하지 않는 것이다"고 비판했다.

그 무엇으로 보건 열세에 놓여 있던 마광수가 그냥 나도 끼워달라고

1992년 마광수 교수는 『즐 거운 사라』가 음란 시비에 휘말리면서 검찰에 의해 구 속되었다.

공존을 부르짖어도 공존이 어려울 판에 이데올로기의 좌우를 막론하고 기존 문학에 그런 비판을 날렸으니 그걸 누가 곱게 봐주었으랴. 다음과 같은 발언도 좌우를 막론하고 적(敵)을 많이 만들었을 게 틀림없었다.

"도대체가 요즘의 우리나라 소설들은 그 길이가 너무 길다. 걸핏하면 대여섯 권짜리 대하소설이요, 단편도 100매가 넘는 게 보통이다. …… 이러한 현상 역시 교양주의 소설의 유행과 짝을 이루는, 작가들의 '물량 주의' 선호 현상에서 비롯된 것이라고 나는 본다."[45]

그러나 그런 대하소설 가운데엔 만인이 칭찬해마지 않는 유명 문인들

---

45) 마광수, 『왜 나는 순수한 민주주의에 몰두하지 못할까』(민족과문학사, 1991), 344쪽.

의 대하소설도 포함돼 있지 않은가. 그렇다면 '꼭 필요한 대하소설도 있지만' 이라는 단서 하나 달아줘도 좋을 터인데 그는 그런 수고를 할 뜻이 없었다. 그냥 다 싸잡아 '물량주의'로 비판해 버렸다. 그러니 그런 문인들이 '마광수 구명운동'에 나설 마음이 났겠는가?

마광수는 이문열도 비판했었다. 그는 90년 1월에 발표한 글에서 이문열의 상업적 성공의 "근본적 원인을 우리나라 독자들의 '교양주의 선호' 현상에서 찾아볼 수 있다고 본다"고 말했다.

"특히 1980년대 초부터 문교부에서 대학의 정원을 대폭 늘임에 따라 대학생 숫자가 엄청나게 불어났다. 그래서 그들은 고등학교 때 미처 못 배웠던 여러 가지 교양적 지식들에 대하여 게걸스럽게 탐식하는 쪽으로 나아갔는데, 아무래도 딱딱한 이론서적보다는 소설을 통해 교양을 습득하는 것이 더 재미있기 때문에 교양주의 소설이 많이 읽히지 않았나 싶다. 이문열뿐이 아니라 우리나라의 많은 작가들이 본능적 표출 욕구에서보다는 교사적 지식인의 사명감으로 교양주의 소설을 많이 생산해 내고 있다."[46]

물론 마광수의 결론은 교양주의를 극복해야 한다는 것이었다. 그러니 만약 이문열이 그 글을 읽었다면 마광수에 대해 좋게 생각했을 리는 만무한 일이었다.

지식인의 권위주의 문화

이문열은 마광수에 대해 "교육적인 효과는 포기한 듯함에도 불구하고 대학교수라는 신분을 애써 유지하는 점"도 못마땅하다고 말했다. 이는 또 두 사람의 대학교수관의 불화였다. 이 점에서도 마광수는 소수파였

---

46) 마광수, 『왜 나는 순수한 민주주의에 몰두하지 못할까』(민족과문학사, 1991), 340~341쪽.

다. 서울대 교수 손봉호도 "마광수 씨는 교수라는 칭호 없이 마광수 씨로 불러야 된다"고 주장했다.[47] 혹, 『즐거운 사라』에 대학교수가 등장했기 때문이었을까? 이태동은 "『즐거운 사라』에 나오는 여대생과 그를 가르치는 교수 사이에서 문란하고 변태적인 성 관계가 성실한 노력의 상징인 학점의 흥정대상이 된다는 것은 커다란 사회적인 문제가 되지 않을 수 없는 것입니다"라고 주장했다.[48]

마광수는 평소 "교수님들, 학생은 '아랫사람'이 아닙니다"라고 주장하는 교수였다.[49] 92년 마광수와 인터뷰를 한 문화평론가 변정수는 마광수의 교수 생활의 일면에 대해 다음과 같이 말했다.

"흔히 교수라고 하면 떠올리는 단아한 학자풍은 아니지만, 열정을 가지고 자신의 일에 치열한 연구자의 모습을 대하는 것이다. 빈 수레가 요란하다는 옛말이 여지없이 빗나가는 풍경에 당황하는 것은 시작에 지나지 않는다. 길을 다니다가 인사하는 학생에게조차도 항상 깍듯하게 허리를 굽히곤 하는 그의 인사에 당황을 넘어선 황송스러움을 경험해야 하기 때문이다. …… 이 연구실에서는 그의 연구나 집필에 방해되는 시간만 아니면 학생들은 거의 무제한의 자유를 누릴 수 있으며, 그는 연구실을 방문하는 학생 모두에게 항상 친절하다. 손님이 있거나 바쁜 작업이 있어 문 앞에서 돌려보내야 할 때조차도 한결같이 미안함을 최대한 표현한다."[50]

『인터내셔널 헤럴드 트리뷴』지의 기자는 93년 4월 2일자 〈한국의 외로운 에로티카 장인〉이라는 제목의 인터뷰 기사에서 "마광수 교수의 구

---

47) 『문화일보』, 1993년 12월 9일; 연세대학교 국어국문학과 학생회, 〈마광수 교수 구속의 평계〉, 『마광수는 옳다: 이 시대의 가장 음란한 싸움에 대한 보고』(사회평론, 1995), 137쪽에서 재인용.

48) 연세대학교 국어국문학과 학생회, 『마광수는 옳다: 이 시대의 가장 음란한 싸움에 대한 보고』(사회평론, 1995), 385쪽.

49) 마광수, 〈교수님들, 학생은 '아랫사람'이 아닙니다〉, 『옵서버』, 1991년 5월, 190~195쪽.

50) 변정수, 『상식으로 상식에 도전하기』(토마토, 1996), 110~111쪽.

속 사건은 한국이라는 나라를 1990년대 민주국가 중 유례 없이 허구적 문학작품을 이유로 작가를 가두고 작가의 발을 묶는 유일한 국가가 되게 했다"고 썼다.[51]

그러나 이 기사는 핵심을 놓쳤다. 마광수 사건은 실질적으로 한국의 문인들과 대학교수들이 만들어 준 사건이며 그 점에서 한국은 세계의 '민주국가' 중 권력의 권위주의 이전에 지식인의 권위주의가 더 심각한 유일한 국가가 되게 했다.

마광수의 '시대를 앞서 간 죄'

마광수 사건은 한국 사회의 이중적인 성윤리의 실상을 말해 주는 사건이기도 했다. 연간 6조 원 규모와 200만의 여성 노동력을 자랑하는 향락산업은 사실상 육성하고, 그 당연한 귀결로 학교 주변과 주택가에까지 파고 든 유흥업소와 외래 음란문화상품을 그대로 방관하면서 마광수는 용납할 수 없다는 것이었다.

향락산업의 규모도 놀랍지만 그 실상은 더욱 놀라웠다. '영계'와 '티켓제'까지 등장했다. 92년 신문에는 국민학교생 접대부들에게 나체쇼를 강요했다가 적발됐다는 기사들이 실리곤 했다. 91년 11월에는 경찰의 단속에서 12살짜리 매춘부까지 적발돼 "이러다가 앞으로 유치원 접대부가 나오지 말란 법이 있느냐"는 말이 인구에 회자됐다.

그럼에도 언론까지 덩덜아 마광수를 때리기에 바빴다. 마광수가 구속되었을 때 어떤 신문의 사회부 기자는 마광수의 공판을 참관한 뒤에 '오렌지 교수의 항변'이라는 상자기사를 쓰면서 마광수를 향해 '오렌지족

---

51) 연세대학교 국어국문학과 학생회, 『마광수는 옳다: 이 시대의 가장 음란한 싸움에 대한 보고』(사회평론, 1995), 149쪽에서 재인용.

의 대부'라는 표현을 쓰는 것으로 그를 사회적으로 지탄받고 있는 '오렌지족'과 연결시켰다. 장정일은 이를 '저열한 장난'이라고 했다.[52]

마광수는 1992년 12월 28일 징역 8월에 집행유예 2년을 선고받았다. 『문화일보』 93년 11월 26일자는 검찰 관계자가 밝힌 내용을 근거로 마광수의 구속 배경에 대해 다음과 같이 밝혔다.

"최근 연세대 교수와 학생들 사이에 마 교수의 복직운동이 일고 있는 가운데 지난해 10월 검찰이 마 교수를 사법처리하게 된 배경이 밝혀져 관심을 끌고 있다. 당시 중립내각의 현승종 국무총리는 평소 원로교수들 사이에서 평판이 극히 나쁜 마 교수의 사법처리를 법무부장관에게 간접적으로 암시, 구속사건으로 확대된 것으로 알려졌다."[53]

95년 6월 16일 대법원은 마광수의 상고심을 기각하고 원심을 확정지었다. 그 해 8월 8일 연세대는 마광수를 면직 조치하였다. 이런 마광수 탄압은 아무리 선의로 해석해도 그건 불행한 소식을 전한 '메신저'의 목을 벤 어느 왕의 부질없는 분노과 다를 바 없는 것이었다.

마광수의 죄는 '시대를 앞서 간 죄'였다. 마광수는 항소심이 진행 중일 때 여성지 인터뷰에서 "내 작품이 시대를 5년 정도 앞서갔다고 봐요. 그래서 두들겨 맞는 거지요"라고 말했지만, 같은 이유로 소설가 장정일이 97년에 똑같은 봉변을 당한 걸로 보아선 그가 앞서간 게 5년은 더 될 성싶었다.

이문열의 '시대와의 불화'

이문열의 '시대와의 불화'는 어떤 것이었던가? 그는 주로 80년대의 불화를 말했지만, 그의 사회적 영향력은 90년대에도 건재했다. 그는 '베

---

52) 장정일, 『장정일의 독서일기: 1993.1~1994.10』(범우사, 1994), 175쪽.
53) 이상호, 〈마광수 교수 사법 처리 '중립내각' 현총리 지시〉, 『문화일보』, 1993년 11월 26일, 19면.

스트셀러 제조기'로도 불렸다. 1990년 3월 초부터 출간되기 시작한 이은성의 『소설 동의보감』(전3권)은 90년대 판매량 100만 질 시대를 연 주역이었다. 그러나 이 책이 처음부터 잘나간 건 아니었다. 결정적 계기는 소설가 이문열이 『조선일보』 91년 5월 16일자에 쓴 호평이었다. 한기호는 "80년대 내내 베스트셀러를 양산한 작가가 '한번 책을 펴자 하룻밤 하루 낮을 꼬박 바쳐 세 권의 책을 내리 읽게 한 강력한 흡인력의 비결'을 줄줄이 밝히는 데야 독자들이 책을 읽지 않을 수가 없었던 것이다. 이문

이문열의 사회적 영향력은 '문화권력'으로 자리잡기에 충분했다.

열의 '추천사'는 여러 책에서 효과를 발휘했다"고 말했다. [54]

『소설 동의보감』은 이후 3년간 350만 부 넘게 팔려, 이 책을 낸 창작과비평사는 이것 하나로 만성 적자를 청산했다. [55] 이문열은 창비의 은인이었던 셈이다. 『국민일보』 기자 임순만이 지적했듯이, "그는 자신의 작

54) "'실로 오랜만에 나를 바로 그러한 감동과 충격으로 밤새우게 만든 책'이라는 평가를 받은 '영원한 제국(이인화)' 역시 밀리언셀러가 되었다. '소설의 무게가 실린 지성의 장엄한 황혼(최인훈의 '화두')', '나는 최영미 군이 처참하게 타오르는 것을 본 적이 있는데 이제는 또 이 시집을 보며 눈부셔 한다(최영미의 '서른, 잔치는 끝났다')', '오랜만에 책 읽기의 즐거움을 맛보며 나는 700페이지가 넘는 이 책을 단숨에 읽었다(구효서의 '비밀의 문')'와 같이 많은 화제작에 이문열의 '추천사'가 따라다녔다." 한기호, 〈한기호의 책마을 이야기〉, 『조선일보』, 1999년 11월 23일.

55) 창비는 이것을 발판으로 93년 유홍준의 『나의 문화유산 답사기』, 94년 최영미의 시집 『서른, 잔치는 끝났다』, 95년 홍세화의 『나는 빠리의 택시운전사』 등 베스트셀러를 계속 출간했다. 이한수, 〈세교연구소 열어 새로운 진보담론 모색: '창작과 비평' 40년〉, 『월간조선』, 2006년 3월, 362쪽.

품뿐 아니라 그가 '보증'하는 다른 작가의 작품까지 베스트셀러로 만드는 '문화권력'으로 자리잡음으로써 어쩔 수 없이 당대의 문학 저널은 저속한 비교 가치의 판단으로 그에게 '최고'라는 찬사를 부여하게 되었다."[56]

그러나 이문열은 그런 찬사에 만족할 수 없었다. 이와 관련, 그는 "작가가 된다는 것은 다만 무력한 다수의 갈채와 유력한 소수의 악의를 함께 얻는다는 뜻일 뿐이다. 만약 양쪽의 무게가 동등하다면 그것이 특별히 불행일 수 없지만, 무력한 다수의 갈채에 취하고 고양되는 시간은 짧고 유력한 소수의 악의에 시달리는 시간은 길다"고 말했다.[57]

이문열은 『시대와의 불화』에서 '내면적 깊이 없는 정신적 유행으로서의 진보와 혁명'에 대해 불편한 감정을 토로했다. 그는 "80년대 후반에 언론을 통해 집중적으로 드러난 이 나라 지성의 유행은 바로 기성 체제의 악과 부조리를 고발하고 비판하는 것이었다"며 "그것을 누가 했든 이미 비판당한 악, 들추어진 부조리를 두 번 세 번 되풀이하는 것은 동어반복에 지나지 않는다"고 말했다.

"나는 그런 동어반복에 흥미가 없었고 그래서 오히려 비판받아보지 않은 악, 들추어지지 않는 부조리 쪽으로 눈길을 돌렸다. 그리고 크고 밝은 대의에 감추어진 무논리와 맹목성 쪽을 얘기했는데 그것이 나를 시대의 유행에서 고립시키는 결과를 가져왔다. 어쩌면 80년대 후반 내가 겪어야 했던 정신적인 적막감은 시대의 유행을 거부한 당연한 대가인지도 모른다."[58]

이문열은 자신이 군사독재정권을 수긍하는 이유에 대해 "현실성 없는 예가 될지 모르지만 이른바 신군부 세력이 워싱턴이나 파리나 런던에 출

56) 임순만, 〈미학주의 작가들: 이문열〉, 『국민일보』, 1994년 8월 2일, 13면.
57) 이문열, 『시대와의 불화: 이문열 산문집』(자유문학사, 1992), 66쪽.
58) 이문열, 위의 책, 13~14쪽.

현했다고 가상해 보자"고 했다.

"한 정보사령관과 몇몇 장성이 몇천 명의 군대를 풀어 워싱턴·파리·런던을 장악하고 각료들을 연금했다고 해서 미국이나 프랑스, 영국에 우리 식의 5공이 생겨났을 것 같지는 않다. 다시 말해 우리에게서만 유독 5공이 가능했던 데는 우리 사회 전체가 책임져야 할 부분도 있는 셈이 된다. …… 무엇보다도 그 모든 것을 겁먹은 눈으로 묵인한 대다수의 기성세대는? 한줌의 예외를 제외하면 5공은 우리 모두의 공동 작품일 수도 있다."[59]

이문열은 민주화운동이 출세주의의 도구로 이용되는 것에 대해선 "우리에게는 '사미인곡(思美人曲)의 전통'이라고 이름해도 좋을 변형된 출세주의의 전통이 있다"고 지적했다.

"학생운동의 경우도 그런 전통에서 큰 예외는 아니었다. 체제에 순응하여 착실하게 공부한 쪽보다는 체제 비판적인 학생운동의 리더들이 오히려 출세의 지름길을 달리게 되는 수가 있는데, 그 전형적인 예는 4·19세대에서 볼 수 있을 것이다. 모범생으로 60년대에 행정고시를 통과한 사람들은 80년대 중반까지도 기껏해야 정부 부처의 국장급이었으나 방향을 바꾼 학생운동의 리더들 중에는 차관급 이상이 여럿 있다. …… 감옥에서의 1년은 좋은 시 100편보다 훨씬 효율적으로 시인의 문학적 지명도를 높여 주었다."[60]

이문열이 말하는 '시대와의 불화'는 대중과의 불화가 아니라 '유력한 소수'와의 불화였던 셈이다.

---

59) 이문열, 『시대와의 불화: 이문열 산문집』(자유문학사, 1992), 18~19쪽.
60) 이문열, 위의 책, 37~38쪽.

자동차혁명: '마이카시대'

자동차 500만 대 돌파

한국의 자동차는 70년에 6만 대에 불과하던 것이 85년 5월에 100만 대 돌파, 88년 12월에 200만 대 돌파, 90년 6월에 300만 대 돌파, 91년 10월에 400만 대 돌파, 그리고 92년에 500만 대를 돌파하였다. 이 놀라운 기록의 원동력은 자가용 승용차로, 하루 평균 2,000여 대가 늘어나는 증가 추세를 보였다. 92년 6월 현재 472만 대의 자동차 가운데 승용차는 전체의 65%인 306만 8,000대였다.

자동차 산업은 80년대 이래로 한국 경제를 선도해 온 핵심 산업이었다. 91년의 자동차 생산 대수는 150만 대로 세계 9위를 기록하였으며, 160개국에 40만 대를 수출하였다. 자동차 산업 자체의 중요성은 말할 것도 없고 생산수단과 중간재에서 유통과 서비스 산업 등에 이르기까지 자동차 산업이 갖는 산업연관 효과는 매우 컸다.

그러나 그게 전부는 아니었다. 한국에서 자동차는 국민적 '한풀이' 의 대상으로서 보수 이데올로기의 효과를 발휘했다. 60년대부터 시작된 이른바 '개발독재'에 대한 저항을 무력화시킨 이데올로기 공세 중 하나는 '70년대는 마이카시대'라는 구호였다. 이 구호는 곧 '80년대는 마이카시대'라는 구호로 바뀌었고, 이젠 '90년대는 마이카시대'로 또 바뀌었다. 자동차는 한국인에게 자유와 풍요의 상징인 동시에 자존심의 상징이었다.

자동차 산업은, "자동차는 정권을 싣고 달린다. '현대는 5공, 삼성은 6공'"이라는 표현처럼 정경유착이 심한 산업이기도 했다.[61] 자동차 부품판매에서 교통단속에 이르기까지 자동차와 관련된 분야엔 늘 부정과 비리가 끊이지 않았으며, 자동차는 늘 소비자고발의 수위를 달렸다.

사회적 비용도 만만치 않았다. 91년의 승용차 증가율은 35%를 넘어섰지만 도로 증가율은 1% 선을 맴돌았다. 교통체증으로 인한 서울 시민의 사회비용 손실액(시간과 유류낭비 등)만도 연간 2조 3,000억 원이었다. 교통체증으로 인해 수송비가 제조원가에서 차지하는 비율은 17%(미국 7%)를 넘어섰고 그로 인한 연간 손실액도 20조 원에 이르렀다. 91년에만도 자동차 사고로 1만 2,000명이 사망했고 32만 3,000명이 부상했으며 3조 원의 경제손실을 입었다. 교통사고 사망률은 세계 1위의 기록은 놓쳤지만 그래도 동메달이었다.

에너지와 공해문제도 심각했다. 자동차 1대가 뿜어내는 오염물질은 연간 1t, 매년 폐기 차량은 10만 대나 되었다. 그 밖에도 폐부품, 폐타이어, 폐윤활유 등 자동차 쓰레기로 인한 공해도 만만치 않았다.

한국의 교통행정은 인간을 무시한 채 철두철미하게 자동차, 그것도 자가용 승용차 중심으로 이루어졌다. 자가용 승용차에도 인간이 타고 있는 건 분명하지만 그 인간은 절대적 소수에 지나지 않았다. 교통안전진흥공단의 조사에 따르면, 국내 자가용 승용차의 평균 탑승 인원은 1.6명

---

61) 『시사토픽』, 1990년 7월 26일.

자동차 산업은 80년대 이래로 한국 경제를 선도해 온 핵심 산업이었다.

에 지나지 않았다.

서울시를 보더라도 대중 교통수단인 지하철과 버스보다는 '마이카 족' 들만을 염두에 둔 교통정책에 집착해 2조 4,000억 원짜리 지하차도나 4조 원짜리 교통신호등 전자화 사업을 최대의 과업으로 내세웠다.

캠페인을 즐겨 하는 6공은 91년 11월 '교통사고와의 전쟁' 을 선포한 데 이어, 92년 7월부터 '소형 승용차 타기' 범국민운동을 전개했다. '승용차 함께 타기 운동' 이라는 것도 선을 보였으며, 국무회의는 학교운동장을 주차장으로 활용하는 방법을 창안해 냈다.

'할부판매'의 승리

한국의 자동차혁명은 '할부판매'의 승리이기도 했다. 91년 국내 승용차 총 매출액은 6조 2,000억 원으로 이 중 현금판매는 33.9%인 2조 1,000억 원에 불과한 반면 할부판매는 66.1%인 4조 1,000억 원(금융기관할부 9,000억 원, 업체자체할부 3조 2,000억 원)에 달했다. 은행들도 '누이좋고 매부좋은 일'을 마다할 리 없었다. 국민은행의 경우 89년 단 3회 불입으로 1,000만 원을 대출해 주는 '승용차적금'이라는 걸 만들었다.

자동차 회사들은 월 3만 원대, 60개월짜리 장기할부판매라는 상술로도 모자라 광고비에 수백억 원대의 돈을 쏟아 부었다. 자동차업계는 92년 5월 말 재고가 7만여 대에 이르자 가격인하에 무이자 할부기간을 연장하는 등 필사적인 판촉에 나섰다. 자동차 회사들의 광고 문구는 아름다웠다.

"'엑셀'이 있어 올 겨울은 따뜻하다", "누구인가? 첫사랑처럼 강렬하게, 자유처럼 신선하게, 잠든 나의 열정을 깨우는 그대는. 스포츠 패션카 스쿠프", "스포츠 패션카 스쿠프. 오늘, 내 삶의 화려한 외출을 예감한다", "지상비행 땅위에서 난다! 화려한 파워의 자동차, 에스페로."

추석이나 설날에 고향을 방문할 땐 빚을 내서라도 자가용 승용차를 몰고 가야 한다는 '상식'도 알고 보면 자동차 회사들의 '배려'에 의해 널리 유포된 것이었다. 92년 설날엔 "안전한 르망이 있어 더욱 즐거운 설날 귀향길—우리집 새 가족 르망과 함께 고향길을 달려갑니다"라는 구호가 요란하더니 추석을 앞두곤 "엑셀 특보! 지금 계약하시면 추석 연휴 때 타실 수 있습니다", "티코 최고급형 98만 9,000원에 드립니다"라는 구호가 난무하였다.

실제로 승용차가 가장 많이 팔리는 성수기는 추석과 설날을 앞둔 몇 주일간과 피서철이었다. 또 중고차 시장에 매물이 가장 많이 나오는 시기는 추석, 설날, 피서철이 끝난 직후였다. 명절을 맞아 고향에 가는데

객지에서 성공했다는 것을 가시적으로 알리는 데에 승용차 이상 좋은 것
이 없었다. 설사 객지에서 변변치 않게 살고 있다 하더라도 번듯한 승용
차를 몰고 가서 체면을 유지할 수는 있었다. 옷차림으로 성공 여부를 판
단하긴 어렵게 돼 승용차가 과거의 옷차림 노릇을 하게 된 것이었다. 그
래서 승용차를 '제3의 피부' 라고 하는 건지도 모를 일이었다.

승용차 판촉에 열올리는 언론

그러나 자동차업계의 판촉보다 더욱 강력한 판촉기능을 수행하고 있
는 건 바로 언론이었다. 광고물량이 워낙 많은 탓인지 언론은 자동차 산
업의 이익을 충실히 대변했다. 기사를 빙자한 간접광고가 가장 심한 분
야도 바로 자동차였다. 신문엔 "중형 대우 에스페로도 주문쇄도(조선일
보, 1990년 8월 27일)"니 하는 따위의 능청맞은 기사 제목들이 버젓이 등
장했다. TV는 으레 자동차 회사들의 신형차 발표회장을 뉴스로 보도하
고 그래서 자동차 회사들은 그런 자리에 국내 정상급 성악가를 데려다
탄생 축하곡을 부르게 할 만큼 노련해졌다.

언론의 자동차 관련 보도는 일방적으로 '마이카족' 만의 이익을 대변
했다. 그들의 구매력을 높이 산 때문인지 언론인들의 대다수가 '마이카
족' 이기 때문인지 아니면 정권과 자동차 회사들의 요구를 충실히 따라서
인지 그 이유를 정확히 알 길은 없었다. 자동차 등록세를 500%나 올린
나라도 있었는데 어떻게 된 게 한국 언론은 자동차 세금만 올랐다 하면
벌떼처럼 우우 들고일어나 "우리가 '봉' 이냐 '동네북' 이냐" 하면서 공격
을 퍼부었다.

"500만 원대 소형 승용차세 4억 아파트 재산세 배(중앙일보, 1992년
1월 29일)", "자동차 보유자는 '봉' (국민일보, 1992년 2월 10일)", "자동차
소유자는 '봉' 인가(경향신문, 1992년 2월 11일)", "승용차세금 미(美)의

10배(동아일보, 1992년 8월 2일)".

대안을 제시한다면 그런 비판이 정당화될 수 있겠지만, 언론은 한결같이 '시민' 의 이름을 앞세워 '마이카시대' 니 '자동차는 필수품' 이니 하는 구호만을 반복할 뿐이었다. 국가 간 비교를 하는 대상도 꼭 미국이었다. 승용차 세금이 고급아파트의 재산세보다 많은 게 문제가 되면 고급아파트의 재산세를 올려야 한다는 주장도 가능할 터인데 그렇게 하진 않았다. 승용차로 생계를 유지하는 영세 상인들에 대한 배려를 주장한다든가 지하철과 버스 등 대중교통수단의 현실과 교통지옥의 문제를 거론하면서 반론을 제기한다든가 하는 종류의 기사는 아무리 눈을 비비고 찾아도 찾을 수가 없었다.

하긴 평소 언론은 독자 전체를 완전히 '마이카족' 으로 간주하는 신문 제작을 일삼았다. 신문의 관광정보는 거의 '마이카족' 들을 위한 것이었다. '오토 캠핑' 이니 '단풍 드라이브' 라는 말은 아예 신문용어가 돼 버렸다.

TV도 결코 신문에 뒤지지 않았다. '마이카족' 들을 위한 프로그램이 하나둘이 아니었다. 그런가 하면 KBS-2TV의 〈숲속의 바람〉처럼 아예 고급 스포츠카 판매회사를 배경으로 하여 전직 호스티스가 탁월한 카 세일즈맨으로 변신하는 과정을 그린 드라마가 나오는가 하면, MBC-TV의 〈질투〉처럼 자동차를 젊음과 사랑의 상징이자 도구로 '승화' 시킨 드라마까지 나왔다.

"달리는 한 나는 천국에 있다"

이념전쟁은 사라졌어도 주차전쟁은 치열하게 벌어졌다. 밤이고 아침이고 웬만한 주택가에선 차량 주차를 둘러싸고 때아닌 싸움이 벌어지는 걸 심심치 않게 목격할 수 있었다. 주택가에서만 그런 일이 벌어지는 게 아니었다. 대학캠퍼스에선 교수와 학생이 주차문제로 서로 멱살을 잡고 싸우는 일까지 벌어졌고, 농촌마저도 주차전쟁을 피해 가지 못했다. 정부가 기껏 생각해 낸 게 '차고지 증명제'와 학교운동장을 주차장으로 이용한다는 발상이었다.

자가용 승용차 소유자들이 자동차가 제공한다는 자유와 풍요와 권력의 환상으로 인해 보수적인 성향을 갖게 된다는 건 전혀 근거가 없는 건 아니었다. 한국에서 그 증거는 포항에서 찾아볼 수 있었다. 한때 한국 노동운동의 희망으로 불리던 포항제철 노조는 92년 7월 현재 겨우 47명의 조합원만을 갖고 있었다. 노조가 한마디로 완전히 풍비박산이 나버린 것이었다. 포항제철 직원 1만 2,900명(광양 제외) 중에 자가용을 가진 사람은 전체의 47.7%인 6,161명에 이른 것이 그 이유로 지목되었다.

사회경제적 이동성이 어려워진 세상에서 이제 그것은 '마이카족'의 대열에 참여하는 것으로 성취되었다. "달리는 한 나는 천국에 있다"라는 팝송이 주장했듯이 말이다. 돈이 많이 드는 것도 아니었다. 98만 9,000원이면 가능했다. 내가 세 들어 살고 있는 집 앞에는 반드시 '무단주차 빵꾸'라는 표지를 붙여놓을 일이었다. 부동산 가격이 미친 듯이 폭등하는 나라에서 어차피 내 집 마련은 틀린 일이니 내 주차 공간만큼은 죽어도 양보할 수 없는 일이었다. 당연히 도로에서도 사나워질 필요가 있었다. 도로는 전투성 배양의 실습장이 되었다. 그러나 가장 중요한 건 한국에서 자동차는 자유와 풍요와 영광의 상징이라는 사실이었다.

'바람부는 날이면 압구정동에 가야 한다'

압구정동은 '한국 자본주의의 쇼윈도'

1990년대 초반의 한국 사회는 보다 높은 곳을 향하여 질주하는 사람들이 그러한 욕망의 정당성을 음미하기 위해 껴안은 새로운 소비문화가 꽃을 피웠다. 이러한 소비문화에 있어서 압구정동이 강남의 대표 주자로 각광을 받게 되었다.

시인 유하는 91년 4월에 낸 『바람부는 날이면 압구정동에 가야 한다』는 시집에서 "압구정동은 체제가 만들어 낸 욕망의 통조림 공장"이며 "압구정동 현대아파트는 욕망의 평등 사회"라고 노래했다. 그가 보는 압구정동은 '한국 자본주의의 쇼윈도' 이자 '패션의 사회주의 낙원' 이기도 했다.[62]

소설가 이순원은 92년 4월에 출간한 『압구정동에는 비상구가 없다』

---

62) 유하, 『바람부는 날이면 압구정동에 가야 한다』(문학과지성사, 1991), 60~61쪽.

에서 "이 땅의 '압구정동'이나 '로데오 거리' 또한 단순한 지명을 가진 한 동네를 지칭하는 이름이거나 한 거리의 이름 이상의 상징적 의미를 가지고 있다"고 말했다.

"좋게 말하면 이 땅 신흥자본 상류층의 대명사로 넘치는 부의 상징이지만 체면 가릴 것 없이 기분대로 부르면 이 땅 졸부들의 끝없는 욕망과 타락의 전시장, 아니 똥통 같이 왜곡된 한국 자본주의가 미덕(?)처럼 내세우는 환락의 별칭적 대명사이다. 그런 까닭에 흔히 하듯 그 환락의 대명사로서 '압구정동'이라거나 '압구정동 사람들'이라고 했을 때 그것은 단순히 압구정동 한 동네만을 말하는 것이 아닌 같은 강남 인근의 다른 여러 동네일 수도 있고 넓게는 강북의 신문로이거나 평창동일 수도 있고 70년대의 도둑촌일 수도 있고 5공 이후에 형성된 양재동 빌라촌일 수도 있고 부산 해운대 달맞이 고개일 수도 있다."[63]

압구정동을 즐기는 상류층 젊은이들을 가리켜 '압구정동 오렌지'라는 말이 나왔으며, 이를 흉내내는 중하층의 젊은이들을 가리켜 '낑깡', '감귤족', '탱자족'이라고 했다. 언론은 신세대를 압구정동 오렌지족으로 부정적으로 묘사했으며, 그런 부정적인 여론에 편승해 정부는 압구정동의 오렌지들을 강력하게 다스리겠다고 나서기도 했다. 그래서 대학생 대부분은 자신이 신세대가 아니라고 주장하는 일까지 벌어지기도 했다.

고등학생도 그런 부정적인 신세대 혐의로부터 자유롭지 못했다. 서울에 사는 여고 1년생 소다희는 『동아일보』 92년 9월 7일자에 기고한 〈독자의 편지〉에서 기성세대의 시각에 대해 이렇게 항변했다.

"갑갑해서 양말을 벗었고 귀찮아서 짧은 머리를 묶었더니 옆머리가 흘러내렸다. 그런데 이런 나의 모습을 보고 옆에서 이렇게 말한다. '왜

---

63) 김효선, 〈압구정동에서 들은 이야기〉, 강내희 외, 『압구정동: 유토피아 디스토피아』(현실문화연구, 1992), 87~88쪽에서 재인용.

1990년대 초반 한국 사회는 새로운 소비문화가 꽃을 피웠다. 그 대표주자로 서울 압구정동이 손꼽혔고 그에 대한 논란은 뜨거웠다.

색'이라고 …… 또 요즘 '압구정 문화'라는 용어도 파다하다. 물론 압구정동은 별세계이고 예상 이상으로 일본 문화를 수용하고 있다. 그러나 그것은 부분일 뿐이다. 대부분의 10대는 그런 것에 무관심하게 살고 있다. 아니 '왜색'이나 '압구정 문화'에 물들 만큼 시간도 충분치 못하다. 그런데 이런 우리들에게 언론이 퍼붓는 '왜색'이란 질타에는 정말 당황하지 않을 수 없다. 마치 모든 10대가 '논노'만 읽고 '안전지대'의 음악만 듣는 것처럼 보도하고 있으니 말이다. 소수가 만든 풍경을 불특정 다수에게까지 책임을 전가하는 것은 언론의 실수가 아닐까. 가장 공정해야 할 언론에서 모든 10대가 왜색문화에 물든 것처럼 표현하는 것은 기성세대가 청소년세대를 제대로 이해하지 못하고 있거나 왜색문화에 대한 지나친 콤플렉스가 작용하는 것은 아닐까."

『압구정동 : 유토피아 디스토피아』

현실문화연구팀은 1992년 12월에 『압구정동: 유토피아 디스토피아』라는 책을 출간했다. 이 책에 쓴 글에서 정기용은 압구정동의 아파트군은 여러 가지로 읽혀진다고 말했다. 그는 "행정가의 눈에는 질서 있는 집합주택군으로 외국인들에게 '자랑' 하고 싶은 것이고 건축가의 눈에는 무자비한 병영 같아서 항상 변칙적으로 배치해 보고 싶은 충동을 느끼게 하는 '비인간적' 인 건물이요, 부동산업자에게는 끔찍한 잠정 고객들이며 도시계획가들에게는 실패 또는 성공한 사례가 될 것이다"고 했다.

"가난한 서민들에게는 '부잣집 동네' 또는 복권이라도 당첨되어 소유하고 싶은 재산의 꿈이 있겠고 평범한 소시민에게는 그래도 그동안 많이도 집을 지었으며 서울의 모습을 바꾸어 놓은 가슴 뿌듯한 경관일 테고 건설회사 눈에는 적어도 충분한 밀도가 유지되었는지 하는 계산의 모델이 될 것이고 시인의 눈에는 존재의 추악한 얼굴로 보일 것이다. 소설가의 눈에는 현대인의 표정일 테고 달동네에 반대되는 상류층의 거주지로 보일 것이고 어린이들의 눈에는 처음에는 찾기 어려운 똑같은 상자 같아 보일 것이며, 근로자들의 눈에는 자신들의 '닭장' 의 모습과 흡사하면서도 '궁전' 으로 인식될 것이고 노인들의 눈에는 마당이 없는 집도 아닌 현기증 나는 불편한 장애물로 보일 것이다. 홍보부 사람들에게는 단독주택과 집합주택을 구분하는 모델 사진감이고 외국인들의 눈에는 이미 슬럼화되어 버린, 자신들의 실패했던 전후 아파트와 같이 보일 것이며 끝으로 그 안에 살고 있는 사람들에게는 어느 때나 돈으로 환원될 수 있는 '나의 집' 일 것이다."[64]

엄혁은 압구정동의 '진보성' 을 이렇게 풍자했다.

---

64) 정기용, 〈압구정로, 삼성로: WPFRA〉, 강내희 외, 『압구정동: 유토피아 디스토피아』(현실문화연구, 1992), 135~136쪽.

"압구정동 로데오 거리, 그 투명한 유리 내부에 찢어진 청바지 사이로 너무나 고운 속살(공적 공간을 향해 노출시킨 압구정동적 진보성)을 가지고 있는 압구정동의 복제된 아이들(미디어에 의해)은 억압의 역사에 대해 이렇게 부연 설명하는 것 같다. '대한민국의 촌스러운 현대사(결핍의 콤플렉스에 억눌린)를 극복하여 그 현대사가 압구정동으로 도달하기까지의 억압은 과잉억압이었다. 그러나 이것은 압구정동의 탄생을 위해 필요한 과잉억압이었고 이제는 그 보상을 압구정동에서 받을 수 있다.'"

이어 엄혁은 "억압의 역사에 의한 과학기술의 발전과 자본의 축적은 생산활동에 필요한 노동의 시간에서 압구정동인들을 해방시켰다. 따라서 생물학적 욕구와 그것의 억압이라는 역사(결핍의 역사)는 그 자체가 역사가 되어 버렸다"고 했다.

"자연과 야만에 대한 투쟁이라는 단어는 압구정동에 존재하지 않는다. 이제 대한민국의 건국이념은 압구정동에서 존재한다. 이것은 사회, 정치적 혁명을 의미하는 것은 물론이고 생물적 혁명도 포함한 전인간적 혁명을 의미한다. 압구정동은 혁명이 완수된 유토피아다. 복제된 아이들은 압구정동에 흐르는 꿀과 젖을 먹고산다. 이것이 압구정동의 진보성이다."[65]

압구정동과의 타협을 위하여

조혜정은 『압구정동: 유토피아 디스토피아』에 쓴 〈압구정 '공간'을 바라보는 시선들: 문화정치적 실천을 위하여〉라는 글에서 압구정동에 대해 균형 감각을 가질 것을 요청하였다.

"압구정동에 관한 기사나 글을 읽을 때면 압구정동에 관한 새로운 지식보다 글쓴이의 머릿속이 더 잘 들여다보인다. 글쓴이의 감정과 사고방

---

65) 엄혁, 〈압구정동: 억압의 역사와 아이들의 미학〉, 강내희 외, 『압구정동: 유토피아 디스토피아』(현실문화연구, 1992), 157~159쪽.

식이 너무나 확연하게 드러나 있어서 그냥 지나치기가 힘들다는 말이다. 이것은 우리 사회가 '이념 과잉'의 시대에 있다는 단서일 수 있지만, 동시에 급격한 변화를 거친 우리 사회를 총체적으로 정리해서 말해 줄 '위대한 작가'를 이제는 더 이상 기대하기 힘들 것이라는 시대파악과도 연결시켜서 생각해 보아야 할 것이다."[66]

조혜정은 압구정 문화를 둘러싼 논란에서 '판단과잉 세대'와 '판단중지 세대'와의 차이를 발견할 수 있다며, 이를 잘 보여 주는 한 연세대 학생의 발언을 소개했다.

"압구정동, 요사이 이곳에 대해 이러쿵저러쿵 말이 많다. 퇴폐향락적 저질문화의 온상이라든지 방황하는 젊은이들의 일탈행각의 장이라든지 사치와 과소비의 본거지라는 등등. 정말로 대한민국에서 제일 말이 많은 동네 중에 하나임은 틀림없다. 나는 학교를 오갈 때마다 이 곳을 지나친다. 가장 먼저 눈에 띄는 것은 매력적인 여자들이고 휘황찬란한 옷가게며 음식점, 그리고 카페들이다. 이 말 많은 동네에 대해서 나도 문제의식을 느껴보고 싶었다. 하지만 과연 무엇이 문제일까? 여자들의 미끈한 각선미에 조금은 주눅이 들고 세련되고 요란한 옷차림에 약간 기가 죽어본 경험이 있지만 그건 그만큼 내가 자신감이 없어서 꿀리는 것이지 압구정동을 탓할 일이 아니다. 확실히 압구정동은 외래문화의 냄새가 진한 곳이다. 왜 그런지 모르겠고 또 왜 그러면 안 되는지도 모르겠다. 맥도날드에 앉아서 햄버거를 먹는 사람은 친미 매국노들이며 로바다야끼에서 일식류를 먹는 사람은 또 과거의 치욕도 기억 못하는 천하에 어리석은 족속들인가? 확신하건대 그들은 단지 자신들의 취향이 맞는 곳에 찾아들었을 뿐이다. 자전거를 타는 게 싫으면 여의도광장에 가지 말고 MT가기 싫으면 대성리에 가지 말라. 마찬가지로 왜색과 미색문화가 싫고 소비성

---

66) 조혜정, 〈압구정 '공간'을 바라보는 시선들: 문화정치적 실천을 위하여〉, 강내희 외, 『압구정동: 유토피아 디스토피아』(현실문화연구, 1992), 35쪽.

분위기가 싫으면 압구정동에 가지 말라. 하지만 그곳에 가는 사람들을 탓하지도 말라. 그런 것, 내가 미니스커트를 입은 미인에게 느끼는 같잖은 열등감과 크게 다를 게 없는 것 아닌가?"[67]

조혜정은 "'향락', '퇴폐', '편중된 부', '무분별한 모방', '무절제한 수용', '배금주의', '모방심리', '이기주의', '귀족문화', '저질문화', '구조적 모순의 노정' 등의 단어로 주로 논의되고 있는 압구정동에 대한 언설의 내용과 방식이 마음에 들지 않지만 그것은 한편 정치적 허무주의가 휩쓸고 있는 이 시대에 희망적인 몸짓이기도 하다"는 결론을 내렸다.

"여전히 커다란 '우리'를 거머안고 있으려는 표현이기도 하기 때문이다. 중요한 것은 그러한 보다 큰 '우리'에 대한 애정에서 나오는 언설을 보다 구체적인 '우리' 그리고 '자신'에 대한 배려와 연결하며 보다 적극적으로 새로운 삶의 공간을 만들어 가는 것일 것이다. '자기 돌보기'를 게을리하고 외면하기 위한 언설이 아니라 자신을 세우기 위한 언설을 만들어 가야 한다는 것이다."[68]

『압구정동엔 무지개가 뜨지 않는다』

압구정동은 93년에도 계속 화두가 되었다. 『바람부는 날이면 압구정동에 가야 한다』는 시집을 냈던 유하는 감독으로 변신해 같은 제목의 영화를 93년 설날에 개봉했다. 최민수, 홍학표, 엄정화가 열연했다.

조선희의 해설에 따르면, "최민수는 외제자동차를 몰고 다니며 압구정동 거리에 널려 있는 환락과 섹스를 낚아채는 이른바 '오렌지족'이고, 홍학표는 이 압구정 거리에 불편한 아웃사이더로 끼어들어 있는 시인이

67) 조혜정, 〈압구정 '공간'을 바라보는 시선들: 문화정치적 실천을 위하여〉, 강내희 외, 『압구정동: 유토피아 디스토피아』(현실문화연구, 1992), 39~41쪽.
68) 조혜정, 위의 글, 59쪽.

며, 엄정화는 최민수의 세계에서 홍학표의 세계로 건너감으로써 감독 유하의 메시지를 실어나르는 역할을 한다. 감독은 이 영화에서 고도 자본주의 문화의 한 극점을 보여 주는 풍속 다큐멘터리를 시도하고 있다. 최민수가 걸치고 다니는 귀걸이나 가죽재킷, 가죽바지 등은 패션 디자이너 앙드레 김이 이 영화를 위해 제작했다. 배우들의 대사에는 텔레비전 광고 문구들이 무차별적으로 침입해 있고, 연애에 대한 시인의 공상은 유명한 '트라이' 광고 시리즈 형식으로 진행된다. 그룹 넥스트의 신해철씨가 방위병으로 입대한 뒤 밤샘작업으로 마무리한 랩과 배경음악이 이 영화가 보여 주는 '모던' 한 풍속을 뒷받침하고 있다."[69]

소설가 이순원은 『압구정동엔 비상구가 없다』의 속편으로 93년 9월 『압구정동엔 무지개가 뜨지 않는다』(중앙일보사)를 출간했다. 작가의 문제의식은 "절대 권력이 절대 부패할 수밖에 없듯 정당한 방법으로 벌어들이지 않은 불로소득 또한 필연적으로 부패와 타락을 낳습니다. 남는 것은 오직 천박한 욕망뿐입니다"라는 것이었다.

최재봉은 "전편에서 압구정동으로 상징되는 남한 천민자본주의의 성적 부패와 타락상을 고발했던 작가는 이번 속편에서는 성적 타락을 부추기는 우리 사회 권력과 금력의 중심으로 더 한층 파고든다"며 "작가의 관심 이동을 대리 수행하는 작품 속 존재는 바로 테러리스트"라고 했다.

"금요일 밤마다 압구정동을 불안에 떨게 하는 테러리스트의 신원은 방제사 한동오이다. 그가 표면적으로 하는 일은 각종 향락업소의 영업이 끝나는 새벽에 분사기와 펌프를 들고 방제약을 뿌리는 일. 테러리스트의 신분이 방제사로 설정된 것은 지극히 은유적이다. 그 은유는 압구정동에 출몰하는 인간군상과 바퀴벌레 따위의 벌레들과의 동일시 위에 서 있다."[70]

한동오는 "내가 이 거리의 쓰레기들을 청소하겠다. 아니, 똥통 속의

---

69) 조선희, 〈'신세대' 한국 영화 설맞아 2편 개봉〉, 『한겨레신문』, 1993년 1월 16일, 9면.
70) 최재봉, 〈이순원씨 '압구정동' 소설 속편 '…무지개가 뜨지 않는다'〉, 『한겨레신문』, 1993년 9월 15일, 11면.

『바람부는 날이면 압구정동에 가야 한다』는 시집을 냈던 유하는 감독으로 변신해 같은 제목의 영화를 1993년에 개봉했다. 최민수, 홍학표, 엄정화가 열연했다.

벌레들을 박멸하겠다. 너희 선택받은 압구정 벌레들의 총체적 부패와 타락을 밑바닥에서부터 하나하나 단계적으로 테러로서 그것을 응징해 나가겠다"고 결심하고 매주 금요일 저녁마다 압구정 주민을 한 사람씩 살해했다. 소설인데도 소설가 장정일은 이 소설 속에서의 압구정동 비판이 불편했던 것 같다. 그는 자신의 '독서일기'에서 "압구정은 '똥통'도 아니고 거기 사는 사람도 '벌레'일 리 없다. 한의 테러는, 맨 먼저, 작가 자신에게 돌아가야 한다"고 했다.[71]

최재봉은 "테러리스트가 보기에, 그리고 작가가 보기에 이들 '벌레'들에게는 희망이 없다. 하지만 더 큰 문제는 아직 압구정동에 편입되지 못한 '우리 모두'도 기회만 주어진다면 그곳 주민이 되고 싶어 안달하고 있는 현실이다"고 말했다.[72]

그랬다. 바로 거기에 묘미가 있었다. 누구나 기회만 주어진다면 압구정동 주민이 되고 싶어 안달한 게 현실이었다.

---

71) 장정일, 『장정일의 독서일기 2: 1994.11~1995.11』(미학사, 1995), 158쪽.
72) 최재봉, 〈이순원씨 '압구정동' 소설 속편 '…무지개가 뜨지 않는다'〉, 『한겨레신문』, 1993년 9월 15일, 11면.

'질투'와 '최진실 신드롬'

일본의 트렌디 드라마

80년대 후반의 일본에선 버블 경제로 소비가 과열되는 가운데 종전의 홈드라마가 거의 자취를 감추고 이를 대신해 이른바 트렌디 드라마 (Trendy Drama) 붐이 나타났다. 일부 비평가들은 현실과 동떨어진 채 젊은이들의 화려한 환상에만 몰두하는 이 새로운 장르를 "골빈 여자들의 허영심에 아부하는 쓰레기"라고까지 비난했지만, 그건 어디까지나 사회적 상황의 산물이었다.

후지다케 아끼라는 트렌디 드라마를 "주인공의 인생관 및 생활양식이 OL(Office Lady)을 중심으로 한 젊은이의 사고 및 패션, 나아가 소비방법에까지 영향을 미친 연속 텔레비전 드라마"로 정의했다.[73]

---

73) 마크 실링, 김장호 옮김, 〈트렌디 드라마〉, 『일본 대중문화 여기까지 알면 된다: 오타쿠에서 스타문화까지』 (초록배매직스, 1999), 217~220쪽.

종전의 텔레비전 드라마는 주부가 주요 대상이었지만, 트렌디 드라마는 결혼 전의 젊은 여성을 주요 대상으로 삼았다. 사람들은 트렌디 드라마를 통해 가까운 장래에 자신도 드라마 속의 화려한 소비문화의 주인공이 될 수 있을 것 같은 환상을 꿈꿀 수 있었다.

그러나 1990년대에 들어와 버블이 붕괴되면서 장기불황시대에 접어들자 사람들은 트렌디 드라마의 환상으로부터 눈을 뜨고 각박한 현실에 직면하게 되었다. 텔레비전 드라마는 또 달라져야만 했다. 어떻게 달라졌을까?

이와오 수미코는 "텔레비전 드라마는 현실과는 일정한 거리를 두면서 버블에 취할 수 없게 된 사람들에게 흥분제를 제공하게 된다"며 "포스트 트렌디 드라마라고도 칭하는 이러한 드라마에서는 충동적인 성애에 대한 욕구가 두드러지게 그려지게 되며, 평범한 연애관계라도 섹스 부분에 포커스를 두거나 드라마 전개를 바꾸는가 싶으면 어김없이 강간, 임신, 불륜이 등장하게 된다"고 했다.

"트렌디 드라마, 포스트 트렌디 드라마와 병존하는 형태로 최근 자주 그려지는 가족의 형태가 피를 나누지 않은 사람들이 한 지붕 밑에서 어깨를 맞대고 살아가는 유사 가족이다. …… 종전의 홈드라마에 묘사되는 가족의 형태는 핵가족에서 대가족, 결손가족으로 옮겨갔지만, 모두 수직적 관계가 중심이었다. 그런데 유사 가족에서는 관계가 수직에서 점차 수평적 관계로 바뀌어가는 변화를 다룬 드라마라고 할 수 있다. 나이가 비슷한 몇 명의 젊은이가 종전의 가족과는 다른 공동체를 모색하는 주제다."[74]

---

74) 이와오 수미코, 김영덕·이세영 옮김, 『TV드라마의 메시지』(커뮤니케이션북스, 2004).

한국 최초의 트렌디 드라마 〈질투〉

트렌디 드라마는 한국에서도 나타났다. 한국 최초의 트렌디 드라마는 1992년 MBC 미니시리즈 〈질투〉였다. 〈질투〉는 어떤 드라마였던가? 스토리는 진부했지만 감각은 소비주의적 첨단이었다.

청춘남녀인 남자 A와 여자 B는 '죽마고우' 다. 남자 A는 갑자기 나타난 여자 C와 사랑에 빠진다. A와 B 모두 '사랑과 우정' 의 갈등을 겪는다. 광고세일즈맨으로 사회에 첫발을 내디딘 A는 굵직한 계약건수 하나를 올리기 위해 어느 기업의 책임자인 D를 설득시키려고 애쓴다. 그런데 D는 C의 옛 애인이다. A를 몹시 사랑하는 C는 D를 찾아가 A를 위한 청탁을 한다. 이 사실을 나중에 알게 된 A는 D와 한바탕 격투를 벌이지만 C에 대한 사랑엔 변함이 없다. A와 C의 뜨거운 사랑을 확인한 B는 C에게 A를 '잘 부탁한다' 고 말한다. 그러나 그 이후로도 A와 B의 '사랑과 우정' 의 갈등은 지겨울 정도로 계속된다.

스토리는 그렇게 유치했지만, 시청자들은 이 드라마에 푹 빠져들었다. A는 최수종, B는 최진실, C는 이응경이 맡아 열연했다. 본격적인 '영상드라마' 라는 점이 시청자들을 사로잡았다. 텔레비전 드라마는 모두 '영상드라마' 이지만, 이야기 줄거리나 대사보다는 그림 하나 하나에 정성을 기울여 눈요깃거리를 최대한 제공한다는 의미에서였다. 밝고 고운 화면, 경쾌한 속도감, 감미로운 배경음악도 가미되었다.

감각적인 소비문화를 긍정한 이 드라마에선 갈등과 고민조차도 소비지향적이었다. 이 드라마에서 사랑은 '풍요 속의 선택' 의 문제에 지나지 않았다. 구질구질한 현실 문제는 완전히 배제되었다. 이 드라마 속의 '보통사람들' 은 자본주의의 시장경제가 제공해 주는 소비의 특혜를 완벽하게 만끽했다. 피자, 점보트론, 롯데월드, 자가용 승용차, 컴퓨터, 팩시밀리, 편의점, 무선전화, 해외여행 등등. 자가용 승용차가 달리는 도로는

한국 최초의 트렌디 드라마는 최수종, 최진실 주연의 1992년 MBC 미니시리즈 〈질투〉였다.

늘 쾌적하고, 아무리 중소기업이라지만 입사 1년 만에 차장으로, 실장으로 진급하는 '기적'이 아주 자연스럽게 이루어졌다. 미남미녀들의 갈고 닦은 연기력, 경쾌한 흐름, 볼거리에 집착하는 카메라, 부담 없이 감각을 건드리는 세련된 대사 등등 그 무엇 하나 신경을 건드리거나 귀찮게 하는 게 없었다. 사랑도 아이스크림을 먹듯이 부드럽게 소비할 수 있는 것일 수 있다는 메시지를 던져주었다. 갈등과 고민은 바닐라 아이스크림을 먹느냐 딸기 아이스크림을 먹느냐 하는 정도의 것에 지나지 않는 것처럼 보였다.

김영찬은 〈질투〉를 계기로 한국 드라마는 트렌디 드라마의 거센 흐름에 휩쓸렸으며, 이와 함께 정통 리얼리즘 드라마의 퇴조가 일어났다고 분석했다. 김영찬에 따르면, 트렌디 드라마는 현대적 도시 공간에서 이뤄지는 매력적인 남녀의 사랑 이야기를 주조로 하며, 세대·가족 간 갈등의 배제 내지 주변부화, 경쾌하고 호소력 있는 배경음악, 화려한 소품과 미장센, 이국적인 로케이션, 무겁지 않은 이야기 전개와 행복한 결말 등이 전형적인 특징을 이룬다. 김영찬은 "트렌디 드라마들이 전통적인 멜로드라마 못지 않게 전형성에 매몰돼 있으며, 성차 · 전통 · 가족 이데 올로기들을 재생산해 내는 기제로 작동하고 있다"고 주장했다.[75]

이동후는 〈질투〉는 방영 당시엔 트렌디 드라마로 불리지 않았지만, 이후 비슷한 스타일의 드라마인 〈연인〉(KBS, 1993), 〈파일럿〉(MBC, 1993), 〈마지막 승부〉(MBC, 1994), 〈사랑을 그대 품안에〉(MBC, 1994) 등이 잇달아 성공을 거두면서 트렌디 드라마라는 수입 신조어가 언론에 의해 이식되고 전파되었다고 말했다. 일반인에게 낯선 이 단어를 이해시 키기 위해, 언론은 종종 이 단어를 부연 설명하는 여러 형용사를 덧붙였 는데, 예컨대 "영상세대의 기호를 충족하는", "신세대 인기스타에 의존 한", "감각적이고 경쾌한", "영상감각이 돋보이는", "시대의 유행을 민감 하게 반영하는" 등이었다는 것이다.[76]

최진실의 매력

1992년 7월 중순 고려대학교에선 드라마 〈질투〉를 둘러 싼 대자보 논 쟁까지 벌어졌다. 공방이 치열했지만 한 학생이 내린 결론은 "그래도 어 쨌든 진실이는 예뻐"였다. 이는 당시 폭발적인 인기를 누리던 최진실을 둘러싼 이른바 '최진실 신드롬'을 상징적으로 말해 주는 진술이었다. 이 드라마는 최진실에게도 "연기인생에 있어 가장 내세우고 싶은 드라마" 가 되었다.[77]

시인 유하는 '수제비의 미학, 최진실론'에서 "수제비도 압구정동 레 스토랑에서 팔면 고급 음식이 되듯/ 그 어떤 후진 시들도 활자화시켜서

75) 손원제, 〈한국 드라마 리얼리즘 어디 갔소?〉, 「한겨레」, 2004년 12월 7일, 34면.
76) 이동후, 〈한국 트렌디 드라마의 문화적 형성: 탈국가적 문화수용 양식을 중심으로〉, 조한혜정 외, 「'한류' 와 아시아의 대중문화」(연세대학교 출판부, 2003), 125~153쪽.
77) 최진실, 「그래, 오늘 하루도 진실하게 살자」(책이있는마을, 1998), 211쪽.

시집으로 묶어놓으면/ 그럴듯해 보이듯, 귀엽게 삐죽대는 최진실의 말처럼/ 시집가는 날 식장의 신부치고 안 이뻐 보이는 신부는 없다"고 했다.[78]

최진실은 이전의 미인들과는 달랐다.

"짙은 화장이 어울리지 않는 여자. 가벼운 고무공처럼 톡톡 튀어 오르고 여름날의 햇살처럼 쨍한 여자. '최진실 신드롬'의 주인공. 요즘 그녀가 인기 절정이다."[79]

"1m 63cm의 키에 마른 몸매. 깜찍하고 예쁘기는 하지만 '팔등신 미인'은 아니다. 비음이 섞인 그의 대사는 호흡이 짧은 편이어서 일상 대화와 구분이 안 될 때가 많다. 그러나 약점 같아 보이는 이 개성은 누구도 못 따라올 장점이 됐다. 그만큼 최진실의 연기는 꾸밈이 없다. 이웃집의 예쁜 누이나 귀여운 새댁을 보는 것 같다. 90년대의 젊은 관객들은 화려하고 신비한 스타 대신 친근한 스타를 선택한 것이다."[80]

28세 된 남자 회사원의 말이다.

"대중스타는 상품이지요. 그런 의미에서 그녀가 보여 주는 것은 가짜이고 연기일 뿐인데 그녀는 참으로 자연스러워요. 정말 이상한 것은 그녀가 그렇게 많은 광고에 등장하는데도 사람들이 질려하지 않는다는 거예요. 그것이 그녀가 가진 매력의 힘인가 보죠."[81]

마정미는 "상쾌하고 편안한 아내, 누이 같은 진실이를 성적 측면에서 본다는 것은 오히려 게슴츠레한 시선의 불순한 생각인 것처럼 우리는 고해성사를 하면서 그녀를 무구한 존재로 보고 있다. 실제로 가부장적 자본주의의 충실한 상징물인 그녀가 섹시하고 방탕해 보인다면 기성세대

78) 유하, 『바람부는 날이면 압구정동에 가야 한다』(문학과지성사, 1991).
79) 양성희, 〈'인기 절정' 최진실: '애교 섞인 깜찍함'이 매력 포인트〉, 『TV저널』, 1991년 11월 8일, 12~13면.
80) 김명환, 〈93 문화계 젊은 주역들: 배우·탤런트 최진실〉, 『조선일보』, 1993년 2월 12일, 9면.
81) 마정미, 『최진실 신드롬』(청하, 1993), 38쪽.

와 결혼 적령기 남성들은 그녀를 예뻐하지 않을지도 모른다"고 말했다.[82]

강영희는 "사실상 그녀의 매력의 진짜배기 원천은 그녀 특유의 눈밑 주머니의 존재에 있는데, 모두들 이 점을 쉽게 잊어버리거나 머릿속에서 재빨리 지워버린다"고 주장했다.

"그녀의 눈밑 주머니의 뚜렷한 존재는 그녀의 밝은 미소 뒤에 그에 못지 않거나 심지어 그 무게를 압도하는 어두운 고뇌가 도사리고 있음을 말해 준다. 마치 순정만화의 어린 여주인공 캔디처럼, 그녀의 밝음은 어두움에 대해 경쾌하고 순발력 있는 자기회복을 꾀하는 오기 섞인 제스처일지도 모른다. 그녀는 귀여우면서도 어딘가 풍상을 겪은 듯한 흔적이 엿보이며 그래서인지 남다른 오기를 키워온 것 같다. 그러나 그녀의 오기는 결코 구질구질하거나 궁상맞거나 어딘가 주눅들어 있기는커녕 오히려 상큼한 삼원색과 메트로놈의 몸짓으로 다가온다."[83]

소비주의의 일상화

마정미는 "우리가 그녀를 진실이라 불렀을 때 그녀는 비로소 진실이가 되었다? 최진실의 광고를 보고 있노라면 김춘수 씨의 꽃이라는 시가 연상될 때가 있다"고 말했다.

"광고는 현실을 바탕으로 만든 가짜 세계이고 그 속에 등장하는 최진실은 이미 연기자인데 그녀는 자신을 일컬어 스스로 진실이라고 말한다. '진실아'라고 극중의 엄마가 부르면 대답하고 스스로도 '진실이는요, ……', '진실하게 살 거예요'라는 형식의 멘트를 즐겨 쓴다. 이것은 광고의 최진실과 현실의 최진실을 동일시하게 만드는 광고의 트릭이며 아주

---

82) 마정미, 『최진실 신드롬』(청하, 1993), 159쪽.
83) 강영희, 『나는 그렇게 생각하지 않는다: 강영희의 문화읽기』(사회평론, 1994).

효과적으로 사실감을 부여한다."[84]

마정미는 "최진실에게 부여된 이미지는 여성이란 물질과 가정의 기반 없이는 그 사랑스러움도 탈색할 만한 온실의 꽃이라는 가부장제적 이데올로기에 너무나 충실하다"고 했다.

"그것은 명백하게 가부장제에 편입되어 있고 타협하는 젊음이다. …… 대부분의 광고도 그렇지만 최진실과 상관없이 최진실이 등장하는 광고는 문제가 있다. 소비자가 그녀에 대해서는 전혀 반대급부를 생각하지 못할 만큼 익숙하고 우호적이기 때문에 더욱 그렇다."[85]

최진실이 모델로 출현한 광고. "남편 사랑은요, 가끔 확인해봐야 돼요"라든가 "남편 퇴근 시간은 여자 하기 나름이죠"라는 광고 문구는 큰 인기를 끌었다.

그러나 대부분의 소비자들은 그런 광고에 문제가 있다고 생각하기보다는 '그래도 어쨌든 진실이는 예뻐'라고 생각할 게 뻔했다. 그러나 최진실을 '우리 시대의 요정'이라고 부르는 건 정확치 않은 것이었다. 요정은 신비의 후광 하나로 먹고살지만 최진실은 결코 신

84) 마정미, 『최진실 신드롬』(청하, 1993), 125쪽.
85) 마정미, 위의 책, 141쪽.

비롭지 않기 때문이었다. 그녀의 가장 강력한 특성은 일상성이었다. 그녀의 연기는 도발적일 뿐만 아니라 호전적이기까지 했다. 깜찍한 용모가 호전성을 은폐 또는 순화시킬 뿐 그녀는 무력감을 느끼는 수동적인 시청자들에 대해 늘 공세적인 입장을 취했다.

최진실의 연기엔 여백이 없었다. 사전에도 '컨사이스' 사전이 있듯이, 그녀의 연기는 '컨사이스' 했다. 그건 맺고 끊는 것이 분명하거니와 뭔가 어리숙한 것을 용납하지 않는 신세대의 정서에 부합하는 것이었다.

'쿨(차가운)' 한 특성을 가졌거니와 '클로즈업' 매체라 할 TV는 마릴린 몬로와 엘리자베스 테일러처럼 '핫(뜨거운)' 한 연기자들을 박대했다. 그러나 최진실의 얼굴과 동작은 철저하게 '쿨' 하거니와 그 어떤 클로즈업에서도 일그러지지 않는 오밀조밀한 단단함을 자랑했다.

영화에 비해 시청자의 집중도가 떨어지는 TV에선 시청자들을 흡수하기보다는 시청자들에게 침투해 들어갈 때에 시청자들을 사로잡는다. 최진실은 천진난만한 용모로 시청자들의 경계를 일단 무장해제시킨 다음에 매우 공격적인 자세로 3인칭에서 2인칭의 관계로 갑작스럽게 진입해 들어갔다.

그런 연기는 그녀가 모델로 출연한 광고에서 가장 드라마틱하게 나났다. 만약 다른 미녀 탤런트가 '요플레'를 선전하며 "엄마 딱 한 개만 더 응?"이라고 했다면 어땠을까? '타우너'를 선전하며 "타-아-!"라고 했다면 어땠을까? "남편 사랑은요, 가끔 확인해봐야 돼요"라든가 "남편 퇴근 시간은 여자 하기 나름이죠"라고 했다면 어땠을까.

'최진실 신드롬' 의 키워드는 '일상성' 이었다. '일상성' 이란 말은 기존의 모든 것을 그대로 포용하면서 자연스럽게 순응한다는 의미를 내포했다. 사람들이 거론하는 최진실 매력의 모든 요소들은 '일상성' 과 연결돼 있는 것이었다. 소비주의의 일상화, 그 선두에 최진실이 있었다.

SBS의 반란

1992년은 한국 TV 오락사에서 일대 분기점이었다. 10여 년 넘게 KBS와 MBC가 누려 온 독과점 체제가 시장 적응 기간을 끝낸 SBS의 적극적 활약으로 인해 붕괴되면서 편성과 제작의 리더십을 사실상 SBS가 행사하는 반란을 일으켰다. SBS는 우선 인력 스카우트로 방송계에 균열을 일으켰다. MBC의 경우 108명의 사원이 SBS로 빠져나갔는데, 이 중 기자만 29명으로, 거의 5명에 1명꼴로 빠져나간 셈이었다.

SBS의 활약으로 3개 방송사 간 경쟁이 치열해짐에 따라 각 방송사들은 '수시편성 체제'로의 전환을 시도했으며, SBS는 방송시간대를 툭하면 바꾸는 등의 방법으로 그간 비교적 고정된 편성 체제에 균열을 야기시켰다.

92년 봄철 프로그램 개편시에 KBS와 MBC에서 폐지되거나 축소된 프로그램들은 대부분 교양성이 높은 프로그램들이었으며, 반면 신설된 프로그램들은 오락성이 강화된 프로그램들이었다. 그러한 양상은 가을철 프로그램 개편시에도 그대로 나타났다.

당연히 TV의 '저질 경쟁'에 대한 비판의 소리가 높았다. 11월 한 달에만도 신문들은 "TV오락물 너무 낯뜨겁다(한국일보, 1992년 11월 2일)", "청소년문화와 TV의 역할(동아일보, 1992년 11월 12일)", "요즘 TV 낯뜨겁다(조선일보, 1992년 11월 15일)", "TV방송의 저질 대행진(국민일보, 1992년 11월 15일)", "텔레비전 저질 경쟁 단호히 대처해야(한겨레신문, 1992년 11월 16일)" 등 일련의 사설을 통해 TV에 대해 맹공을 가하였다. 방송위원회도 사상 최초로 드라마 연출자에게 3개월 연출 정지를 내리는 등 '저질 경쟁'의 리더십을 행사하고 있는 SBS의 프로그램들에 대해 일련의 규제 조치를 취하였다.

92년은 토크쇼의 최전성기였다. KBS에서 SBS로 옮겨 간 〈쟈니윤 쇼〉와 그 공백을 메우기 위해 생겨난 KBS의 〈밤으로 가는 쇼〉 등의 토크쇼는 '음담패설'을 주요 소재로 삼는 파격적인 모습을 보여 주었다. KBS는 그걸로도 만족 못해 〈오늘같은 밤〉을 추가하였다. 그런 과감한 시도가 한국의 폐쇄적이고 이중적인 성윤리에 대한 논의의 활성화를 위해 기획됐더라면 긍정적으로 평가할 수도 있을 것이나, 그것이 단지 시청률 경쟁의 산물이었다는 점에서 방송매체의 특수성과 그에 따른 윤리성을 위협하는 심각한 사건으로 받아들여졌다.

그와 동시에 토크쇼의 양식은 기존의 쇼 프로그램과 코미디 프로그램 등에도 도입되어 '모든 오락 프로그램의 토크쇼화'라는 새로운 풍조가 92년 중에 정착되었다. 일부 청소년 대상 프로그램에 도입된 토크쇼 양식은 기존의 형식적인 '방송을 위한 방송'의 자세에서 탈피하여 TV가 좀 더 현실 적합성을 갖게 하는 데에 크게 기여하였다. 또한 토크쇼의 형식이 확산됨에 따라 사회자의 국어 실력 및 자질 문제가 부각되었다.

토크쇼의 확산은 기존의 코미디 프로그램에도 큰 영향을 미쳐 코미디가 토크쇼화하는 경향을 보여 주었다. 특히 MBC의 〈일요일 일요일 밤에〉와 SBS의 〈코미디 전망대〉는 코미디의 새로운 면모를 보여 주었다. 코미디의 성격 변화는 코미디 프로그램들이 방송연예계의 모든 가용 자원을 최대한 활용하는 공격적인 면모에서도 나타났으며, 이는 특히 〈일요일 일요일 밤에〉의 '몰래카메라'나 SBS의 〈꾸러기 카메라〉 등을 통해 극적으로 표현되었다. 특히 〈꾸러기 카메라〉는 때론 '카메라의 테러'라고 해도 좋을 만큼 호전성을 유감 없이 드러내 보였다. 그런 호전성은 거의 모든 코미디 프로그램들의 언어 구사에서도 나타났다.

92년 중 방송사 간 시청률 경쟁에서 나타난 SBS의 리더십은 단연 외화 편성 부문에서 두드러졌다. 금요일 9시대에 편성된 SBS의 〈SBS 영화특급〉은 다른 방송사들의 외화 수입에 대한 투자를 대폭 늘리게 하는 데에 크게 기여하였다. 후발주자로서 충분한 제작 여건이 아직 갖추어져 있지 않은 SBS가 외화에 큰 투자를 한 건 불가피한 전략이었지만, 이는 방송사들 간 경쟁 논리에 의해 다른 방송사들에까지 확산되었다.

드라마 페미니즘: '아들과 딸'과 '여자의 방'

한국인의 남아선호사상

『조선일보』 91년 9월 19일자는 "아들을 낳아 주고 돈을 받기로 한 이른바 '씨받이' 계약은 무효라는 판결이 내려졌다. 대구지법 민사 6부는 18일 김모씨가 김모씨를 상대로 낸 씨받이 계약금 5,000만 원에 대한 손해배상청구소송 판결 공판에서 원고의 청구를 기각했다"고 보도했다.

『중앙일보』 91년 10월 12일자는 "태아 성감별로 인한 성비 불균형이 사회문제로 등장하고 있는 가운데 정체불명의 '태아성감별 진단 시약'이 호주로부터 몰래 수입돼 시중에 나돌아 말썽이 되고 있다"고 보도했다.

『서울신문』 92년 2월 2일자는 "딸만 낳는다는 이유로 남편으로부터 구박을 받던 30대 주부가 생후 2개월 된 딸을 납치당했다고 허위신고해 경찰이 한때 긴장"했다고 보도했다.

『전북일보』 92년 5월 11일자는 "우리 사회의 남아선호 풍조를 이용, 한 의약품 수입업체가 신빙성 없는 통계자료를 제시하며 아들, 또는 딸을 선택적으로 가질 수 있도록 도와준다는 고가의 프로그램을 수입 판매해 피해자 발생 가능성이 높은데도 관계당국은 이를 수수방관한 채 책임을 회피하고 있어 지탄을 받고 있다"고 보도했다.

『경향신문』 92년 8월 6일자는 "남아선호 경향의 여파로 국교 교실의 '여소남다' 현상이 심화되고 있다. 5일 교육부에 따르면 지난 88년의 경우 국민학교 취학 어린이는 남자 43만 8,159명, 여자 41만 5,260명으로 여자 어린이의 수가 남자 어린이의 94.8%였으나 92학년도에는 91.8%로 4년 만에 3% 포인트가 떨어졌다"고 보도했다.

〈아들과 딸〉의 복고주의

위 5개의 에피소드는 아들에 환장한 가엾은 한국인들의 자화상을 보여 주었다. 1992년 10월부터 방영된 MBC-TV의 드라마 〈아들과 딸〉(극본 박진숙, 연출 장수봉)은 그런 현실을 고발하면서 높은 인기를 누렸다. 5대 독자 집안에 태어난 세 딸(권재희, 김희애, 곽진영 분)과 독자인 귀남(최수종 분) 등이 겪는 갈등구조를 다룬 이 드라마의 흥미성은 상당 부분 92년 브라운관을 풍미했던 '복고주의'에서 비롯되었다. 완전히 산업화되고 그걸 넘어서는 사회에서 산업화되지 않았던 과거에 대한 향수야말로 이 드라마가 던져주는 주요 재미였다.

이 드라마의 시대적 배경인 60년대에 주인공들과 같은 연배에 있었던 시청자들은 TV채널권을 장악하고 있는 40대들이었다. 60년대의 사회상은 30대 후반의 시청자들도 충분히 공감할 수 있는 향수를 불러일으켰다. 불행하게도 한국 역사엔 향수를 느낄 만한 영광이 별로 없기에, 〈아들과 딸〉이 제공하는 복고주의 쾌락의 대부분은 부지불식간 현재의 풍요와의 비교에서 비롯되었다.

자전거 통학, 펜팔, 통행금지, 훌라후프, 크리스마스날 교회 가기, 맷

돌, 구두주걱용 숟가락, 미팅에서 커피를 소리내어 마시는 것, 교사의 남녀 학생 데이트 적발, 다방 DJ에게 노래 신청, 솥뚜껑 위에 양말을 말리는 것, 낱개로 파는 담배 등등 〈아들과 딸〉에선 그 어느 한 장면도 복고와 관련해 우연히 넘어가는 법이 없었다. 스토리를 이끌어 가는 과정에서 양념으로 복고를 보여 준다기보다는 복고를 먼저 염두에 두고 스토리가 만들어진다고 할 수 있을 정도였다.

〈아들과 딸〉에선 현재와의 비교우위의 가치가 있더라도 미소를 머금는 데에 도움이 되지 않는 종류의 복고는 거의 찾아 볼 수 없었다. 〈아들과 딸〉의 배경시대엔 술 먹고 말 한마디만 잘못해도 경찰서에 잡혀가는 건 흔한 일이었다. 쓰레기차에서 질러대는 새마을노래의 소음 공해는 어떠했던가. 교련시간에 받던 제식훈련은 어땠고. 의식 있는 출판인치고 어디 혼나보지 않은 사람 있었나. 〈아들과 딸〉에선 술 먹는 장면, 쓰레기 내버리는 장면, 고등학교 교정, 출판사 등과 같은 장면들이 나오는데도 불구하고 한결같이 평화롭기만 했다.

제작진은 60년대와 80년대를 교묘히 교차시키는 동시에 90년대의 맛을 곁들였다. 이 드라마의 주역 탤런트들은 60년대는 말할 것도 없고 주어진 역할의 분위기에도 어울리지 않았지만, 바로 그렇기 때문에 이 드라마가 시청률에서 성공할 수 있었다. 최수종과 채시라와 김희애와 오연수를 보는 재미로 이 드라마를 보는 사람들이 적지 않았다.

이 드라마 속의 여성 탤런트들처럼 미모도 갖추지 못했고 야물지도 못한 보통의 딸들은 어찌해야 할 것인지 그것이 문제였지만, 이 드라마는 많은 시청자들로 하여금 후남의 어머니(정혜선)에 대해 혀를 끌끌 차게 만드는 것만으로도 남아선호사상에 일격을 가했다고 볼 수 있었다. 그러나 따져볼 점이 없진 않았다.

〈아들과 딸〉은 이 드라마의 제목으론 적합하지 않았다. '나의 살던 고향' 또는 '아 따뜻함이여!' 가 제격이었다. 그런데 왜 '아들과 딸' 인가?

1992년 10월부터 방영된 MBC-TV의 드라마 〈아들과 딸〉

이 드라마는 진행 과정에서 원래의 의도를 이탈한 것으로 보였다. 드라마 초기에 보여 주던 남아선호사상에 대한 집요한 고발이 이 드라마의 '주'라면 복고를 곁들여 그 고발의 거부감을 완화시켜보자는 의도가 '종'이었던 것 같은데 시청자들의 비위에 영합하느라 그만 주종관계가 바뀌어버린 게 아닌가 생각되었다.

실제로 이 드라마는 시청자들의 압력에 눌려 구체적인 내용마저 그 상당 부분을 수정했다. 원래 미혼모가 될 예정이었던 미현(채시라 분)이 미혼모 신세를 모면한 것이나 후남(김희애 분)의 애인 역으로 예정되었던 문성근의 캐스팅이 불가능하자 석호(한석규 분)를 그 대타로 내세운 것 등이 바로 그것이었다. 결국 이러한 수정은 이 드라마에 '따뜻함'을 유지하는 데엔 큰 기여를 했다.

이 드라마가 '맥스웰 커피'의 분위기를 풍기면서도 남아선호사상의 고발과 단죄에 일조하고 있는 건 분명했다. 그러나 이 드라마가 보여 주는 '복고적 페미니즘'을 좀 더 욕심을 부려 따지자면 지적할 게 많았다.

후남이처럼 예쁘지도 않고 재능도 없는 보통 딸들은 어찌해야 하나. 그리고 '서울로 서울로' 의 구호를 따라 서울로 가지 않은 딸들은 가부장제의 질곡에서 영원히 탈출할 길은 없는 건가. 후남이의 강한 자기성취 욕구를 갖지 못한 딸들은 좀 더 평등하고 자유로운 삶을 누릴 자격이 없는 건가. 이 드라마엔 알게 모르게 이 드라마의 배경이 되고 있는 당시 사회에 팽배해 있던 '개발' 논리가 배어 있었다. 평등은 오로지 출세를 통해서만 구현될 뿐이었다.

다음으로 문제가 되는 건 어머니라는 존재였다. 남아선호사상에 대한 분노의 화살을 어머니 혼자 뒤집어쓰는 건 또 하나의 남아선호사상 이데올로기는 아닌가. 아버지(백일섭 분)는 늘 술만 퍼마시면서 '아 글씨 홍도야 우지마라' 로 시청자들의 사랑을 얻는 반면, 어머니는 살림까지 떠맡는 어려운 상황에서 모든 악역을 독차지해야 하는 건 부당하지 않은가. 만약 아버지와 어머니 역할의 캐스팅을 정반대로 했을 경우를 가정해 보자. 아버지는 인정머리 없고 표독스럽기조차 한 이미지를 가진 탤런트로, 어머니는 너그럽고 온화한 이미지를 가진 탤런트로 캐스팅을 했다고 하자. 시청자들은 후남이가 대단히 내숭에 능하고 쌀쌀맞고 이기적이고 출세지향적인 인물이라고 생각을 바꿀는지도 모를 일이었다.

'문제의식' 의 관점에서 보자면 이 드라마의 진짜 주인공은 어머니였다. 왜 여자의 평등한 삶을 방해하는 주범은 늘 여자인가. 이건 결코 복고의 문제가 아니라, 1992년의 한국 사회에서도 여전히 유효한 것이었다. 비록 이 드라마에선 나타나지 않았지만 귀남의 어머니에 대한 맹종엔 아들이 어머니가 살아 온 질곡의 세월에 대해 갖는 경외감이 내재되어 있을 수 있다는 것을 표현했어야 옳았다. 그리고 그런 경외감을 남녀 모두 공유하면서 어머니를 그렇게 만든 체제에 저항하는 쪽으로 이야기를 몰고 갔어야 했을 것이다.

〈여자의 방〉의 사랑법

MBC-TV의 수목 드라마 〈여자의 방〉(극본 주찬옥, 연출 장두익)도 남녀평등의 관점에서 의미 있는 작품이었다. 이 드라마는 페미니즘적인 요소를 강하게 드러냈거니와 여자의 은밀한 '내실'에까지 카메라를 들이대는 섬세한 심리 묘사로 진부한 사랑 이야기를 전혀 새롭게 감상할 수 있는 재미를 선사했다.

이 드라마의 주인공들은 윤희수(고현정 분)를 제외하곤 대단히 도전적인 모습을 보였다. 한영진(배종옥 분)과 나경선(이미숙 분)이 그러하며 그밖에 영진의 직장에 근무하는 여자들도 페미니즘의 세례를 제법 받은 인물들로 묘사되었다. 영진은 디자이너, 경선은 수필가, 희수는 번역가의 직업을 갖고 한 아파트에 같이 살았는데, 모두 '프로 여성'의 이미지가 풍겼다.

여기에 등장하는 남자 주인공들 중 이진우(박상원 분)와 황보현(이재룡 분)은 꽤 박력 있고 똑똑하게 보였지만 그들이 벌이는 사랑 이야기의 주도권은 여자들이 쥐고 있다는 점에서 페미니즘의 대의에 봉사하는 인물들로 손색이 없었다.

그런데 문제는 전혀 엉뚱한 곳에서 일어났다. 드라마라고 하는 커뮤니케이션 양식 자체의 구조가 〈여자의 방〉을 일순간에 반(反)페미니즘적인 드라마로 전락시킨 것이다. 이 드라마 속의 여자들은 모두 사랑을 한다. 좋은 일이다. 그런데 드라마 속의 사랑은 현실 세계에서의 사랑과는 큰 차이가 있다. 드라마가 아무리 사랑을 현실적으로 묘사한다 해도 드라마는 시간의 절대적인 제약을 받기 때문에 사랑을 하는 남녀의 일상적 삶에서 극히 일부분만을 추려 내서 보여 줄 뿐이다.

드라마는 결코 일상적 삶을 있는 그대로 보여 줄 수 없다. 일상적 삶이란 시간적 감각을 통해 느껴지는 것인데, 시간의 절대적 제약을 받는 드라마가 그 편린을 보여 주었다 해서 그것을 일상적 삶이라고 볼 수는 없다. 시청자들의 입장에서도 일상의 구질구질하고 너저분한 모습을 드라마에서 다시 목격하고 싶진 않을 게다.

드라마가 보여 주는 일상적 삶의 편린이라는 것도 가공된 것에 불과하다. 예컨대, 현실 세계에 사는 남녀들은 드라마 속의 남녀처럼 그렇게 말을 잘하지 못한다. 작가가 공들여 생각해 낸 문장들을 그 이상의 공을 들여 연기하는 탤런트들의 말솜씨를 현실 세계의 남녀들이 어찌 당해 낼 수 있겠는가. 어디 그뿐인가. 현실 세계의 남녀들은 드라마 속의 남녀들에 비해 미모가 훨씬 떨어지며 길거리에서 택시를 잡더라도 손만 들면 택시가 즉각 와 서는 '특혜'를 전혀 누리지 못한다.

아주 시시한 사랑을 해 본 사람, 아니 사랑의 열병을 앓아 본 경험조차 없는 사람의 사랑 이야기라도 그것이 유능한 작가와 연출가에 의해 드라마로 제작된다면 꽤 볼 만하다고 말할 수 있다. 오히려 지나치게 드라마틱한 사랑 이야기는 '신파조'라고 해서 요즘 사람들이 기피한다. 그어떤 사랑 이야기이든 미남 미녀 탤런트들의 얼굴과 정제된 대사와 축약된 시간 구도를 통해 표현될 경우 그건 썩 즐길 만하다.

문제는 바로 여기에 있었다. 드라마의 시공간적 한계가 추구하는 쾌락적 가치는 일상적 삶을 통해 구현되어야 할 페미니즘의 가치를 압도하게끔 되어 있다. 만약 사랑을 주제로 한 드라마가 페미니즘적인 사랑을 보여 주고자 한다면 여자는 사랑만으로 사는 것이 아니라는 것을 어떤 형태로든 분명히 보여 주어야만 한다. 그러나 유감스럽게도 〈여자의 방〉에 살고 있는 여자들은 각자의 성격과 능력과 남성관이 어떠하든 한결같이 남자로 인해 기뻐하고 슬퍼하고 상처받았다. 사랑의 방법에 다소 차이가 있을 뿐, 드라마가 시작해서 끝날 때까지 내내 그이들의 주요 관심사는 사랑이었다.

게다가 이 드라마에선 배종옥은 남녀의 권력 관계에 대한 '선각자'라는 이유 때문에 사랑하는 남자를 잃는 것으로 그려졌다. 그리고 그녀는 자신의 선구적 행위에 대해 후회하고 고통스러워하다가 무엇에 쫓기듯 서둘러 다른 남자를 찾았다. 꼭 그래야만 했나? 가부장제 사회에서 여자의 '자기 회복'과 사랑 사이에 빚어지는 갈등에 초점을 맞춘 작가의 문제의식은 높이 평가할 만했지만, 배종옥을 꼭 그렇게 누추하게 만들어야했나. 얼굴에 우수가 감돌면서부터 배종옥의 아름다움은 급강하했다. 이 드라마에서 지독한 '내숭'을 떠는 윤희수(고현정 분)의 사랑법이 옳았다고 독백을 내뱉는 순간 배종옥은 을씨년스러워지고 〈여자의 방〉은 지루해졌다.

여자는 무엇으로 사는가. 드라마 속의 신세대 여자들은 페미니즘의 깃발을 한껏 휘날리다가도 어느 순간 그 깃발을 남자의 품에 좀 더 드라마틱하게 안기기 위한 백기로 사용했다. 시시껄렁한 사랑 이야기를 다룬 영화 〈결혼이야기〉나 드라마 〈질투〉의 여주인공들이 그런 부류에 속했다. 이런 유치한 사랑 이야기는 그 흥미성을 보충하기 위해 괜한 볼거리를 제공하기에 바쁘다. 이야기의 무대로 방송사나 광고회사를 택한 것도 바로 그런 계산에서 비롯된 것이었다. 이미지가 메시지를 압도했다.

서로 닮아가는 드라마와 광고

광고대행사의 문화적 리더십

한국 광고시장은 1985년 2월 한미 통상장관회의에서 미국이 광고를 포함한 서비스 산업 시장개방을 요구한 이래로 점차 다국적 광고대행사들에 문을 열게 되었다. 1987년 6월 29일 재무부 고시를 통해 광고대행업은 투자금지 업종에서 제한 업종으로 바뀌었고, 같은 해 10월에는 외국인 지분 50% 미만 합작 투자를 허용함으로써 부분 개방되었다. 1988년 10월에는 1990년부터 외국 광고대행사의 지분율 50% 이상의 합작투자 허용이 이루어졌으며, 91년에는 100% 외국자본에 의한 광고회사 설립이 허용되었다. 외국 광고대행사의 국내 진출은 광고문화의 서구화에 큰 영향을 미쳤다.

소비사회가 심화되면서 광고의 영향력도 커졌다. 광고의 영향력이 커지면서 소비사회가 심화되었다고 말할 수도 있었다. 특히 텔레비전 광고는 텔레비전이 지배하는 대중문화의 지평을 바꾸기 시작했다. 이제 광고는 상품을 직접적으로 선전하기보다는 거시적이고 근본적으로 소비자에게 새로운 라이프스타일과 생활철학을 판매하고 문화적 형태를 재구성하는 차원으로까지 발전했기 때문이다. 시장논리의 지배를 받는 대중문화는 광고에 의해 변형된 라이프스타일과 생활철학을 반영하여 확대재생산하였다.

텔레비전 광고는 대중문화의 환경을 만들어 내는 동시에 텔레비전 속의 대중문화와 같은 브라운관 안에서 끊임없는 '근친상간'을 범했다. 텔레비전 광고모델의 절대 다수는 연예인들이었다. 그들은 드라마 · 코미디 · 쇼 등 텔레비전 프로그램에서 구축한 자신의 이미지를 광고주에게 팔아 넘겼다. 텔레비전 프로그램과 광고의 경계는 불분명하거니와 무의미했다. 무엇이 먼저고 무엇이 나중인지 그걸 따지는 것도 어렵게 되었다. 그래서 광고모델들이 텔레비전 프로그램에 출연해 연기를 하고 노래를 하면서 그들이 출연했던 광고 속의 이미지를 또 한번 판매한다고 보아도 무방했다.

텔레비전 광고는 15초 내지 30초의 짧은 시간에 압축된 고농축 영상 이미지인 관계로 경쾌하거니와 간결하고 밀도가 높은 속도감을 자랑했다. 이는 바로 TV세대의 정서 구조의 핵이었다. TV세대를 겨냥한 텔레비전 드라마와 영화는 광고 제작기법을 그대로 흉내내기 시작했다. 인기 광고모델이 탤런트나 영화배우로 전업해 성공하는 사례가 늘기 시작했다.

광고대행사의 문화적 리더십은 이미 TV세대들에 의해 인식되기 시작했다. 대학 졸업생들에게 광고대행사가 언론사보다 더 큰 인기를 얻고 있는 것도 그러한 인식의 결과였다. 1992년 국내 최대 광고대행사인 삼성 계열 제일기획의 공채 인원은 62명이었지만 2,500명이 지원했으며, 대홍기획의 경우엔 8명 모집에 2,400명이 응시해 300 대 1의 경쟁률이라는 진기록을 수립하였다. 광고대행사들은 취업희망자들이 너무 몰려들어 무서워서 공개 채용광고를 내지 못할 정도라며 즐거운 비명을 질렀다.

제일기획은 '토탈 엔터테인먼트' 업체로 변하기 위해 회사 영문이름을 종래 '제일애드버타이징'에서 '제일커뮤니케이션'으로 바꾸었다. 73년에 설립된 제일기획은 92년에 2,780억 원의 매출을 기록해, 20년 만에 세계 29위의 광고회사로 도약했다.[86]

제일기획은 방송에도 진출했다. 제일기획은 SBS의 〈남편은 요리사〉, MBC의 〈세계의 여성〉·〈내고향 좋을시고〉, KBS의 〈안전운전 365일〉 등 교양·다큐멘터리 프로그램을 제작·지원했으며, 뉴미디어팀을 구성하고 미국의 디스커버리 및 NBC와 기술 제휴해 케이블 사업을 적극 추진했다. 다른 광고대행사들도 제일기획의 다각화 방식을 그대로 따라 방송 프로그램 제작에 가장 큰 관심을 보였다.

광고는 탤런트의 주요 수입원

1991년 한 해 동안 가장 많은 돈을 번 연예인은 누구였을까? 김혜수가 5억 4,000만 원으로 1위, 조용필이 5억 원으로 2위, 노주현이 4억 8,000만 원으로 3위를 차지했다. 그 밖에도 최진실, 유인촌, 최불암, 원미경, 최명길, 길용우, 최수종 등이 3억 원 이상의 수입을 올린 것으로 나타났다.[87]

고소득 연예인들의 주요 수입 원천은 가수 조용필을 제외하곤 모두 텔레비전 광고였다. 김혜수의 경우 8개의 광고에 모델로 출연했다. 광고 한 편에 출연하고 1억 원 이상을 번다 하여 이른바 '억대 모델'로 알려져 있는 연예인들은 모두 텔레비전 탤런트들이었다. 김혜자, 이덕화, 채시라, 김희애 등도 '억대 모델'에 속했다.

---

86) 92년 KBS의 방송광고 수입은 3,500억 원이었다.
87) 『조선일보』, 1992년 7월 12일.

탤런트들이 드라마에서 인기를 얻기 무섭게 광고모델로 활약하는 걸 잘한다고 칭찬할 수는 없는 일이지만 그들에겐 그럴 수밖에 없는 고충이 있었다. 그들의 방송 출연료는 단역 탤런트들의 그것에 비해선 엄청나게 많은 것이었지만, 그것만으론 그들의 '품위 유지비'에도 미치지 못했다.

그런데 문제는 본말의 전도였다. 광고모델로 큰돈을 벌기 위해 탤런트를 하는 것인지 탤런트 노릇을 잘하기 위해 광고모델을 하는 것인지 구분하기가 어렵게 되었다. 탤런트들이 광고모델로 인기가 높은 건 그들이 드라마 속에서 구축한 이미지가 매우 높은 광고 효과를 갖기 때문이었다. 드라마 하나가 뜨면 그 즉시 그 드라마에 출연한 탤런트들은 광고모델로 다시 텔레비전 화면에 나타났다.

텔레비전 광고는 점점 드라마나 쇼를 점점 닮아 갔다. 선전하는 상품 내용과는 아무런 관계도 없는 이야기를 연예인 모델들을 등장시켜 아주 짧은 드라마나 쇼로 꾸며내고자 했다. 아예 '드라마식 광고'라고 하는 것마저 생겨났다.

91년 8월 대우전자가 국내 최초로 도입한 드라마식 광고 '신대우가족'이 선을 뵌 이후 텔레비전에서는 드라마의 형태를 취한 시리즈 광고를 심심치 않게 볼 수 있게 됐다. '신대우가족' 광고는 여론조사기관인 '리서치 앤드 리서치'의 조사 결과 '인기 광고' 1위로 기록됐다.

드라마는 그 어떤 프로그램 양식보다도 더 순간적 식별이 용이한 지속성을 갖고 있어 시청자의 시선을 붙들어매는 데에 가장 강력했다. 드라마식 시리즈 광고는 그런 연상효과를 극대화시키고자 하는 계산에서 비롯됐다. 인기 드라마에 등장했던 인기 탤런트들로 구성된 광고모델들은 광고 자체를 위한 독자적인 스토리 창출에 가담하지만, 그들의 역할은 이미 많은 드라마를 통해 스테레오타입화되어 있고 드라마식 광고는 그 스테레오타입을 농축시켜 제시함으로써 아주 짧은 시간 내에 그럴 듯한 스토리를 만들어 냈다. 그런 점에서 드라마식 시리즈 광고는 텔레비

1991년 8월 대우전자가 국내 최초로 도입한 드라마식 광고 '신대우가족'이 선을 뵌 이후 텔레비전에서는 드라마의 형태를 취한 시리즈 광고를 자주 볼 수 있게 됐다.

전이라고 하는 매체를 최대한 이용하는 '시너지 효과(synergy effect)'를 겨냥한 것이었다.

드라마라고 하는 가공의 세계는 현실 시장에서의 상품 선택에 절대적인 영향력을 행사함으로써 더 이상 가공의 세계로만 존재하지 않았다. 실물 시장의 상품에 부여되는 드라마 세계의 후광은 소비문화를 낭만적이고 고상한 것으로 분식했다. 상품의 선택은 그 상품에 부여되었던 텔레비전 속의 느낌과 이미지와 품위와 스타일에 의해 결정되었다. 그런 의미에서 드라마식 시리즈 광고, 아니 더 나아가 텔레비전 드라마는 소비자본주의의 '성령'으로 기능하게 되었다.

광고의 인기가 어찌나 높았던지 코미디언들은 광고 카피를 흉내내 인기를 얻고 코미디 · 쇼 프로그램들도 광고를 소재로 삼기에 바빴다. 『TV저널』은 "특정 상품을 알리는 몸 동작이 너무도 적나라하게 표출되고 있다. 의도적이라는 생각을 떨쳐 버릴 수가 없다. 한두 번은 웃어 넘길 수 있을는지 모른다. 그러나 너도나도 이를 도용하는 것을 보고 있노라니 해도 너무한다는 생각이 든다"고 지적했다.

"자기가 출연한 광고의 경우는 더하다. 아무 거리낌없이 상황을 재현한다. 어떤 이는 방송에서 아예 자기가 출연한 광고 이야기를 즐비하게 늘어놓기까지 한다. 여기에는 사실 프로 제작자들의 책임도 있다. 어떤 프로에서는 CF모델들을 불러 세워놓고 광고 장면을 똑같이 연출시켜가면서 사람들을 웃기려 들어 보는 이의 눈살을 찌푸리게 한다. 그런데 일부 광고주들은 이를 은근히 부추기고 있다는 소리도 들린다. 그 이면에는 광고 효과를 그만큼 높일 수 있다는 광고주의 계산이 깔려 있다는 것을 이들이 모를 리 없다. 뻔히 알면서도 그들은 단지 재미있다는 이유 하나만으로 그대로 남용하고 있는 것이다."[88]

---

88) 김태희, 『TV저널』, 1993년 1월 22일.

드라마 속의 간접광고

텔레비전 드라마 또한 광고를 닮아갔다. 일류 광고모델은 으레 탤런트를 겸하고 초를 다투어 만들어야 하는 광고의 감각적 순발력과 속도감이 드라마 제작 기법에 그대로 이용되었다. 그런가 하면 드라마 속에 등장하는 가구며 의상이 곧 시중에서 유행이 되며 그래서 업자들은 앞 다투어 드라마에 무료 협찬을 하겠다고 안달이었다. 제작비가 빠듯한 연출자들은 특정 업소를 촬영 장소로 이용하는 대신 그 업소를 드라마 속에서 선전해 주는 이른바 '간접광고'를 아무런 거리낌없이 하게 되었다.

드라마의 '간접광고'는 꼭 제작비의 부족 때문만은 아니었다. 시청자들의 눈길을 끌기 위해 최신 유행을 보여 줘야 할 필요가 있었다. 고려대 경영학과 교수 김서일의 조사에 따르면 서울 시민의 70% 이상이 유행따라 즐기며 사는 라이프스타일을 갖고 있었다. 그래서 연출자들은 드라마 속에서 뭔가 새로운 것을 보여 주려고 애쓰며, 이는 결국 그 '새로운 것'의 시장 진출을 돕는 광고로서 기능하게 되었다. MBC의 인기드라마 〈질투〉는 그런 종류의 '간접광고'를 전혀 눈치보지 않고 대담하게 해대는 새로운 면모를 보여 주었다.

텔레비전 드라마와 광고의 경계가 붕괴되는 현상은 소비행위에 대한 의식을 무디게 만들었다. MBC의 최장수 인기드라마 〈전원일기〉의 고부관계(김혜자-고두심)가 '다시다'와 '미원'으로 표현되고 부자관계(최불암-유인촌)가 국제전화 '001'과 '002'로 표현되듯이, 대중의 소비행위는 합리적이라기보다는 정서적인 판단에 의해 이루어지게끔 유인받게되었다.

텔레비전 드라마는 그 자체로서 라이프스타일을 판매하는 광고가 되었다. 드라마 〈질투〉에서는 재미있는 장면 몇 가지가 소개됐다. 한 남자가 곧 결혼을 할 여자에게 '결혼계획서'를 컴퓨터 디스켓에 담아 전해

김혜자의 '다시다' 광고.

주며 검토해 보라고 한다. 그걸 검토한 여자는 결혼 비용을 다소 줄인 새로운 '결혼계획서'를 컴퓨터 프린터로 뽑아 팩시밀리를 통해 남자의 집으로 보낸다. 이 두 남녀의 결혼식 장면도 아주 이색적이었다. 야외결혼식의 피로연에서 신랑·신부와 그 친구들이 아주 흥겹게 춤을 춘다. 이 새로운 결혼풍속도에 흥미를 느낀 시청자들이 적지 않았을 것이다.

또 이 드라마에선 그저 평범한 중산층 청춘남녀들이 늘 자가용 승용차를 이용했다. 주인공들이 움직일 때마다 일일이 시동 거는 장면에다 달리는 장면에 주차하는 장면까지 정성스레 보여 주었다. 물론 차가 교통체증을 겪는 적은 전혀 없고 매번 시원스레 잘 달렸다. 아마도 이 드라마를 보고 연애를 하기 위해선 자동차가 꼭 있어야겠다는 결심을 새롭게 한 시청자들도 적지 않았을 것이다. 오죽하면 어느 자동차 회사가 왜 경쟁 회사 자동차만을 선전해 주느냐고 항의해 여자 주인공이 극중에서 차를 바꾸기까지 했을까. 그런가 하면 남자 주인공이 자가용 승용차로 여자의 집 앞에 가 차 속에서 무선전화로 여자를 불러내는 장면도 여러 번에 걸쳐 나온다. 이동통신의 대중화를 예고한 것인가?

라이프스타일을 비롯한 대중문화는 텔레비전이라고 하는 거대한 '기관차'에 의해 끌려갔다. 그 '기관차'가 오로지 상업성과 흥미성이라는 두 가지 원칙에 의해 움직인다는 건 대중문화에 대중, 특히 구매력이 약한 대중이 비집고 들어갈 틈은 없다는 것을 의미했다. 돈 없이 유행을 따라가기는 어려운 일이기에 유행은 은연중 황금만능주의를 예찬했다. 대중은 텔레비전이 파는 유행에 대해 반응을 표시해 그 유행의 수명을 결정하는 힘만을 갖고 있을 뿐 궁극적으로 그 유행의 주체는 되지 못했다.

텔레비전은 소비사회의 대중이 그저 심심풀이라고 가볍게 여기는 것에 의해 심대한 영향을 받을 수 있다고 하는 역설을 보여 주었다. 진지하고 심각한 문제들을 담고 있는 현실은 텔레비전의 세계에 흡수당해 감각적인 쾌락으로 용해되었으며, 이제 분노와 비애의 표현마저 텔레비전에 맡겨야 할 날이 다가오고 있었다.

10대가 지배하는 대중문화

10대들의 '오빠 신드롬'

1992년 3월, 사망 1명, 부상 40여 명이라고 하는 상처를 남긴 채 국내 10대들을 열광케 했던 '뉴키즈 온 더 블록' 태풍은 90년대의 세계에 대해 많은 것을 시사해 주었다. 국내 언론은 우리 애들이 왜 그 모양이냐고 호들갑을 떨었지만, 뉴키즈에 열광하는 건 비단 우리 10대만은 아니었다. 전 세계의 10대들이 그들에게 열광했다.

90년대의 10대는 과거의 10대와는 달리 막강한 구매력을 자랑했다. 가족당 자녀 수가 줄어들면서 그들이 가계의 소비행위에 미치는 영향력은 더욱 커졌다. 백화점과 호텔은 이미 어린이들의 구매력을 인식하고 1년 내내 어린이들을 위한 행사를 벌임으로써 어린이들과 그 부모들을 유인했다. 어린이 영화 무료시사회, 만화올림픽, 어린이 동화극 공연, 어린이 팔씨름대회 등등 온갖 종류의 기발한 아이디어가 다 동원되었다. 광고에 어린이 모델들이 부쩍 늘어난 것도 결코 우연이 아니었다.

1992년 국내 10대들을 열광케 했던 '뉴키즈 온 더 블록'

92년 현재 전체 인구의 26.7%인 1,135만 3,000여 명이 학생이며 이 중 중고생은 절반을 차지했다. 이들은 대중문화의 '실세'였다. 이들의 강점은 정열이었다. 성인들은 아무리 텔레비전을 많이 시청한다 하더라도 텔레비전에 별 영향력을 행사하지 못했다. 그들에겐 정열이 결여되어 있기 때문이었다.

공개 프로그램이 바로 그런 정열의 지배를 받는 대표적 사례였다. 3개 방송사의 TV 공개 프로그램은 25개 정도인데 쇼, 코미디 프로그램의 경우는 방청객의 90%가 10대들이었다. 공개 프로그램의 생명은 방청객의 호응이기 때문에, 10대들을 방청객으로 한 프로그램은 10대 위주로 제작될 수밖에 없었다. 그들이 곧 그 프로그램들의 성격을 결정지었다.

10대들의 이른바 '오빠 신드롬'은 날이 갈수록 강해졌다. 이는 초등학교 어린이들에게까지 확산돼 싸움까지 벌어지곤 했다.

"서울 J국민학교 5학년 교실에서는 정호와 영철이 심하게 다투어 선생님께 벌을 받았다. 이들이 싸운 이유는 정호가 자신이 좋아하는 연예인을 영철이 좋아하는 것을 알고 영철에게 포기하라고 했으나 이에 반발했기 때문이다. 게다가 최근 영철이가 정호에게는 없는 그 연예인의 사진까지 구해 온 것을 보고는 '내가 그를 먼저 좋아했다'며 사진을 빼앗자 급기야 서로 주먹질까지 오가는 사태로 발전한 것이다. 최근 주먹질까지는 않더라도 연예인을 두고 벌어지는 이런 류의 다툼은 국민학교 고학년 교실에서는 흔히 일어나는 일이다. 승강이 내용은 대개 '내가 좋아하는 완선 언니를 좋아하지 말아라', '내가 좋아하는 최진실이 네가 좋아하는 강수지보다 더 예쁘다', '사진을 산 곳을 알려달라'는 등이다."[89]

'오빠 신드롬'이 너무 심해 방송위원회는 91년 10월부터 10회에 걸쳐 KBS 〈젊음의 행진〉·〈한바탕 웃음으로〉, MBC 〈토요일 토요일은 즐거워〉 등의 프로그램에 "청소년 등의 소란스러운 방청 분위기 억제에 관한 주의 권고"를 내리기도 했다. 그러나 방송위원회가 '사과방송' 명령을 내린다 할지라도 그런 프로그램이 10대 위주로 제작되는 걸 막을 수는 없는 일이었다.

10대의 영향력

공개방송이 아닌 프로그램이라고 해서 10대들의 영향으로부터 자유로운 건 아니었다. 가수든 탤런트든 연예인을 스타로 만드는 가장 큰 원동력은 그들을 우상으로 떠받드는 10대들로부터 나오기 때문에 성인용 텔레비전 드라마조차도 10대들의 영향권 밖에 있는 건 아니었다. 가정의 '과보호' 속에 성장한 10대들의 채널 선택권도 무시할 수 없는 힘으로

---

89) 양선희, 〈아이들 세계—우리들의 우상〉, 『중앙일보』, 1992년 7월 4일, 12면.

작용했다.

영화도 10대의 호주머니에 크게 의존했다. 외국에서 수입한 폭력물조차도 10대들의 성원이 없이는 히트하기 힘들어, 〈로보캅 II〉의 경우처럼 미국에서 R등급(17세 미만 성인동반 입장가)을 받은 영화도 국내에선 일부 장면들을 삭제하고 버젓이 '중학생 입장가'로 둔갑하곤 했다.

대중가요는 10대들의 절대적 영향력 밑에 놓여 있었다. 10대는 한국 음반시장 매출액의 70%에 해당되는 구매력을 과시하였다. 초등학생들도 대중가요의 주요 고객이었다. 91년 KBS와 현대리서치연구소의 공동조사에 따르면 서울시내 국민학교 4, 5, 6학년 어린이들의 애창곡 20곡 가운데 1위부터 5위는 〈오직 하나뿐인 그대〉, 〈날 울리지마〉, 〈이별여행〉, 〈이젠〉, 〈그녀를 만나는 곳 백미터 전〉 등 모두 대중가요였다.

10대를 주요 고객으로 염두에 두는 대중가요는 한결같이 사랑타령으로 후회, 그리움, 이별 따위로 가득 차 있었다. 그것도 무슨 구체적인 내용을 가진 사랑이 아니라, 무언가 아련하고 희미하고 설명하기 어려운 그런 종류의 사랑이었다. 10대의 사랑이 원래 그런 것 아닌가.

그래서 그런지 92년 대중가요엔 '너'가 난무했다. 〈너를 처음 만난 그때〉, 〈내가 너를 느끼듯이〉, 〈너와 함께 있는 이유〉, 〈너에게 들려주고 싶은 이야기〉, 〈예감으로 느낀 너의 표정〉, 〈너를 향한 마음〉, 〈대답없는 너〉, 〈시간 속의 너〉, 〈너에게 바란 건 아니지만〉 등등 이루 헤아릴 수 없이 많았다. '당신'이나 '그대'는 10대에게겐 영 어색하지 않겠는가.

10대는 출판시장에도 적잖은 영향을 미쳤다. 내용이야 어찌됐든 청소년들의 감각에 맞는 어법으로 쓰인 책이 베스트셀러가 되었다. 라즈니쉬의 『배꼽』이 그 대표적 예였다. 그 밖에도 언어유희에 가까운 감성적 수필집이 베스트셀러로 부상한 것도 10대들의 덕을 단단히 봤기 때문이었다.

대중문화의 소프트웨어뿐만 아니라 하드웨어도 직접적으로 10대를

1992년 조사에 따르면 서울시내 초등학교 학생 중 45.5%가 오락실 출입 경험이 있다고 했다.

노렸다. 10대를 겨냥한 전자제품의 수명은 날이 갈수록 짧아졌다. 가전업체들이 새로운 수요를 창출하기 위해 기존의 제품들을 주로 디자인의 변화를 통해 고의적으로 진부화시키기 때문이었다. 특히 소형 카세트 제품들의 경우에 더욱 그러했다. 삼성전자의 '마이마이', 대우전자의 '요요', 금성사의 '아하'가 벌렸던 치열한 3파전이 바로 그 대표적 예였다.

성장산업으로 각광을 받은 전자오락은 아예 10대의 전유물이었다. 92년 전국의 허가받은 청소년 대상 전자오락실은 1만 5,000여 개나 되었으며, 10대가 주요 고객인 가정용 전자오락기 시장의 연간 규모만도 1,000억 원대에 이르렀다. 그 밖에도 일본 만화, 만화영화, 비디오 등 급성장하고 있는 대중문화 산업은 한결같이 10대를 주요 고객으로 삼았다.

교사들이 모여 만든 놀이연구회 '놂'이 92년 4월에 조사한 바에 따르면 서울시내 초등학교 학생 중 45.5%가 오락실 출입 경험이 있으며, 그 중 28.2%는 이틀에 한 번 이상 상습적으로 오락실을 찾으며, 54.3%가 전자오락기를 갖고 있는 것으로 나타났다.

또 92년 10월 재단법인 '청소년대화의 광장'이 서울시내 초중고등학생 763명을 대상으로 실시한 '청소년의 전자오락 이용에 관한 실태조사'에 따르면 거의 매일 전자오락을 하는 학생은 9.7%, 일주일에 3~4번 이상 하는 학생은 20.6%에 달했으며, 그만두려고 했지만 그만두지 못하고 있는 학생도 18%나 됐다.

고독과 불안해소를 위한 '감각의 향연'

10대가 지배하는 대중문화는 '대중성'을 왜곡시켰다. 10대의 취향을 강하게 드러내는 대중문화는 삶의 현장성이 결여된 '감각의 향연'이었다. 거기엔 현실의 과중한 압박으로부터 벗어나고자 하는 현실도피적 충동과 환상에 대한 욕구가 도사리고 있었다.

텔레비전은 모든 시청자를 마치 10대로 간주하는 것처럼 보였다. 그 어떤 종류의 프로그램이건 시청자들이 지루해하지 않게끔 무언가 보여주어야 한다는 강박관념에 사로잡혀 있는 것 같았다. '자연스러움'은 실종되었으며, 요란한 변칙과 과다한 자기노출과 무례한 엿보기를 흥미성의 주요 원천으로 삼았다.

'흥미성'이란 일종의 습관이기에 그런 종류의 흥미에 길들여진 시청자들은 늘 보다 강도 높은 변칙과 자기노출과 엿보기를 원하게 되었다. 그래서 토크쇼만 하더라도 그저 담담하게 풀어나가도 될 이야기에 각종 작위적 연출을 가미해 흥미성을 더하게 하려고 안달이었다. 토크쇼에 출연한 사람도 보는 사람들을 즐겁게 만들어야 한다는 강인한 의지를 공공연히 드러내 보였다. 그런 노력에 의해 시청자들이 흥미성을 더 느끼게 되긴 하겠지만 어느 순간 서로 속고 속이는 게임을 하고 있는 건 아닌가 하는 생각마저 갖게 만들었다.

프로그램 제작자나 시청자 모두 피차 가공의 세계를 상정해 놓고 그

안에 들어가 마음껏 즐기기 위해 수단과 방법을 가리지 말아야 한다는 공모를 꾸미고 있는 것처럼 보였다. 도대체 누구를 위해서? 대중은 그렇게도 심심하고 허전했던 것일까?

시청자들의 과장된 무료함은 결코 우연히 생겨난 건 아니었다. 대중문화 산업은 스스로 수요를 창출했다. 전혀 무료해하지 않던 사람도 고농도 오락상품에 노출된 이후엔 무료함을 느끼게 되었다. 광고의 경우엔 아예 먼저 소비자의 불안감을 조성한 다음 그 불안감을 해소시키는 상품을 제시했다.

10대 청소년들의 고독과 불안은 근거가 없는 건 아니었다. 서울 YMCA의 91년 조사에 따르면 조사 대상 중고교생의 74%가 '가출충동'을 느낀다고 했다. 또 체육청소년부 산하 상담기관인 '청소년대화의 광장'의 92년 조사에 따르면 조사대상 12~18세의 청소년 중 61%가 '삶에 회의'를 느낀다고 했다.

그런데 문제는 그들의 고독과 불안이 자본에 의해 확대재생산되어 전 국민에 의해 공유되고 있다는 점이었다. 92년 한국의 사교육비는 7조 원으로 정부 예산의 26%, GNP의 6.8%를 점했다. 그래서 언론마저도 이쪽에 눈독을 들여 일부 신문들은 일주일에 한 번씩 4개 면에 이르는 가정학습지를 게재했다. '전국 고교생 대입학력 경시대회'를 주최하지 않나 또 전기대 합격자들이 한결같이 자기 신문의 가정학습지의 덕을 봤다고 기사 형식으로 천연덕스럽게 선전하지를 않나, 치열한 경쟁이었다. 이에 질세라 텔레비전은 대입 원서접수 실황을 특별 생중계방송하고 대입문제풀이 해설방송까지 곁들이는 서비스를 제공했다.

10대 청소년들의 고독과 불안은 어떻게 해서든 해소시켜줘야 마땅할 것이지만, 그걸 근거로 해 성장하고 있는 대중문화를 전 국민적 차원에서 포용하는 것이 그 방안일 수는 없는 일이었다. 대중문화를 지배하는 10대 문화라고 하는 것도 전체 10대들의 대표성을 갖는 것도 아니었다.

대중문화에 나타난 10대들의 대표성은 대중문화 상품을 살 수 있을 정도의 구매력을 갖고 있는 중산층 이상의 자녀들이었다.

자본은 늘 구매력이 있는 자들을 편애하기 마련이었다. 구매력이 없는 자들이 구매력이 있는 자들을 흉내내지 그 반대는 성립되지 않았다. 이런 이유 때문에 10대를 겨냥한 대중문화 공세는 더욱 치열해졌다.

'원초적 본능'과 '결혼이야기'

1992년 국내 최대 화제작은 할리우드 영화 〈원초적 본능〉이었다.

1992년에 제작된 한국 영화는 모두 86편, 수입 외화는 모두 296편이었다. 이는 91년에 비해 외화 수입이 21% 늘어난 반면 한국 영화 제작은 20% 줄어든 수치였다.

최대 화제작은 200만 명의 관객을 동원한 할리우드 영화 〈원초적 본능〉이었다. 고상한 평론가들은 이 영화가 천박한 상업주의 영화라고 비판했지만, '미메시스' 라는 신세대 그룹은 그런 비판에 대해 "이는 진실로 영화를 관람한 수많은 이들에 대한 최대의 욕"이라고 반박했다. 이들은 "노팬티의 샤론스톤이 경찰을 향해 연출하는 행동을 보고 독자들은 무슨 생각을 하였을까?"라는 질문을 던진 뒤 "〈원초적 본능〉이 보여 주고자 하는 영원한 주제는 '모든 권력은 자궁으로부터 나온다' 는 것이다"고 주장했다.[가]

한국 영화 가운데서는 '신씨네' 의 네 번째 기획영화 〈결혼이야기〉가

가) 미메시스, 『신세대: 네 멋대로 해라』(현실문화연구, 1993), 182~185쪽.

49만 명을 동원해 흥행성적 1위를 기록했다.[나] 김의석 감독이 연출한 〈결혼이야기〉는 '기획은 길게, 촬영은 짧게' 라는 대원칙 아래 분야별 전문 감독제를 도입한 첫 영화로 평가받았으며, 이 영화를 계기로 영화기획사업이 성행하게 되었다.[다]

삼성전자는 〈결혼이야기〉의 촬영에 필요한 모든 가전제품을 협찬상품으로 내놓았다. 협찬상품은 영화 장면에 나오는 세탁기, 전화기, 카세트테이프, 녹음기, 전자밥솥 등이었다. 삼성전자는 또 〈결혼이야기〉가 개봉되기 전 이 영화 관람권 5만 장을 구입해 사실상 2억여 원의 광고료를 영화사에 지원했다. 이는 PPL(Product Placement) 즉, 영화사가 기업체로부터 광고료를 받고 특정 상품 또는 상표를 영화 장면에 삽입하는 간접광고의 성공적인 사례로 꼽혔다. 대우자동차, 대우전자, SKC 등도 제품 홍보를 위해 PPL을 이용했다.[라]

92년 한국의 혼수용 가전제품 시장 규모가 7,200억 원 규모로 가전제품 전체 시장 규모인 5조 3,000억 원의 13%에 해당한다는 점을 감안할 때에, 〈결혼이야기〉라는 영화는 가전제품 PPL을 위한 것이었다고 해도 과언은 아니었다.

가전업체들의 혼수 시장 공략은 집요한 면이 있었다. "행복한 신혼을 금성과 함께!" 이는 가전업체인 금성사가 결혼 적령기 여성을 대상으로 실시하는 교양강좌를 위해 내건 구호였다. 다른 가전업체들도 마찬가지였다. 삼성전자는 '러브러브 신부교실' 을 운영했으며, 대우전자는 '신혼가이드' 를 배포하고 결혼정보센터도 운영했다. 물론 모두 다 무료봉사였다. 참으로 고마운 일이 아닐 수 없었다. 사기업들이 미혼여성들의 행복

나) 〈올 흥행 1위 '원초적 본능'〉, 『한겨레신문』, 1992년 12월 12일, 9면.
다) 이현익, 〈'결혼이야기' 전문감독제 도입〉, 『중앙일보』, 1992년 6월 26일, 29면.
라) 조선희, 〈할리우드 오락영화 상품광고로 얼룩진다〉, 『한겨레신문』, 1992년 11월 21일, 9면; 신현덕, 〈영화 제작 대기업 협찬 늘고 있다〉, 『세계일보』, 1992년 8월 9일, 14면.

〈결혼이야기〉는 영화사가 기업체로부터 광고료를 받고 특정 상품 또는 상표를 영화 장면에 삽입하는 간접광고
의 성공적인 사례로 꼽혔다.

한 결혼생활을 위해 그토록 애를 쓰다니 말이다.

그러나 유감스럽게도 가전업체들의 친절은 한국의 결혼문화를 그리 바람직하지 않은 방향으로 몰고 갔다. 가전업체들은 무료 봉사를 동반한 치열한 판매촉진 활동을 통해 '혼수 가전제품'을 결혼문화의 핵심으로 고착시켰기 때문이다. 여성이 결혼할 때 가져가야 할 '필수' 가전제품들을 '패키지'로 개발하는가 하면 일정 액수까지 지정해 그것을 사회적 상식으로 통용케 하는 교묘한 광고 공세를 퍼부어댔다. 〈결혼이야기〉는 그런 광고 공세의 대진보였던 셈이다.

대기업들은 영화를 광고매체로 적극 활용하는 동시에 직접 영화사업에 뛰어들었다. 92년 후반 삼성, SKC, 대우 등은 직접 영화사를 설립했는데, 이에 대해 영화계에선 찬반 논쟁이 일었다. 우려의 목소리도 높았지만, 신씨네 실장 유인택은 적극적 찬성파였다. 그는 "그 이유는 기존 충무로 자본이라는 것이 너무 왜곡되어 있고 파행적이며 비합리적이라는 것입니다. 자본주의적 수준에서의 합리적인 자본의 유입이 절대적으로 필요하다고 봅니다. 저는 해외자본보다는 일단 국내 대자본에 의해 영화자본 고갈의 문제가 극복되어야 한다고 봅니다"라고 주장했다.[마]

대기업은 비디오사업에도 뛰어들었다. 92년 한 해 동안 1,572만 매의 비디오테이프가 생산돼 2,100억 원어치가 판매됐고, 8,000억 원어치의 테이프가 대여됐다. 2,000억 원 정도로 추산되는 영화시장의 5배가 넘는 규모였다. 이 가운데 직배사의 테이프가 차지하는 비율은 대략 70%에 달했다. UIP는 UIP-CIC라는 이름으로 영화처럼 직접 배급했고, 콜럼비아 트라이스타와 폭스는 대우그룹 계열의 우일영상을 통해 제작·배급했다. 워너브러더스의 창구는 선경그룹의 SKC였고, 월트디즈니는 94년부터 삼성전자의 스타맥스를 파트너로 삼았다. 직배사는 비디오 시장에서 91년 한 해에 2,200만 달러를 벌어들여 930만 달러를 로열티로 본국에 송금했으며, 92년에는 4,600만 달러의 수입에 2,050만 달러의 송금을 기록했다.[바]

영화관 쪽으로도 자본 유입이 이루어져, 92년 여름엔 서울 도심의 복합형 영화관들이 피서지로 각광을 받았다. 이들 극장들은 두세 개의 스크린을 비롯하여 넓은 휴게실, 카페, 패스트푸드점, 대형 TV모니터 등을 갖추었다.[사]

마) 『한국 영화의 제3의 물결』(크리스챤아카데미, 1992), 49쪽.
바) 정재권, 〈한국 영화 살아남을까〉, 『한겨레21』, 1994년 4월 28일, 74면.
사) 배장수, 〈복합형 영화관 도심피서지 각광〉, 『경향신문』, 1992년 8월 6일, 13면.

'서태지와 아이들'의 출현

1992년 '서태지와 아이들'의 등장은 "하나의 사건"이었다.

1992년 봄 한국 대중문화계에 '서태지와 아이들'이 등장했다. MBC-TV의 〈특종 TV연예〉라는 프로그램에서 처음 선을 뵌 이후 언론이 대서특필하면서 한 달도 안 돼 10대의 우상이 되었으며 20대 젊은이들 사이에서도 높은 인기를 누렸다.

그러나 기성세대는 한동안 그들의 음악에 곤혹스러워 했다. '랩'이라고 한다는데, 가요라는 게 이럴 수도 있는 것인가? 그런 생각들을 했다. 그들의 춤도 그랬다. 무대를 자유자재로 뛰어다니면서 그 어느 한순간도 사지(四肢)를 그대로 내버려두지를 않았다. 노래를 하는 동작이라기보다는 마치 신들린 사람이 발광하는 모습에 가깝다고 해도 지나치지 않았다. 그들의 의상은 그런 자유스러움을 그대로 표현했다. 그저 편한 것으로 족한 헐렁한 옷차림과 운동화에 그저 모자가 하나 더해졌을 뿐이었다.

그렇다고 해서 그들의 의상이 '싸구려'냐 하면 그건 아니었다. 브랜드를 알리는 상표를 떼지 않을 정도로 그들은 '차이'에 집착했다. 그들은 평범한 것과는 무엇이 달라도 달라야 한다는 강박관념을 갖고 있었으며, 그런 '차이'가 사라지는 순간 그들 자신도 존재할 의미가 없다고 굳게 믿는 듯했다. 그들의 이데올로기는 '일상성'과 '획일화'의 지배를 받는 시대에 대한 반항인 것처럼 보였다.

'서태지와 아이들'은 전자매체시대의 산물이었다. 그들의 음악에 천재성이 담겨 있을망정 그건 오디오와 컴퓨터의 최첨단 테크놀로지에 의존할 때에만 의미를 갖는 것이었다. 그들의 무대행위에서 최첨단 테크놀로지와 화려한 조명을 박탈했을 경우, 통키타 하나만을 들고 완전히 자연적인 상태에서 노래하는 '서태지와 아이들'은 상상하기조차 어려웠다.

최첨단 테크놀로지의 도움을 받아 원시적인 공격 본능을 자극하는 행위는 'TV세대'로 태어난 10대들을 사로잡았다. 그들 다수에겐 흙과 산과 강에 대한 기억이 별로 없었다. 그들의 自然은 주로 TV 속에 존재했다. '난 알아요'라고 외치는 그들의 절규는 치밀한 전략에 근거한 것이었다.

춤도 그랬다. 서태지와 아이들의 매니저로 일했던 유대영은 "서태지와 아이들의 회오리춤은 저절로 인기를 끈 것이 아니었다. 연출자에게 회오리춤이 나올 때는 카메라를 풀 샷으로 잡아달라고 요청했다. 그래야 통일감 있고 훨씬 익사이팅하게 보이기 때문이다. 서태지와 아이들에게는 ENG 카메라를 직접 쳐다보고 좀 더 액티브한 포즈를 취하라고 주문했다. 댄스음악의 강도를 높이기 위해서였다. 그러자 '난 알아요'는 음악뿐 아니라 그들의 독특한 댄스와 함께 인기에 인기를 더해갔다"고 말했다.[가]

음악평론가들도 그들의 폭발적 인기를 예견하지는 못했다. 그들의 무엇이 청소년들을 그토록 열광하게 만들었을까? 한국 입시교육의 병폐와

가) 김광수 외, 『스타를 만드는 사람들』(문예마당, 1997), 135쪽.

청소년들의 놀이공간이 부족하다는 걸 주요 이유로 드는 건 그럴 듯했지만 만족스러운 대답은 아니었다. 왜 하필이면 '서태지와 아이들'이란 말인가?

『한겨레신문』 논설위원 김선주는 서태지는 '하나의 사건'이므로 92년 10대 뉴스에 넣어야 한다고 주장했다가 주위의 웃음을 샀다고 했다.[나] 서태지는 92년엔 아직 기성세대의 감동까지 자아내진 못했다. 그래서 서태지와 아이들을 좋아하는 10대들도 당혹스러워 하는 점이 있었다. 92년 10월 『시사저널』이 게재한 〈청소년 달래는 서태지 파편〉이라는 제목의 기사에 대해 중학교 3학년 여학생 이지선은 다음과 같은 반론을 폈다.

"저희들은 좋아하는 것을 좋아할 자유가 있습니다. 랩이라는 것도 음악의 한 장르입니다. 왜 청소년을 비판하는 시각이 랩을 좋아한다는 데까지 이르렀는지 모르겠습니다. 저는 '서태지와 아이들'의 열광적인 팬은 아닙니다. 저나 제 친구들은 그냥 그들의 음악성을 존경하고 새로운 장르의 음악에 흥미를 느껴 노래를 듣고 따라 부를 뿐입니다. 극소수 아이들 때문에 청소년 전체뿐만 아니라 아무 죄가 없는 '서태지와 아이들'이 지탄받는 것이 저로서는 이해가 되지 않습니다. 청소년들이 좋아하는 랩이 왜 이상하고 나쁘고 심지어는 퇴폐적인 음악이라는 건지도 모르겠습니다. 우리들은 음악까지도 어른들의 취향에 맞추고, 어른들이 우리에게 '좋아해 주길 원하는' 것만을 좋아해야 하는 겁니까?"[다]

92년에 선을 보인 서태지와 아이들은 93년부터 본격적으로 '문화사적 사건'이 되었고, 급기야 '미메시스'라는 한 젊은 평론가 집단은 서태지를 "우리 시대의 이데올로그이자 혁명가이자 시인이자 예술가"라는 평가까지 내리게 된다.[라]

나) 김선주, 〈서태지·양희은, '우리 시대'의 노래〉, 『한겨레신문』, 1994년 8월 24일, 4면.
다) 『시사저널』, 1992년 10월 22일.
라) 미메시스, 『신세대: 네 멋대로 해라』(현실문화연구, 1993).

노래방의 대중화

1990년 부산에 처음 등장한 노래방은 순식간에 전국으로 퍼져 나가 1992년 2,000여 개소에 이르렀다. 노래방은 더 이상 '노는 아이'만 가는 곳이 아니라 모든 아이들이 가는 곳이 되었다. 그로 인해 문제가 심각하다고 판단한 정부는 92년 6월 풍속영업규제법을 발동해 10대들의 노래방 출입을 금지시켰다.

한국인은 노래를 좋아하는 민족임에 틀림없었지만, 뽕작에서 랩에 이르기까지 남녀노소 할 것 없이 노래방에 빠져드는 한국인의 노래 열기를 단지 민족성으로만 설명하려 드는 건 부족했다. 무언가 또 다른 이유가 있었다.

자연에 대한 인간의 통제력을 높이는 데에 기여한 기술문명의 발달은 역설적으로 인간을 수동화시켜 왔다. 특히 최첨단 기술이 실생활에 응용되는 도시생활은 인간에게 여러 가지 편리함을 안겨 주었지만 그 편리함을 보장받기 위해 따라야 할 규칙은 너무도 많다.

아주 단순한 차원에서 이야기하더라도, 들판을 걷는 것과 도시 한복판을 걷는 것 사이에는 많은 차이가 있다. 도시에서는 인도를 따라 신호등의 지시에 복종하면서 걸어야 한다. 소리를 함부로 질러 타인에게 불쾌감을 주어서도 안 되며 침을 함부로 뱉어서도 안 된다. 걸음걸이도 단정해야지 마음대로 갈짓자를 흉내냈다간 '접촉사고'를 내기 십상이다.

어디 걷는 것뿐이겠는가. 아파트 생활에서 공공장소에서의 행위에 이르기까지 규칙으로부터 벗어난다는 건 거의 불가능하다. 그러나 인간에겐 원시적인 본능이란 것이 있다. 자기 혼자만의 세계, 자기 마음대로 할 수 있는 공간을 갖고 싶어하는 욕구가 꿈틀대고 있다. 기술문명이 발달하면서 '프라이버시'의 권리가 중요하게 부각되는 것도 바로 그런 이유

1990년 부산에 처음 등장한 노래방은 새로운 대중문화 현상으로 대두되었다.

때문일 것이다.

물론 대부분의 사람들에게 그러한 공간을 확보한다는 건 거의 불가능하다. 그래서 대중은 그 대체 공간으로서 미디어의 세계에 눈을 돌리게 된다. 미디어가 한사코 '자아매몰'의 방향으로 발전하고 있는 것도 바로 그런 맥락에서 이해할 수 있었다. 즉, 미디어가 인간이 이용하는 도구의 차원을 넘어 인간을 아예 온통 흡수해 버리는 '소우주'가 된 것이다.

'자아매몰'의 대표적 미디어인 '워크맨'과 비디오(VCR)는 기존 매스 미디어가 충족시켜 줄 수 없는 '자기 혼자만의 세계'라고 하는 환상을 수용자에게 안겨 주었다. 귀에 '워크맨'의 리시버를 꽂는 한 그 누구든 자신이 실제로 존재하는 물리적 상황을 초월해서 리시버를 통해 흘러나오는 음악의 세계로 완전히 빠져들 수 있다. 비디오의 세계도 마찬가지다. 정해진 시간에 정해진 프로그램을 내보내는 텔레비전과는 달리 비디오는 수용자에게 자신이 선택한 시간에 따라 자신이 선택한 내용의 프로그램에 빠져들 수 있는 특권을 안겨 준다. 수용자에겐 음악 또는 프로그램의 내용도 중요하겠지만 그것보다 더 중요한 건 공간과 시간의 한계를 초월해 자유로운 '선택' 을 할 수 있다는 점이다.

새로운 대중문화 현상으로 대두된 '노래방' 은 그러한 '선택' 의 상품성을 극대화시킴으로써 전국적으로 선풍적인 인기를 끌었다. 늘 대중가요의 '수동적 소비자' 로만 존재하던 사람들이 노래방을 통해 그 '능동적 생산자' 의 위치로 격상될 수 있다고 하는 건 이만저만한 매력이 아니었다. 아담하게 밀폐된 공간에서 서너 명 또는 예닐곱 명이 모여 앉아 또는 몸을 흔들어 가며 '컴퓨터' 또는 '레이저 디스크' 등 최첨단 영상 반주에 맞춰 '가수' 노릇을 하는 건 쾌락과 더불어 보람을 안겨 주는 일이었다.

또 친절하게도 가사까지 그것도 박자까지 맞춰서 화면에 내보내주니 그 치열한 서비스 정신에 매료된 사람들도 적지 않았을 것이다. 어디 그뿐인가. 영상 이미지를 통해서나마 나를 위해 존재하는 것만 같은 멋진 모델들이 노래 분위기에 맞춰 포즈를 취해 주는 가운데 자신이 좋아하는 노래 한 곡 불러대는 값이 단돈 500원이었으니 꽤 싸다고 여겨질 법도 한 일이었다. 게다가 일부 술꾼들의 입장에선 심야영업의 제한을 받지 않은 채 술까지 몰래 갖고 들어가 마시면 그야말로 '염가봉사' 가 아닐 수 없었다.

내로라 하는 대기업들이 영상 가요반주기 제작을 둘러싸고 치열한 경쟁을 벌여 그 시장 규모만도 92년 450억 원대에 이르렀다. 이제 가전업체들은 시장 규모가 훨씬 큰 가정용 가요반주기 제작에 심혈을 기울였다.

이제 사람들은 '인공적인 것' 이 가미될 때에 편안해하게 되었다. 영상 반주와 고성능 마이크와 화려한 조명의 도움 없이 순수한 육성으로 노래를 부르는 것은 맨발로 길을 걷는 것처럼 매우 이상한 행위로 여겨지게 되었다.

사람들은 스스로 신바람을 내는 법을 잊어버린 건지도 모를 일이었다. 기계가 흥을 돋구어 주어야만 비로소 원시적인 감정의 상태로 몰입하는 것이 가능할 정도로 기술문명은 이미 인간의 일부로 자리를 잡은 것이었을까?

노래방에서 성대의 떨림을 한껏 만끽하고 육성을 기계음으로 전환시키는 고성능 마이크의 진동으로 하여금 귀를 애무케 하고 노래에 맞게 난무하는 화려한 영상 이미지로 하여금 눈을 간지럽게 하는 건 짜릿한 쾌감을 안겨 주는 자위행위임에 틀림없었다. 90년대의 고독한 대중이 겪고 있는 소외는 노래방에서 그 일부나마 극복될 수 있었다.

제4장

김영삼 · 이건희 · 신세대 신드롬

- 김영삼 신드롬
- 김영삼의 여론정치
- 금융실명제와 '깜짝쇼'
- 대학입시 부정사건
- 이건희 신드롬
- 기차 · 비행기 · 배 참사: 구포에서 위도까지
- 쌀: 우르과이라운드 협상 타결
- 서편제 열풍
- 신문전쟁과 신문개혁
- 텔레비전: 당당한 상업주의, 대담한 시청자
- 신세대: 네 멋대로 해라
- '연예인 신드롬'과 연예저널리즘

김영삼 신드롬

김영삼 대통령 취임

김영삼은 1993년 2월 25일 대통령 취임사에서 '정의가 강물처럼 흐르는 사회'와 '인간의 품위가 존중되는 나라'를 만들겠다고 했다. 그는 '새로운 문명의 중심에 우뚝 서서', '모범적인 민주 공동체', '민주와 번영이 넘쳐흐르는 나라', '제2의 건국, 제2의 광복' 등과 같은 미사여구를 동원하면서 '신(新)'을 무던히도 강조했다. 신정권, 신사고, 신경제, 신한국 등등. 도대체 무엇이 그렇게 새롭길래 '신한국'이란 말이 나오게 된 것이었을까? 김영삼은 취임사에서 이렇게 말했다.

"신한국은 보다 자유롭고 성숙한 민주사회입니다. 정의가 강물처럼 흐르는 사회입니다. 더불어 풍요롭게 사는 공동체입니다. 문화의 삶, 인간의 품위가 존중되는 나라입니다. 갈라진 민족이 하나되어 풍요롭게 사는 통일 조국입니다. 새로운 문명의 중심에 우뚝 서서, 세계의 평화와 인류의 진보에 기여하는 나라입니다. 누구나 신바람 나게 일할 수 있는 사

회, 우리 후손들이 이 땅에 태어난 것을 자랑으로 여길 수 있는 나라, 그
것이 바로 신한국입니다."

또 김영삼은 취임사에서 민족 우선론과 함께 남북정상회담 개최를 촉
구했다.

"저는 역사와 민족이 저에게 맡겨준 책무를 다하여 민족의 화해와 통
일에 전심전력을 다하겠습니다. 우리는 진심으로 협력할 자세를 갖추지
않으면 안 됩니다. 다른 민족과 국가 사이에도 다양한 협력이 이루어지
고 있습니다. 그러나 어느 동맹국도 민족보다 더 나을 수는 없습니다. 어
떤 이념이나 어떤 사상도 민족보다 더 큰 행복을 가져다 주지 못합니다."

이 취임사로 인해 김영삼은 나중에 보수파로부터 비판을 받게 되지
만,[1] 이는 3월 19일 미전향 장기수 이인모의 조건 없는 북한 송환과 더불
어 개혁·진보파에겐 큰 희망을 안겨 주었다. 예컨대, 평화연구원 연구
위원 김남식은 '김영삼 정권의 개혁 전망'에 대해 이렇게 말했다.

"김영삼 대통령의 남북관계를 보는 시국관은 과거 정권과는 다르다.
김영삼 대통령이 취임사에서 민족문제를 각별히 강조한 점에 주목해야
한다. '어떤 이념이나 사상보다 민족이 더 중요하다'는 이야기는 과거
에는 결코 나올 수 없었던 민족주의적 발상 전환이다. 통일정책 결정에
서 안기부의 개입을 축소하고 통일원의 위상을 강화한다는 방침은 과거
강경파의 입장이 주로 안기부를 통해 반영되었던 사실에 비추어볼 때
앞으로 온건합리론에 입각해 대북정책을 추진해 나가겠다는 신호로 보
인다."[2]

---

1) 예컨대, 1994년 11월 1일 노재봉 의원은 국회 대정부 질문을 통해 "이 표현으로 처음부터 기존의 한미 공조
체계의 폐기를 시사하고 나섰다. 나아가서 '어떤 이념이나 사상도 민족보다 더 큰 행복을 가져다 주지는 못
한다'고 강조하여 통일문제의 핵심인 체제문제를 완전히 추방했다"고 비판했다. 그러나 노재봉의 비판은 정
치적 공세의 일환이었을 뿐, 북한을 바라보는 기본 바탕에 있어선 김영삼과 노재봉은 크게 다를 바가 없었
다. 취임사는 서울대 교수 출신인 한완상이 쓴 것이었는데, 그는 나중에 퇴출당했다.
2) 조유식, 〈진보적 지성 20인이 본 김영삼 정권의 개혁전망〉, 「말」, 1993년 4월, 26~27쪽.

1993년 2월 25일 민간인 출신의 김영삼이 제14대 대통령으로 취임함으로써 '문민정부'가 탄생하였다.

고위 공직자 재산공개

대통령에 취임하기가 무섭게 김영삼은 '윗물맑기 운동'을 외치면서 고위 공직자들의 재산공개를 밀어붙였다. 대단한 뚝심이었다. 그는 취임 3일째인 2월 27일 자신의 재산을 먼저 공개했는데, 총 17억 7,800만 원이었다. 경제부총리 이경식이 뒤를 이었고, 3월 5일 민자당 당무회의에서는 재산공개를 결정했다.

김영삼은 고위 공직자의 재산공개를 가리켜 "역사를 바꾸는 명예혁명"이라고 했으며, "변화와 개혁을 거부하는 집단에게는 멸망의 길밖에 없다"고 했다. 고위 공직자들은 강한 불만을 토로했지만, 국민은 환호했다.

허용범은 "드디어 민자당 의원들이 3월 21일 재산을 공개하자 한마디로 숨이 막힐 지경이었다"고 했다.

"평소 정치인들의 속사정에는 비교적 밝은 정치부 기자들도 놀란 일이 수두룩했다. 미성년 손자가 주택을 소유하고, 빌딩을 11개, 주택을 11채 보유한 의원이 있는가 하면, 시가 수백억짜리 땅을 50억에 신고한 이도 있었다. 명백히 '파렴치한 투기꾼'이라는 말 외엔 그에게 붙일 말이 없는 의원들도 한두 명이 아니었다. 이 재산공개는 김 대통령이 주도한 사정(司正)의 첫 시동이었고, 그 결과는 흔히 '무혈혁명'으로 비유된다."[3]

부패의 정도가 심한 사람들은 물러나기 시작했다. 3월 하순경 김영삼은 모든 여론조사에서 70~80%의 높은 지지율을 기록했다. 보수파는 '인민재판'이라고 펄펄 뛰었지만, 국민의 절대적 지지를 받는 김영삼을 막을 길은 없었다.

세간에는 "김 대통령이 취임하고 나서 김대중 후보를 찍었던 사람들은 환영하고 정작 김영삼 후보를 찍었던 사람들은 크게 후회하고 있다"는 말이 떠돌았다.[4] 그리고 만년 여당지 『서울신문』은 『한겨레신문』보다 더 개혁적인 논조로 신바람을 냈다. 정말 『서울신문』의 전성기였다.

늘 '어용'으로 지탄받던 KBS도 신이 났다. 고위 공직자들의 재산공개 파문으로 한동안 TV 저녁 뉴스는 시청자들의 큰 사랑을 받았다. "요즘 TV뉴스를 보는 맛으로 산다"고 말하는 서민들도 적지 않았다. 말이야 바른 말이지 한국 TV가 높은 나으리들이 저지른 비리의 현장을 보여주기 위해 촌구석까지 열심히 누비고 다니는 '탐사 보도'를 그렇게 열심히 한 적이 언제 있었던가. 좀 과장되게 이야기한다면, 한국에서 TV라는 매체의 위대한 가능성을 처음 발견한 '사건'이었다. 갑자기 '정의의 사도'로 시청자 앞에 나타난 앵커맨과 기자들을 지켜보는 건 많은 이들에게 유쾌한 경험이었다.

신바람이 난 KBS는 3월 30일 고위 공직자들의 호화 공관까지 비판

---

3) 허용범, 〈재산공개 파동: YS의 무혈혁명〉, 월간조선 엮음, 『한국현대사 119대 사건: 체험기와 특종사진』(조선일보사, 1993), 369쪽.
4) 김진태, 〈김영삼 대통령은 전두환과 노태우를 칠 것인가〉, 『말』, 1993년 6월, 31쪽.

김영삼은 대통령에 취임하기가 무섭게 고위 공직자들의 재산공개를 밀어붙였다.

적으로 다루었다. 독일과 영국의 고위 공직자들은 공관이 아예 없거나 매우 검소한 공관을 갖고 있다는 것을 생생한 화면과 함께 보여 주면서 한국의 호화 공관과 대비시켜 준 보도는 서민들의 속을 후련하게 만들기에 족했다.

다만 KBS의 그러한 활약이 청와대와의 '공감대' 속에서 가능한 것이었다는 게 '옥의 티'였다. MBC의 경우엔 그런 공감대가 부족했던지 보도국장의 '격려'가 있고서야 본격적으로 KBS를 흉내내기 시작했다.[5]

---

5) 『기자협회보』, 1993년 3월 25일, 3면.

하나회 척결

1993년 3월 8일 육군참모총장 김진영과 기무사령관 서완수의 전격 경질이 이루어졌다. 5공 인맥으로 군내 사조직인 하나회 척결의 신호탄이었다. 『동아일보』 특별취재팀은 "군인들 사이에서는 '대단하군, 역시 대단해' 라는 말이 터져 나왔다. 한마디로 충격을 넘어 경악이었다. 5 · 16쿠데타 이후 32년 만에 되찾은 문민정부의 위력이 이날만큼 실감나게 느껴진 적도 별로 없다"고 했다.[6]

그런 '경악'을 간파한 김영삼은 다음날 청와대 수석비서관회의를 주재한 자리에서 자신만만한 표정으로 "모두 깜짝 놀랬제", "저쪽 사람들 (하나회 군인들을 지칭) 깜짝 놀랬을 거야"라고 말했다. 한 수석비서관은 "각하, 저희들도 그렇지만 국민 모두 얼떨떨해하고 있습니다"라고 답했다. 모든 참석자들의 얼굴에 웃음이 번졌다.[7]

이어, 4월엔 대령 백승도가 육사 20~36기 하나회원 125명의 명단을 만들어 살포한 뒤 하나회와 육사 내부에 결성돼 있는 예비 하나회인 알자회가 철퇴를 맞아 대대적인 군부 내 물갈이가 이뤄지기 시작했다. 김영삼 대통령 취임 석 달 만에 옷 벗은 장군만 18명이었고 '떨어진' 별만 40개에 달했다.[8] 이는 전 국민을 놀라게 했다. 그간 절대 성역으로 간주된 온 군부가 문민정부에 의해 통치를 받게 된 역사적 사건이었기 때문이다.

93년 4월 9일 김영삼이 민자당 상무위원회에서 한 연설은 감동적이었다. 그는 유난히 눈물을 강조하면서 다음과 같이 말했다. "우리는 통한

---

6) 동아일보 특별취재팀, 『잃어버린 5년-칼국수에서 IMF까지: YS 문민정부 1,800일 비화 2』(동아일보사, 1999), 22쪽.
7) 동아일보 특별취재팀, 위의 책, 26~27쪽; 『월간중앙』, 1993년 6월.
8) 한국일보 특별취재팀, 『대통령과 아들: 실록 청와대-문민정부 5년』(한국문원, 1999), 99쪽.

의 눈물로 지난날을 반성해야 한다", "재산공개와 관련 진정으로 참회하
는 사람을 보지 못했다", "참회의 눈물 없이 국민에게 고통의 분담을 요
구할 수 있는지", "우리 당은 진정 뉘우치는 눈물 속에서 국민의 신뢰를
받는 정당으로 다시 태어나야 한다", "그 눈물은 참회의 눈물이요, 새로
운 각오의 눈물이다."[9]

운동권 학생들의 '사상의 은사' 였던 리영희도 김영삼에게 큰 기대를
걸었다. 한완상이 부총리를 할 때에 통일정책 평가위원으로 위촉된 것을
계기로 하여 93년 4월 13일에 가진 『서울경제신문』과의 인터뷰에서 리
영희는 스스로 "'문민시대' 라는 말을 되풀이해 사용"하면서 "김영삼 정
부의 통일정책에 상당한 신뢰"를 보였다.

"김영삼 대통령의 통일관은 이전 정권의 그것과는 상당히 다른 것 같
습니다. 특히 북한의 핵 확산 금지조약 탈퇴라는 상당히 어려운 조건에
서도 이인모 씨 북송을 결정할 수 있었다는 점은 높이 평가할 만합니다."

리영희는 신정부의 개혁의지를 어떻게 평가하느냐는 질문에 대해서
도 매우 긍정적인 평가를 내렸다.

"우선 시작이 좋았습니다. 재산공개도 그렇고 특히 전격적으로 단행
된 군 인사 내용은 인상적이었습니다. 만약 DJ가 집권했더라면 그렇게
못했을 거라고 봅니다. 군부는 물론 온갖 기득권 집단이 처음부터 총체
적으로 저항했을 것은 불문가지입니다."[10]

최진실과 허재를 제친 '10대의 우상'

김영삼은 1993년 4월 16일 신경제계획 민간위원과 조찬을 하면서
"토지, 건물 등 부동산을 갖고 있는 것이 고통이 되도록 하겠다"고 했다.

---

9) 강인선, 〈김영삼 대통령의 연설문 연구〉, 『월간조선』, 1994년 12월, 158쪽.
10) 리영희, 『새는 '좌·우'의 날개로 난다: '전환시대의 논리' 그 후』(두레, 1994), 78쪽.

이 발언으로 인한 파문이 커지자 청와대 공보수석실은 의미가 잘못 전달되었다고 해명했다. 그러나 부동산 투기와는 거리가 먼 보통사람들은 신이 났다.

김영삼은 93년 5월 14일 조찬 기도회에선 "재산공개나 대학입시 부정사건에서 보듯이 이 사회는 결코 정상이라 할 수 없다. 우리 모두는 알게 모르게 부정과 부패에 감염되어 있고 도덕적 불감증에 빠져 있다. …… 우리 사회가 어찌하여 이렇듯 타락했는가. …… 누가 누구에게 돌을 던질 수 없을 만큼 썩어있는 것이 오늘의 상황이다"고 말했다.[11]

대통령의 이런 충정은 민심에 그대로 전달되었다. 93년 4월 중 MBC가 실시한 대중 인기스타 여론조사에서 김영삼은 탤런트 최진실과 농구스타 허재를 제치고 10대의 청소년들이 가장 좋아하는 '우상'으로까지 선정되었다. 또 93년 5월 제일생명이 국민학생을 대상으로 한 조사에서는 '가장 존경하는 인물'로 부모 다음에 2위를 차지하기까지 했다.

어디 그뿐인가. 김영삼을 호의적으로 풍자한 『YS는 못말려』라는 책은 출간 직후 24일 만인 5월 7일자로 30만 부 판매 부수를 기록하는 이변을 낳았다. 한 달 사이에 비슷한 유머집이 10여 종이나 출간됐다. 『YS는 대단해』, 『YS는 시원해』, 『03 아저씨는 위대해』, 『YS 시리즈 어때 놀랬지!』, 『각하는 출장중』, 『익살별곡』, 『화이팅 03!』, 『나도 야한 문민정부가 좋다』 등등. 여러 출판사들이 2탄으로도 모자라 3탄까지 준비하기 위해 전국 대학생들을 대상으로 정치풍자 콩트 현상 공모를 했던가 하면 대형 서점들은 앞 다투어 'YS 유머집' 특설 코너를 마련하기까지 했다. '김영삼 신드롬'이라고 해도 좋을 정도였다.

리영희는 『국민일보』 93년 5월 30일자 인터뷰에서 김영삼에게 '경의'까지 표했다.

---

11) 강인선, 〈김영삼 대통령의 연설문 연구〉, 『월간조선』, 1994년 12월, 154쪽.

"개혁의 주도세력들이 개혁의 객체인 셈인데 김영삼 대통령이 말하는 수준까지 개혁이 진행될 것이라고는 생각지 않아요. 그러나 해방 후 50년 동안 부패한 군부에 대해 손을 댔다는 사실만으로도 신임 대통령에게 경의를 표하고 싶어요."[12]

그리하여 93년 6월에는 'YS 티셔츠'가 등장해 백화점에서 시판되었고, 8월에는 백화점에 고객 기념촬영용 'YS 밀랍인형'까지 등장했다. 또 'YS는 못말려'류의 비디오 영화 〈YS 안녕하십니까〉도 등장했다. 8월의 'YS 열기'는 미국 버지니아주에 사는 78세의 교포 할머니가 김 대통령이 정치를 잘해 뿌듯하다며 "신문에서 대통령께서 국수 드시는 것을 보고 안타까웠습니다"라는 말과 함께 성금 100달러를 보내온 '사건'으로 절정을 이뤘다. 그리고 9월엔 급기야 8,000원짜리 'YS 저금통'까지 등장했다.

집권 초기에 김영삼에 대해 가장 감사한 마음을 가졌던 사람들은 바로 호남인이었다. 『전남일보』의 여론조사에서는 개혁을 잘한다는 의견이 93년 4월 말 76%에서 6월 초 85%까지 급상승했다. 김영삼이 '잘한다'는 비율은 『광주매일』 93년 8월 조사에서까지 78.8%에 이르렀으며, 심지어는 평소 '깜짝쇼'라고 비아냥대던 김영삼 특유의 연막전술과 저돌적인 돌파력 등 정치스타일에 대해서조차 '긍정적(69%)'이라며 환호했다.

'승리 이데올로기'의 한계

김영삼은 '개혁'의 깃발을 높이 들었고 한동안 최고 94%라는 경이적

---

12) 리영희·김시형·김기정, 〈요즘 어떠하십니까/진보적 지식인 리영희 교수: 상아탑 묻혀서도 '반골' 여전〉, 『국민일보』, 1993년 5월 30일, 14면.

김영삼은 '승리 이데올로기'에 사로잡혀 있는 인물이어서, 승리를 위해선 개혁적이 될 수도, 극우파가 될 수도 있다는 사실은 곧 드러나게 되었다.

인 지지율을 국민으로부터 얻어냈다. 그런데 이런 문제가 있었다. 누구나 자신의 정적(政敵)을 치거나 권력 강화에 도움이 될 일을 하는 데엔 개혁적일 수 있다는 것이었다. 이건 쿠데타를 일으켰던 박정희도 했던 일이었고, 이 이후로도 벌어질 일이었다. 그 일이 끝나고 나면 '개혁'은 일장춘몽(一場春夢)이었다는 것이 밝혀지곤 했다.

김영삼의 경우엔 그가 워낙 '승리 이데올로기'에 사로잡혀 있는 인물인지라, 자신의 승리에 도움이 되는 한 개혁적일 수 있었지만, 승리를 위해선 극우파가 될 수도 있다는 것이 곧 드러나게 되었다. 그래서 김영삼의 큰 치적으로 평가될 수 있는 고위 공직자 재산공개에 대해서도 훗날 "군부독재의 잔존세력과 민정당 출신 정치인들을 몰아내는 방편으로 공

직자 재산등록제를 밀어붙인 것"이라는 평가마저 나오게 되었다.[13]

김영삼이 경제에 대해 너무 모르는 것도 문제였다. 그가 경제에 대해 할 수 있는 건 그저 경제참모들에게 잘해 달라고 격려하거나 경제수석 박재윤에게 "경제를 살리지 못하면 각오하라"는 호통을 치는 게 전부였다.[14]

정주영에 대한 보복심으로 정주영과 현대그룹을 구분하지 못한 채 현대그룹에 대해 향후 2년간 금융 제재를 가한 것도 문제였다. 그 덕분에 현대는 훗날 IMF 사태에 타격을 덜 받았다는 말까지 나올 정도였다. 현대는 92년 정주영이 정계에 진출할 때 이미 IMF시대에 들어갔었다는 논리였다.[15]

당연히 박철언도 보복의 칼을 피해 갈 순 없었다. 93년 3월 말 김영삼은 청와대 사정1비서관 이충범을 불러 "이 비서관, 박철언 씨의 범법사실을 한번 찾아보세요"라는 지시를 내렸다. 박철언은 4월 중순부터 시작된 슬롯머신 비리사건 수사에 연루돼 결국 5월 21일 교도소에 갇히게 되었다.[16]

13) 〈공직자 재산공개, 잘못된 길로 가고 있다(사설)〉, 『중앙일보』, 2006년 3월 3일, 30면.
14) 『길』, 1993년 8월.
15) 동아일보 특별취재팀, 『잃어버린 5년-칼국수에서 IMF까지: YS 문민정부 1,800일 비화 1』(동아일보사, 1999), 323쪽.
16) 동아일보 특별취재팀, 위의 책, 100쪽. 1994년 6월 28일 대법원은 슬롯머신업계 비리사건에 연루돼 구속된 박철언에게 징역 1년 6월에 추징금 6억 원을 선고한 원심을 확정했다. 박철언은 94년 9월 16일 형기만료 두 달을 남기고 가석방됐으며, 1년 뒤인 95년 8월에는 특별사면으로 복권돼 96년 4·11 총선에 출마해 당선되었다.

김영삼의 청교도적 생활

언론 보도를 통해 알려진 김영삼의 청교도적 생활도 그의 인기를 높이는 데에 기여했다. 김영삼은 청와대에서 그야말로 미친 듯이 일했다. 그는 역대 대통령 중 가장 집무시간이 긴 대통령이었다. 새벽 5시면 어김없이 기상, 4km를 조깅하고 7시 30분이면 누군가와 만나 아침식사를 함께 들며 국정을 얘기했다.

김영삼은 일만 열심히 한 게 아니었다. 그는 시간을 매우 잘 지키며, 담배는 끊은 지 오래고 술도 거의 하지 않았다. 게다가 그는 한국에서 둘째가라면 서러워 할 효자였다. 그는 지난 수십 년간 "매일 아침 7시 5분 전에 아버님께 전화를 드려 날씨와 건강 얘기를 나누는" 효를 실천해 왔다.

김영삼은 심지어 "우리나라의 모든 문제를 해결하는 근본은 효"라고까지 주장했다. 그래서 이제 공무원들은 효도 사상을 높이기 위해 부모와 장인 장모, 시부모의 생일에 하루씩 효친 휴가를 받게 되었다. 그가 성균관이 윤리도덕을 바로 세운다는 목적 아래 제정한 제1회 '오늘의 제가상' 효도 부문 특별상을 수상한 건 당연한 일이었다. 제가상 운영위원회 측은 "김 대통령이 국사로 바쁜 가운데도 매일 부모님께 안부전화를 하는 등 효도실천의 모범을 보여 효도 부문 특별상의 첫 수상자로 결정됐다"고 밝혔다.

김영삼의 청교도적 생활은 예찬받아 마땅한 일이었지만, 문제는 그가 자신의 청교도적 생활에 지나치게 많은 의미를 부여하고 있다는 점이었다. 요컨대, 그의 청교도적 생활은 그의 오만과 독선을 낳는 모태가 되었던 것이다. 김영삼의 청교도적 생활은 그의 개혁 정치를 이해하는 데에도 매우 중요한 의미를 갖는 것이었다. 그의 개혁의지는 이념적이거나 정치적인 철학에서 비롯되었다기보다는 그의 청교도적 생활에 근거한 것이었다. 종교적인 색깔이 두드러졌다. 김영삼은 자신을 악의 무리와 싸우는 투사로 간주했으며, 이는 거의 신앙의 경지였다. 평소 김영삼이 가장 열심히 외는 성경구절도 구약성서의 이사야서 41장 10절과 11절이었다.

"두려워 말라. 내가 너와 함께 함이니라. 놀라지 말라. 나는 네 하나님이 됨이니라. 내가 너를 굳세게 하리라. 참으로 너를 도와주리라. 참으로 나의 의로운 손으로 너를 붙들리라. 보라. 네게 노하던 자들이 수치와 욕을 당할 것이요, 너와 다투는 자들이 아무것도 아닌 것 같이 될 것이며 멸망할 것이다."

그래서 그의 개혁 정치는 때로 매우 강력한 힘을 발휘할 수 있었지만 일관성과 체계성이 떨어졌다. 김영삼은 청와대 출입기자들에게 "나는 대통령이 되겠다는 집념이 강했기 때문에 대통령에 대해 모두 알고 있다고

한미 정상회담차 제주도를 방문했을 때 수행원들과 새벽 조깅을 즐기는 김영삼의 모습.

생각했으나 막상 대통령을 해 보니 5분의 1밖에 알고 있지 못했다는 것을 알게 됐다"고 고백한 바 있다. 그는 대통령도 순수한 열정 하나만 있으면 할 수 있는 것 아니냐는 생각을 했던 건지도 모른다. 그런데 그게 아니라는 생각이 들자 김영삼은 고독에 몸부림치게 되었다.

김영삼은 "대통령의 결단이 잘못되면 나라가 어떻게 될지 모른다. 대통령이란 외롭고 고독한 자리다"고 말했으며, 이런 발언은 여러 차례 나왔다. 그는 93년 5월 14일엔 "대통령직은 무거운 책임과 냉정한 결단이 요구되는 매우 고독한 자리이다"고 했고, 93년 11월 4일엔 "대통령이라고 하는 일이 한마디로 고뇌에 찬 일이다. 정의를 위해서, 국민을 위해서 옳은 일이라고 하면 결단을 내려야 하기 때문에 늘 고뇌의 연속이다"고 했다.

『조선일보』 정치부 기자 심양섭이 『월간조선』 93년 7월호에 쓴 기사는 김영삼이 자신이 신뢰하는 몇 안 되는 의원 중 한 사람인 강삼재에게 심야에 전화를 걸어 다음과 같은 자기 독백을 했다는 얘기를 전했다.

"삼재야, 내가 잘하고 있제."

"물론입니다. 잘하고 계십니다. 계속 밀고 나가셔야 합니다."

"네 말이 맞데이. 나는 죽어도 할끼데이."

김영삼의 여론정치

'YS는 신문 사설 보고 정치한다'

14대 대통령 취임식을 하루 앞둔 1993년 2월 24일 느닷없이 각 부처에 "오늘과 내일 이틀 동안 될 수 있으면 보도자료를 내놓지 말아달라"는 청와대 쪽의 '협조 지시'가 떨어져 일부 공보 관계자들이 업무에 혼선을 빚었다. "이 시점에 내용 있는 기사가 언론에 보도될 경우 새 대통령 취임 기사가 죽는다"는 이유 때문이었다. 이 지시에 따라 일부 부서는 준비했던 자료를 거둬들이거나 발표를 미루는 등 작은 소동을 빚었다. 일부 부처는 '눈치 없이' 자료를 돌렸다가 눈총을 사고는 "문민정부 출범에 걸맞지 않은 군사문화적 홍보 조정 발상"이라며 청와대 쪽을 원망하기도 했다.[17]

이 작은 사건은 김영삼 정권의 성격을 상징했다. 김영삼의 인기는 하

---

17) 『한겨레신문』, 1993년 2월 26일.

늘을 찔렀지만, 그 이면엔 어두운 그림자도 도사리고 있었다. 그건 바로 김영삼식 여론정치의 장점이자 단점이기도 했다. 신진화는 김영삼의 언론관에 대해 다음과 같이 말했다.

"'YS는 신문 사설 보고 정치한다.' 정치부 기자들 사이에서 김영삼 대통령은 '지난 40년 정치생활 동안 신문 1면 톱을 가장 많이 차지한 사람'이라 불린다. 심하게 말하면, 자신이 여론의 중심이 되지 않으면 못 참는 성격이란 얘기다. 자신의 '몸을 던져서라도' 뉴스를 만들어 낸다. …… 심지어 기자들 사이에선 '3당합당 때도 노태우 씨와 김대중 씨가 언론의 초점이 되고 자신이 밀리자 이를 못 견뎌해 합당으로 나아간 것' 이라며, 3당합당에 이르는 동인 중엔 그의 언론에 대한 천성적인 감각도 작용했다는 말이 오간다. 언론의 지면에서 밀리면 즉각 공격에 나서고 그 흐름을 정확히 읽고 대응, 항상 주인공이 된다는 것. 실제 언론계에서 그는 공공연한 호감을 받고 있는 정치인이었고 그가 대통령이 되기까지 언론이 세워온 공은 널리 알려져 있다."[18]

김영삼은 대통령 취임 이후에도 언론에서 정부의 문제점을 지적할 경우 관계 장관이나 수석 비서관들에게 직접 전화를 걸어 호통을 치면서 대책을 지시할 정도로 민감한 반응을 보였다. 『한겨레신문』 정치부 기자 강철원은 "김 대통령은 신문 및 방송 보도를 꼼꼼히 챙긴다"며 "그날의 첫 뉴스 보도인 SBS 오후 8시 뉴스를 꼭 본다. 8시 30분쯤에는 다음날의 조간신문 가판이 배달된다. 이 가판도 대충 훑어본다. 그런 다음 KBS 와 MBC의 9시 뉴스도 시청한다"고 말했다.

"그는 언론보도를 보면서 확인할 것이 있으면 장차관이나 관련 수석 비서관을 찾는다. 사실 여부를 묻고 사실이 아니면 정정보도를 요구하고 사실일 경우 시정을 요구한다. 때문에 관련 수석 비서관은 미리 조간신

18) 신진화, 〈언론사주 부정축재와 여론대통령의 밀월〉, 『길을 찾는 사람들』, 1993년 5월, 161~162쪽.

문 가판을 구해 보고 문제된 기사에 대해서는 확인을 하고 대통령의 호출을 기다린다. 그러다 보니 엉뚱하게 모든 잘못을 신문 방송으로 돌려 버리는 경향도 생겨나고 있다. 관련 부처에서 사실이 아닌 작문이라느니 소설이라고 변명한다는 것이다. 이 때문에 청와대에서는 문제될 만한 기사가 나오면 소설 또는 작문이겠지라는 말이 유행어가 되어 있다. 김 대통령은 작문 또는 소설이라는 얘기가 나오면 해당 언론사에 강력히 항의하고 정정보도를 하라고 짜증을 낸다고 한다."[19]

언론에 대한 지극정성

새벽 조깅을 마친 김영삼은 조간신문을 꼼꼼히 읽는데, 워낙 꼼꼼히 읽어 가끔 측근들을 당황케 만들곤 했다. "신문에 이런 기사가 났던데, 자네 생각은 어떠노?" 이런 식이었다.[20] 기자들도 예외일 수는 없었다. 이와 관련, 『세계일보』 기자 윤창중은 이렇게 말했다.

"한 달에 한 번씩 청와대 출입기자단과 간담회를 할 때 메모 한 줄도 없이 그동안 신문에 실렸던 자신에게 불리한 기사에 대해 조목조목 반박을 한다. …… 그런 김 대통령에게 느낄 수 있는 것은 놀라운 기억력을 갖고 있다는 것과 신문에 대한 대단한 관심을 갖고 있다는 것이다."[21]

김영삼은 1993년 4월 1일 공보처 업무보고를 받는 자리에서 "신한국 창조는 언론의 협조를 얻느냐 못 얻느냐에 성패가 달려 있다"고 말했다.[22] 그는 3월과 4월에만도 각 언론사 편집국장, 주필, 경제부장, 시사만화가, 여기자 대표들을 만났으며, 공보처장관 오인환도 3~4월에 사

---

19) 강철완, 〈청와대 비서실〉, 『말』, 1993년 6월, 24~29쪽.
20) 『월간중앙』, 1993년 6월.
21) 『월간조선』, 1994년 2월.
22) 김성진, 〈현장기자—대통령의 언론관〉, 『국민일보』, 1993년 4월 3일.

회부장, 외신부장, 발행인, 경제부장, 생활환경부장, 전국부장 등과 회동을 가졌다.[23]

김영삼은 93년 4월 12일엔 역사상 처음으로 일간지 시사만화가 17명을 청와대로 초청했을 뿐만 아니라 청와대 정문까지 배웅하는 '사건'을 만들어 내기도 했다.[24] 또 그는 언론사 사주 및 간부들과의 만남에선 "1년만 봐달라"면서 "그 이후에 김영삼이가 잘못하거든 죽이든 살리든 마음대로 하라"고 말하곤 했다.[25]

대통령이 그렇게 언론에 신경을 쓰는데 민자당이 홍보를 소홀히 할 수는 없었다. 『한국일보』 93년 5월 26일자는 "민자당은 오는 6월 4일 김영삼 대통령의 취임 100일을 맞아 특별 홍보자료의 '물량공세'를 펼 계획이어서 최근의 절약·긴축방침이 무색하다는 지적"이 나오고 있으며 "특히 홍보물 중에는 차량 스티커도 들어 있어 '너무 요란스럽다'는 내부 비판까지 대두"되었다고 보도했다.

"당사무처가 마련한 '대통령 취임 1백일 기념홍보계획'에 의하면 민자당은 6월 4일을 전후해 '신한국 창조의 길', '변화와 개혁(영문책자)', '여성정책 여론조사', '대통령 취임 1백일 치적 보도자료', '민자당보 특집판', '뉴스배경 자료' 등의 홍보물을 제작할 방침. 이 중 '변화와 개혁'은 주한외국공관·외신기자 등에게 1,000부가 배포될 예정이며 당보 특집판은 25일자로 50만 부가 발간. 민자당은 특히 신한국 창조의 동참을 유도하는 내용의 차량부착용 홍보스티커 5만 5,000매를 제작, 이달 말까지 모든 지구당 조직을 통해 배포키로 결정."

23) 박근애, 〈김 대통령·오 공보처 언론인 연쇄접촉 분주〉, 『한겨레신문』, 1993년 4월 28일.
24) 『시사저널』, 1993년 4월 29일, 32면.
25) 김진, 〈취재일기—김 대통령의 매력적인 언론관〉, 『중앙일보』, 1993년 4월 2일; 이재학, 〈새 정부 언론관 '미묘한 균형'〉, 『중앙일보』, 1993년 4월 6일.

언론의 자기검열

청와대 출입기자들은 자신의 역할에 대해 자조적인 푸념을 했다. 지난 정권하에서는 청와대 출입기자들이 비보도를 전제로 상당한 정보를 취득할 수 있었지만, 지금은 비보도는 줄어들었을망정 정보 가치가 있는 정보를 확보하기가 어려워졌다는 것이다. 청와대 출입기자들은 이렇게 말했다.

"어떤 때는 기자가 아니라 김영삼 정부의 홍보 전위대, 더 심한 표현인 '종김(從金) 위안부'라는 말을 실감할 때가 많다. 그렇게 많은 양의 기사를 써댔음에도 청와대 측에서는 여전히 언론에 대한 불만의 소리가 나오고 있다. 지난 6월 말 미국 남일리노이대학의 김상기 교수가 편집인 협회 세미나에서 발표한 글을 읽고 큰 충격을 받았다. 김 교수는 '언론이 대통령에 대해 교태와 미태를 부리고 있다'라며 최근의 언론 상황에 대해 지적하였다. 과연 김 교수의 지적대로 지금과 같은 언론과 대통령과의 밀월관계가 김영삼 정부를 위해 도움이 되는지 회의가 들기 시작했다."

"이미 청와대 출입기자들은 기사의 질 경쟁은 사실상 포기한 셈이나 마찬가지다. 기껏해야 기사 속에 팩트(사실)를 남보다 하나, 둘 더 집어넣었느냐 하는 정도다. 솔직히 정부 정책을 비판하는 기사보다는 내 기사가 얼마나 청와대 당국자의 마음에 들게 썼나를 의식하게 된다."

"비서실의 문제점을 지적하는 기사를 쓰고 싶지만 자제를 하고 있다. 방법론의 문제점을 지적해도 자칫 청와대 측에서 이상한 반응이 나올까 걱정되기도 하고 회사에서도 괜한 긴장관계를 만들지 말라고 주문을 해오고 있다. 사정이 이렇다보니 비판적인 기사를 아예 쓸 생각을 못하고 있다."[26]

---

26) 조성관, 〈청와대 출입기자들이 평가한 김영삼의 국가경영능력〉, 『월간조선』, 1993년 9월, 145~146쪽에서 재인용.

언론의 아첨

1993년 11월 말, 김영삼이 아시아 · 태평양 경제협의회(APEC) 지도자 회의를 끝내고 귀국한 직후 언론은 연일 '문민정부'의 정상외교 성과에 대해 극찬을 늘어놓았다. 아니, 회담 기간 내내 그랬다. 언론은 '에이팩' 관련 보도에서 김 대통령의 국제적 리더십에 대해 보기 민망할 정도의 극찬을 늘어놓았으며, 한국이 태평양시대를 주도할 중심 국가라고 떠들어대기에 바빴다.

언론은 김영삼의 '해리만 민주주의상' 수상을 보도하면서 "수상 연설 25분에 박수 12차례"니 "단식 등 '민주화 투쟁' 연설에 숙연"이니 하는 기사 제목을 내걸었다. 신문들은 '에이팩' 지도자회의에서 김영삼이 의장인 미국 대통령 빌 클린턴의 바로 옆에 앉았다는 것을 강조했으며, 줄곧 회의를 주도했다고 주장했다. 미국 언론은 김영삼을 클린턴이 벌인 '원맨쇼'의 '들러리' 정도로 여기는 보도로 일관했지만, 한국 신문들은 내내 "김 대통령 역할 시종 돋보여", "'일하는 대통령' 세계에 강한 인상", "김 대통령 총평으로 회담 마무리", "'YS 지도력' 국내외에 각인", "14개국 원수 가운데 돋보이는 지도자, 가장 주목받는 지도자" 등과 같은 기사 제목을 달기에 바빴다. 이에 화답하듯, 김영삼은 8박 9일의 여정을 마친 뒤 11월 25일 귀국 인사에서 "우리나라는 이제 아시아 · 태평양시대를 이끌어 가는 중심국가로 떠오르고 있다"고 선언하였다.

그러나 보수적인 인사들조차 김영삼과 언론의 그런 허장성세에 전혀 동의하지 않았다. 신문들도 자기들의 찬양이 해도 너무했다 싶었던지 외부 칼럼 필자를 동원해 반성하는 시늉을 냈다. 예컨대, 미국 남일리노이대 교수 김상기는 『동아일보』 93년 11월 30일자에 기고한 칼럼 〈밖에서 본 김 대통령 방미〉에서 미국 언론은, 한국 언론이 김영삼이 APEC 지도자 회의를 사실상 주도했다는 보도와는 정반대로 APEC을 주무른 얘기

APEC 정상회담에 참석한 중·한·미 정상들의 모습.

　는 단 한 줄도 쓰지 않은 대신에 중국의 강택민과 일본의 호소카와만을 크게 보도했다고 지적하면서 다음과 같이 말했다.

　"그나마 김 대통령이 클린턴의 대접을 받고 기사거리를 제공할 수 있었던 것은 냉전의 유일한 잔재인 북한의 핵 때문인지도 모른다. 결국 우르과이라운드 타결에 말썽을 피우는 프랑스를 비롯한 유럽공동체의 팔을 비틀려는 클린턴의 고단수 전략에 김 대통령이 들러리 노릇을 했다는 것이 태평양 건너편에서 보는 나의 시각이다."

　일간지를 통해 원 없이 낯뜨거운 아첨을 늘어놓고 사람들이 많이 보지 않는 시사월간지를 통해 그 문제점을 분석하는 건 우리나라 언론이 써먹는 고전적인 수법이었다. 그래서 시사월간지에는 APEC 보도의 문제점이 제법 실렸다. 예컨대, 『월간조선』 94년 1월호는 다음과 같이 말했다.

　"청와대 출입기자들에 따르면 외교안보수석실에서는 APEC 지도자회의와 한미 정상회담의 의미와 배경을 수차례 브리핑하면서 이 같은 시각을 한번도 설명하지 않았다고 한다. 40대 출입기자 ㅊ씨는 '솔직히 APEC이 그런 틀 속에서 움직여가는 줄 몰랐다' 고 털어놓았다. 출입기자들조차 이런 형편이었으니 언론이 김 대통령을 찬사 일변도로 보도한 것은 당연했다. 이는 오히려 김 대통령에게 엄청난 부담으로 되돌아올 수밖에 없었다. 김 대통령 자신도 APEC에서 자신의 역할이 어떤 것이 었는지를 쌀 개방을 공식 선언하면서야 비로소 알게 되었을 것이다."[27]

'언론의 생존 전략'?

『월간조선』 1994년 1월호는 "청와대 출입기자들은 지난 10개월 동안 지켜본 비서실의 일 처리 모습을 '동네 축구'에 비유하곤 한다"며 "수비·공격수 할 것 없이 자기 포지션을 지키지 않고 오로지 축구공이 가는 방향으로만 우르르 몰려다니는 동네 축구와 다를 바가 없다는 것이다"고 했다.

"김영삼 대통령이 관심을 갖는 분야에만, 전문 분야에 관계없이 관심을 갖고 김 대통령 뒤만 따라다닌다는 것을 두고 하는 말이며 뒤편에서 자기 할 일을 묵묵히 하는 사람이 적다는 것을 뜻하기도 한다. 1993년 10월, 서해훼리호 침몰사고 때 비서실은 며칠 동안 사망자 보고 때문에 다른 업무가 거의 마비 상태에 이르렀다고 한다. 매일 사체를 몇 구 더 건졌다는 보고가 다른 결재 서류를 뒤로 밀리게 한 것이다."[28]

지도자가 필요 이상으로 여론에 집착하다 보면, 여론의 피상성과 변덕에 휘둘리는 결과를 낳게 된다. 그런 문제와 관련, 비서실 사정에 밝은 한 청와대 출입기자는 "아무리 언론이 서해훼리호 사건을 연일 대대적으로 보도한다고 해도 국정 운영의 배분이 언론과 같아서는 안 된다고 봅니다. 어떻게 언론이 판단하는 사건의 중요성이 국가 운영상의 중요성과 동일할

27) 조성관, 〈심층취재/김영삼 대통령 비서실의 국제경쟁력: 국제화의 격랑을 헤쳐나갈 전문능력을 가졌는가?〉, 『월간조선』, 1994년 1월, 146쪽.
28) 조성관, 위의 글, 128쪽.

수 있겠습니까. 비서실은 이렇게 기능해서는 곤란합니다"라고 말했다.[29]

그렇게 될 경우 모든 정책은 그것이 얼마나 가시적이며 생색을 내는 데에 유리한가 하는 기준에 따라 입안되고 실천될 수밖에 없었다. 비리 척결도 생색이 나지 않는 구조 개혁보다는 우선 당장 국민의 박수를 받을 일에만 쏠리게 되어 있었다.

93년 9월 『한겨레신문』 논설위원 김종철은 언론의 대통령에 대한 아첨을 경고했다. 그는 "이제는 군사독재 때의 '권력-언론 유착'을 넘어 '밀월'의 시대로 들어간 듯하다. 걱정은 여기서 생긴다. '대통령이 잘한다'는 소리만 들리고 '이런 잘못은 이렇게 고쳐야 한다'는 비판과 충고가 아예 없거나 외면당할 때 '문민독재'가 고개를 들게 든다. '민주'의 이름을 빌린 문민독재는 노골적인 군사독재보다 위험할 수도 있다"고 말했다.[30]

훗날 성균관대 교수 장을병은 한때 김영삼이 누렸던 97% 지지라는 기적이 어떻게 가능했는가에 대한 의문을 제기하면서 "97%에 대한 의문이 풀릴 실마리는 쉽게 찾을 수 있다. 바로 언론이었다"고 주장했다.

"정치인과 관리들 다음으로 사정 대상이던 언론의 생존 전략이었던 것이다. 실상 우리네 언론은 군사 독재 아래서 철저히 공범자 구실을 해왔다. 심지어 유신체제 아래서 주어진 소임을 다하지 못한 '부작위의 죄'를 지었다면, 80년대에는 권력을 부추겨 적극적으로 악을 창조한 '작위의 죄'를 지었다고 비판을 받기도 했다. 문민정부시대에 들어서 이러한 과거를 청산하려는 마당에 언론이 사정 대상이 되어야 했음은 두말할 나위도 없다. 그러나 정권의 속성을 잘 이해하고 있던 언론은 문민정부에 대한 압도적 지지를 밝힘으로써 충실한 동반자임을 확인시키고 사정의 대상에서 벗어날 수 있었다."[31]

---

29) 조성관, 〈심층취재/김영삼 대통령 비서실의 국제경쟁력: 국제화의 격랑을 헤쳐나갈 전문능력을 가졌는가?〉, 『월간조선』, 1994년 1월, 128~129쪽.
30) 김종철, 『아픈 다리 서로 기대며: 김종철 사회문화 에세이』(창작과비평사, 1995).
31) 장을병, 〈YS정권은 귀머거리〉, 『시사저널』, 1995년 4월 13일, 18~20면.

금융실명제와 '깜짝쇼'

금융실명제 실시

1993년 8월 12일 금융실명제가 전격 실시되었다. 김영삼은 12일 하오 7시 48분 '금융실명거래 및 비밀보장에 관한 대통령 긴급 재정경제 명령'을 발표하면서 "이 시간 후 모든 금융거래는 실명으로 이루어진다"고 선언했다. 김영삼은 "금융실명제가 실시되지 않고는 이 땅의 부정부패를 원천적으로 봉쇄할 수 없고 분배정의와 사회의 도덕성을 확립할 수 없다"며 "금융실명제는 신한국 건설을 위해 어느 것보다 중요한 개혁 중의 개혁이며 개혁의 중추이자 핵심"이라고 말했다.

김영삼은 이어 "법개정으로 금융실명제를 추진할 경우 예상되는 부작용이 너무나 커 대통령 긴급명령으로 국회에서의 법개정 절차를 대신할 수밖에 없었다"면서 "금융소득에 대한 종합소득과세는 국세청의 전산망이 완성되는 대로 실시하겠으며 주식양도 차익에 대한 과세는 주식시장 여건을 감안하여 임기 중 실시하지 않을 것"이라고 밝혔다.

1993년 8월 12일 금융실명제가 전격적으로 실시되었다.

금융실명제의 전격 실시로 앞으로 개인이든 법인(기업 등)이든 모든 금융기관과의 거래시 실명(실지 명의)이 아니면 거래를 할 수 없게 됐다. 가명거래 자체가 전면 금지된 것이다. 12일 하오 8시 이후 금융기관에 가서 거래를 하려면 누구나 금융기관 창구에서 주민등록증을 제시, '실명' 확인을 받아야 했다.

일체의 가명계좌는 실명확인이 되지 않는 한 인출할 수 없으며, 지금까지 가명계좌를 갖고 있던 사람들은 앞으로 2개월 내(10월 12일까지)에 실명확인을 거쳐 가명계좌에 들어있는 돈을 실명으로 전환해야 했다. 무기명 장기채권도 신고해야 했다. 이때 30세 이상의 성인은 5,000만 원까지 자금출처 조사를 면제해 주고, 자금출처 조사면제 한도는 20세 이상~30세 미만이 3,000만 원 이하, 20세 미만의 미성년자는 1,500만 원이었다.[32]

국민의 절대 다수는 금융실명제에 박수를 보냈지만, 일부 보수 언론은 실명제를 걸고 넘어졌다. 김영삼이 금융실명제 단행 직후 "가진 사람들을 고통스럽게 만들겠다"고 말한 것에 대한 경계심도 작용했다.[33]

---

32) 『한국일보』, 1993년 8월 13일, 1~3면.

33) 동아일보 특별취재팀, 『잃어버린 5년-칼국수에서 IMF까지: YS 문민정부 1,800일 비화 1』(동아일보사, 1999), 94쪽.

『국민일보』 정치부장 백화종은 93년 9월 7일자 칼럼에서 "기자는 지난 8월 12일 금융실명제가 국민적 합의사항인 줄 이해했다"며 "그러나 그로부터 한 달도 채 지나지 않은 지금은 실명제가 국민적 반대사항이 아닌가 하는 느낌을 갖고 있다"고 했다.

"누워서 침뱉기이지만 실명제가 전격발표된 직후만 해도 단군 이래의 영단이나 보는 것처럼 흥분하던 언론들이 이제 와선 실명제가 우리 경제를 망치는 결정적 실책인 양 몰아붙이고 있어 하는 말이다. 비판이나 그에 따른 보완책 제시 차원을 넘어 숫제 비아냥거림까지 등장하고 있다."

『조선일보』의 '실명제 때리기'

신문들 가운데 실명제의 부작용을 가장 일관되게 그리고 가장 집요하게 강조한 신문은 『조선일보』였다. 『조선일보』는 비교적 객관적이어야 할 기사에서도 실명제를 전복시키고자 하는 의지를 공공연히 드러냈다. 〈'실명제 불경기' 장기화 조짐〉이라는 8월 17일자 1면 머리기사 제목과 같은 것은 논란의 여지가 있다고 치더라도, "경제를 아는 사람들끼리 만나 급진 개혁파 쪽의 개혁우선론에 대응하는 의견을 조절할 것(9월 2일자)"이라는 따위의 표현은 지나쳤다.

『조선일보』 1993년 8월 17일자 '기자수첩'은 '실명제 공포증'이라는 제목을 내걸고 "재무부의 실무자들조차 '실명제가 경제안정을 중시하기보다 과거의 죄를 묻는 데 너무 치중하는 것 같다'고 인정했다"는 말로 끝을 맺었다.

『조선일보』 8월 18일자 '홍사중 칼럼'은 '실명제의 날벼락'이라는 표현으로 글을 시작하면서 정부는 "사람들을 때로는 기득권자로 몰며 겁주고 때로는 반개혁파라며 혼내주고 입을 틀어막으려 하기만 했다"며 야당이 해야 할 일은 "정부가 자주 편승하고 있는 '국민정서'의 허상을 바로 잡는 일이다"고 주장했다.

『조선일보』 8월 22일자 '김대중 칼럼' 은 "새 정권은 재산공개로 정치인들을 '부도덕한 집단' 으로 전락시키고 말았다. …… 관료 역시 재산공개와 사정으로 얻어맞고 '고통분담' 으로 실질적인 손해를 입고 있는 데다 관리로서의 인센티브마저 잃어가고 있다. …… 기업인은 이번 실명제로 지리멸렬 상태이다. …… 특히 중소기업인들은 실명제라는 '핵폭탄'을 맞고 어떤 배신감마저 느낀다고 할 정도이다"고 말했다. 이 칼럼은 더 나아가 실명제로 인한 "불안감은 아무 죄도 없는 중산층을 엄습하고 있다"고 주장했다.

〈중산층까지 불안치 않게〉라는 제목의 『조선일보』 8월 19일자 사설은 '불안' 이라는 단어를 8번 사용했으며, 〈믿지 않는 것이 문제다〉라는 제목의 9월 1일자 사설은 '불안' 이라는 단어를 12번 사용했다. 그것도 '불안' 이라는 단어 앞에 '국민' 이라는 단어를 썼다. '불안' 이라는 단어가 12번 사용된 것 가운데 '국민의 불안' 이라는 표현이 10번이나 되었다.

『조선일보』 8월 24일자는 실명제에 대한 여론조사 결과를 보도했는데, 〈실명제 '문제많다' 42% '없다' 41.9%〉라는 제목을 내걸었다. 그런데 아무래도 이상했다. 설문을 살펴보자. "금융실명제의 실시에 따른 문제점이 많다고 생각하십니까. 아니면 별 문제가 없다고 생각하십니까." 이 설문에 문제가 있었다. '문제많다' 라고 답한 사람들 가운데엔 실명제를 원하고 찬성하는 사람도 포함될 수 있게끔 설문이 만들어진 것이다. 여기서 '문제' 는 '해결해야 할 문제' 로 인식될 수 있기 때문이었다.

『조선일보』 9월 5일자 '김대중 칼럼' 은 다시 실명제를 비판하면서 "깊은 병을 고치는 데는 시간이 걸리는 법이다. 5년 안에 어떤 기본이 정립되기만 해도 그것은 훌륭한 성과다. 오래된 병을 고치는 데는 과정이 필요한 법이다. 그것은 마치 잠수함에서 바닷속으로 나가기 위해서는 수압에 적응하는 중간 탱크를 거쳐야 하는 이치와 같다"고 주장했다.

'결단의 정치' 의 부작용인가?

김영삼은 1993년 8월 24일 금융실명제 실시 2주 후 매월 갖는 청와대 출입 기자간담회에서 "신문들이 사설·칼럼에서 실명제를 안 하면 개혁이 아니다, 실명제가 개혁의 전부다고 써 대더니 정작 (실명제를 실시)하니까 잘했다고 찬양하기는커녕 부작용만 부각시키는 데 놀랐습니다"라고 불만을 토로했다.

"그리고 대통령이 깜짝쇼를 한다고들 쓰는데 대통령이 어떻게 깜짝쇼를 합니까. 대통령 중심제는 합의제가 아닙니다. 대통령이 결단하고 때로는 (청와대) 비서실장·수석·내각·당에 지시할 것은 지시하지만, (대통령 혼자만의) 고뇌와 외로움과 고통이 있습니다. 사심 없이 대통령으로서의 책임과 임무 수행을 다 하는데 어떻게 깜짝쇼를 한다고 쓸 수 있습니까."

언론이 금융실명제를 대구 동·을구 보궐선거의 참패에 따른 국면을 전환시키기 위한 정치 논리에 따라 전격 실시했다는 의혹을 제기한 것에 대한 반박이었다. 깜짝쇼의 비극이 바로 여기에 있었다. 김영삼이 평소 워낙 깜짝쇼를 많이 해댄 탓에 이젠 무엇을 하건 놀랍기만 하면 깜짝쇼라고 보는 관성을 만들어 놓은 셈이었다.

『중앙경제신문』 정경부 기자 고도원은 『월간중앙』 94년 1월호에 쓴 글에서 위에 인용한 김영삼의 불만을 전하면서 "그러나 역설적이게도 김대통령은 이날 저녁도 또다시 '깜짝쇼'를 감행했다"고 말했다.

"'호남고속철도' 건설계획 발표가 그것이다. 그것도 "될 수 있는 대로 빨리 하겠다"고 했다. 오랜 검토의 흔적이 발견되지 않는 명백한 즉흥 정책의 하나였던 것이다. 당사자인 김 대통령의 강한 불쾌감이 없더라도 언론의 '깜짝쇼'는 경박한 표현이다. 그러나 미안하게도 김영삼 정치의 상징성을 이보다 잘 요약한 말은 없다. 깜짝쇼에 함유된 이른바 의표를

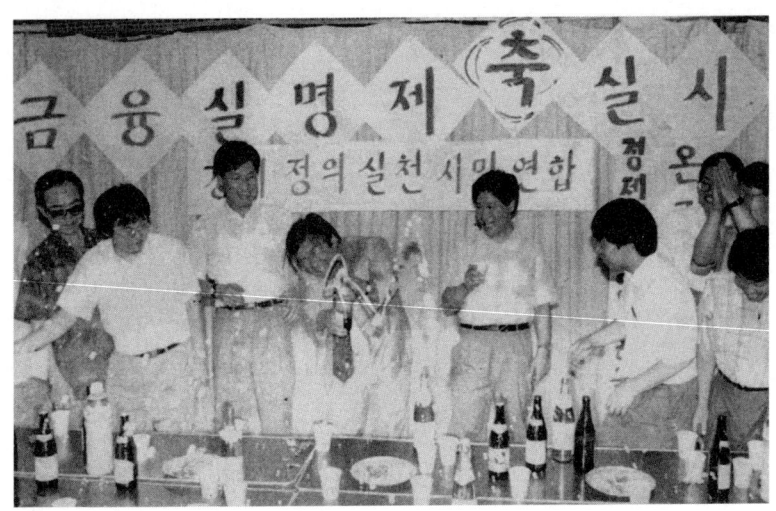

그동안 금융실명제 실시를 주장해 왔던 경실련이 정부의 금융실명제 실시 발표를 축하하고 있다.

"멀쩡한 남산 외인아파트를 단 3초 만에 때려부수는 볼거리를 위해 1,800억 원을 쏟아 붓는 정부가 김영삼 정권이다. 나 같으면 이 돈을 호남지역 가뭄 해소를 위해 저수지를 서둘러 완공하는 데 썼을 것이다. 이런 일이 한두 가지가 아니었다"고 비판했다.

『월간조선』 93년 9월호는 "청와대 출입기자들은 김 대통령의 언행에서 치기(稚氣) 같은 것이 느껴진다고 말하기도 한다"며 "'기자실 반응이 어때?' 라고 묻는 것과 같이 대통령이 '얕은 맛'을 즐기는 것처럼 비친다는 것이다"고 말했다.

"김 대통령의 말을 분석해 보면 '처음', '획기적', '역사적' 등의 표현이 자주 등장하는 것을 볼 수가 있는데 이것이 지나쳐 '치기'로 보인다는 말이었다. …… 김 대통령을 비롯한 핵심 참모들의 치기는 정책 선택의 기준에서도 종종 드러난다고 말한다. 김 대통령의 어떤 사안이나 정책을 선택하느냐 마느냐의 가장 중요한 기준은 역대 정권들이 그것을 시도했느냐 하지 않았느냐라는 것이다. 현 시점에서 검토해 볼 만한 정책도 역대 정권에서 실패한 선례가 있는 경우이면 덮어두게 된다는 얘기였다. 반대로 역대 정권이 하지 않은 일은 최우선적으로 채택되고 있다."[34]

그런데 문제는 김영삼은 자신의 정치 행태를 '깜짝쇼'로 보는 것에 동의하지 않거니와 그걸 매우 억울하게 생각하고 있다는 점이었다. 그건 김영삼 특유의 '결단의 정치'와 무관치 않았을 것이다. 그저 물 흐르듯 이성과 논리에 따라 정치를 하면 굳이 결단을 할 일도 없겠건만, 김영삼은 '결단'을 남용하는 경향이 있었다.

김영삼 정부의 출범 초기, 새 정부의 대재벌 정책과 사정 바람의 향방에 온갖 신경을 곤두세우고 있던 재계에서는 전두환을 축구공, 노태우를 럭비공, 김영삼을 골프공에 비유한 적이 있었다. 전두환의 스타일은 축구공과 같아서 일단 볼을 차면 나가는 방향이 분명하다는 것이다. 이에 비해 노태우의 스타일은 공이 떨어진 후 어디로 튈지 모른다는 것. 처음엔 시원하게 나가다가도 나중에는 종잡기 힘들다는 것. 김영삼은 사정 바람의 향방이 어느 기업을 겨냥해서 불어닥칠지 모르고 일단 맞으면 치명타가 된다는 것이었다.

이 비유를 그대로 믿을 순 없겠지만, 김영삼의 '공'이 예측불허라는 건 분명했다. 예측불허의 좋은 결정으로 국민들을 깜짝 놀라게 해 주겠다는 건 좋은 일일 수도 있었지만, 문제는 그렇게 깜짝 놀라게 할 만한 일이 많지 않다는 데에 있었다. 매번 국민을 깜짝 놀라게 만들기 위해 무리를 범하다 보면 일 자체에 문제가 생기는 건 물론이고 국민의 신뢰를 잃을 수밖에 없었다.

---

34) 조성관, 〈청와대 출입기자들이 평가한 김영삼의 국가경영능력〉, 『월간조선』, 1993년 9월, 147~148쪽.

대학입시 전쟁

한국의 대학입시 경쟁을 가리켜 흔히 '전쟁'이라고 부르는 건 수사적 표현 이상의 것이었다. 1989년에 상영된 영화 〈행복은 성적순이 아니잖아요〉에서 여고생은 성적의 중압감에서 벗어나지 못하고 결국 자살을 택하는데, 이는 결코 영화 속의 풍경만은 아니었다. 90년 2월 정신과 전문의 김종주는 다음과 같이 말했다.

"온통 입시에 관한 이야기뿐인 것 같습니다. 고3, 중3을 둔 어른들만의 얘기가 아닙니다. 가깝고 먼 친척들도 한몫을 거들고 있습니다. 고교생을 둔 부모는 물론이요, 중학생뿐만 아니라 장차의 입시전쟁에 참전할 국민학교 학생과 그 부모들, 유치원의 꼬마들까지도 전투력 배양에 여념이 없습니다."[35]

---

35) 『중앙일보』, 1990년 2월 10일; 조혜정, 『탈식민지 시대 지식인의 글 읽기와 삶 읽기 ③: 하노이에서 신촌까지』(또하나의문화, 1994), 86쪽에서 재인용.

이런 엄마도 있었다.

"왜 떨어졌어? 친구 사귀지 마. 공부해! 엄마 소원성취 좀 해 줘! 전교 1등 좀 해라. 서울대학교 들어간 딸 좀 가져보자. 그렇게 한가하게 음악 들을 시간이 있으면 그 시간에 공부해."[36]

그 와중에서 아이들에게도 '폭력의 내면화'가 발생해 무섭게 자신을 채찍질했다. 심지어 자살을 택한 학생은 유서에서까지 "명문 대학이 왜 그리 내 가슴을 짓눌렀는지, 왜 나는 아버님께 제 점수에 맞추어 평범한 대학에 간다고 단호히 말씀드리지 못했는지. …… 반 학우들아, 너희들 은 죽더라도 대학에 가서 죽어라"라고 말했다.[37]

91년에 상영된 〈꼴찌에서 일등까지 우리 반을 찾습니다〉라는 영화는 졸부집안의 자식을 등장시켜 물질만능주의로 흐르는 세태가 어떻게 10대 들의 인격까지 망치는지를 보여 주었다. 이와 관련, "좋은 성적을 올리는 건 70년대처럼 신분상승의 수단이라기보다는 경제적인 안정을 찾은 중 산층의 허영과 자기과시욕에서 비롯된 측면이 더 강했다"는 평가도 나왔 다.[38]

유치원의 '기부금 입학제'

그러나 그런 평가가 정확한 것은 아니었다. 그렇게 보기엔 경쟁의 양 상이 너무도 처절했다. 92년엔 '입시 군대'라는 것도 나왔다. 고교 1, 2년 생들이 여름방학 동안 군대식 입시학원에 입주해 숙식을 하면서 엄격한 규율 속에 공부를 하는 방식이었다.[39]

36) 김용숙, 『점수병학교 · 학력병사회, 이대로 좋은가?』(성원사, 1990), 22쪽.
37) 김용숙, 위의 책, 27~28쪽.
38) 이영기, 〈'우리'에 갇힌 우리의 10대〉, 『중앙일보』, 1998년 6월 12일, 36면.
39) 김의구, 〈고교재학생 '입시군대' 성업〉, 『국민일보』, 1992년 7월 29일, 19면.

좋은 성적을 올리는 것이 '허영과 자기과시욕' 이상의 것이었다는 건 한국 사회 각 분야 엘리트 집단이 세칭 일류 대학 출신자들에 의해 거의 독점돼 있다는 사실로도 입증되는 것이었다. 예컨대, 연세대 발전위원회가 경영컨설팅사인 매킨지에 의뢰해 조사한 자료에 따르면, 92년 매출액 상위 40대 기업의 임원 중 서울대 출신이 493명(41.9%)으로 가장 많았고 연세대 124명(10.7%) 고려대 120명(10.2%) 등이었다.

이런 현상에 대해 강력한 문제 제기를 해야 할 언론 분야도 일류대 출신들에 의해 장악돼 있었기 때문에 언론은 늘 입시제도의 방식과 같은 지엽적이고 미시적인 문제에만 매달리면서 학부모들에게 싸우는 방법이나 알려주기에만 바빴다.

예컨대, 1988~91년 신입기자 가운데 서울대 출신은 『조선일보』의 경우 75.8%였으며 『동아일보』는 51.2%였다. 명문 5대 대학 이외의 대학 출신자 비율은 『동아일보』의 경우 9.3%에 지나지 않았으며, 『조선일보』는 아예 전무했다.[40]

92년 국내 주요 일간지의 이사 이상 간부는 서울대가 71명 중 47명(66%), 고대 14명, 연대 10명, 한양대·외대·성대가 각각 2명씩이었다.[41] 93년 2월 현재, 14개 신문·방송사·통신사의 정치부 기자는 총 209명이었는데, 출신 학교별로 보면 서울대가 86명으로 전체의 41.1%를 차지했으며, 그 밖엔 고려대 20.5%, 연세대와 외국어대 각각 9%, 성균관대 6.2%, 서강대 2.8%, 중앙대 2.3% 등이었다.[42]

사정이 그와 같으니 자식의 출세를 바라는 부모라면 유치원 때부터 대리 전쟁에 뛰어드는 것이 당연시되었다. 93년 유치원에 '기부금 입학제'라는 것이 생겼다. 유명 유치원에 자녀를 입학시키기 위해 접수 창구

---

40) 『언론노보』, 1993년 12월 11일, 3면.
41) 『한국일보』, 1993년 11월 26일.
42) 『월간조선』, 1993년 3월.

에서 꼬박 밤을 새우는 엄마들도 적지 않을 정도로 유명 유치원의 인기가 높아진 탓이었다.

그런 전시상황에서 무슨 일인들 못할까? 1993년 2월 한국 사회를 강타한 대학입시 부정사건은 바로 그런 살벌한 전투성의 귀결이었다. 김동훈이 지적했듯이, "6공의 대학은 '부정입시'로 문을 열어 결국 부정입학 사건으로 문을 닫았다 해도 지나친 표현이 아닐 정도"였다.[43]

연고대까지 가담한 입시부정

처음 터진 건 대학입시에서의 대리시험 사건이었다. 1993년 2월 5일 교육부는 대리시험을 치른 4명의 고려대 · 연세대생의 징계와 관련, 형사처벌을 받은 재학생은 제적한다는 각 대학의 학칙을 엄격히 적용하고 고려대 합격생 ㅅ군과 연세대 합격생 ㅈ군에 대해서는 합격을 취소하라고 두 대학에 지시했다.[44]

2월 8일 전국 151개 4년제 대학의 총학장협의체인 한국대학교육협의회는 제61차 이사회를 열고 회원 대학 중 입시부정 등 중대한 비리를 저지르는 대학에 대해서는 3년간 회원 자격을 박탈하는 등 중징계하기로 결정하고, 자격을 박탈당한 대학에 대해서는 3년간 국고 지원을 중단하고 증과 증원을 허용치 않도록 교육부에 요청키로 했다.

한국대학교육협의회의 결의는 '이제 제발 그 정도에서 끝내달라'는 주문으로 들렸다. 2월 한 달 내내 아침에 눈을 뜨기가 무섭게 구르는 눈덩이처럼 커져가는 대학입시 부정의 규모로 인해 충격을 받는 사람들이 많았기 때문이다.

---

43) 김동훈, 『대학공화국: 취재기자가 발로 쓴 6공화국 대학사건 취재기』(한국대학신보, 1993), 44쪽.
44) 『동아일보』, 1993년 2월 6일, 23면.

2월 18일 교육부가 국회에 제출한 '대학입시부정 관련 대학별 조처현황(88~91년)'에 따르면 21개 대학이 지난 88년 이후 4년간 입시부정을 저질렀으며 부정입학 인원은 모두 852명인 것으로 드러났다. 또 9개 대학이 모두 169억 9,700만 원의 기부금을 받은 것으로 집계됐다. 교육부는 이와 관련해 27명의 교수·교직원을 해임 또는 파면하고 75명에 대해서는 경고·주의 등의 징계조처를 내리는 한편 53명은 사법조처했다고 밝혔다.

그러나 이 자료 외에 교육부가 17일 민주당 의원 박석무에게 따로 제출한 교육부 '학사실태조사서'에 따르면 지난 88년부터 91년까지 실태조사한 52개 대학 가운데 49개 대학에서 1,600여 명(대학원 제외)이 고의 또는 실수로 합격되거나 불합격되는 등 대부분의 대학에서 비정상적으로 입학사정이 이뤄진 것으로 드러났다.

이 조사서에 따르면 연세대의 경우 90학년도에 6명의 교수 자녀 불합격자를 지망학과를 고쳐 합격처리했으며 일반 대학원 전형에서도 아랫순위자 28명을 합격시키는 대신 윗순위자들을 그만큼 탈락시켰다. 고려대는 89학년도에 교직원 자녀 21명에게 가산점을 주어 특혜입학시킨 것으로 드러났다. 한양대도 90~91학년도 입시 때 1지망 선발비율을 어기고 130명의 성적미달자를 1지망자 가운데서 뽑았으며 관동대는 90학년도 입시 답안지 채점오류가 무려 61%(3,709명)에 이를 뿐 아니라 이 과정에서 25명의 합격이 뒤바뀐 것으로 나타났다. 중앙대의 경우 90~91학년도 입시 때 71명의 교직원 자녀들이 입학했는데 이들 가운데 일부는 답안지가 가필되거나 고쳐진 사실이 확인됐으며 외국인 학생 정원 외 입학자 가운데 28명이 정규과정을 거치지 않은 부적격자로 판명됐다.[45]

하루가 멀다 하고 입시부정을 저지른 대학의 수가 늘었으며, 또 각 언

---

45) 『한겨레신문』, 1993년 2월 19일, 1면; 『동아일보』, 1993년 2월 19일, 1면.

론사엔 새로운 제보가 잇따랐다. 광운대는 총장을 비롯해 대학 간부 8명이 구속되는 등 최악의 사태에 직면하기도 했다. 연고대까지 가담한 판에 사립대학치고 입시부정을 저지르지 않은 대학을 찾기가 더 어려울 거라고 보는 사람들이 많았지만 더 이상의 사회적 충격을 우려한 탓인지 수사는 그 선에서 슬그머니 마무리되고 말았다.

이건희 신드롬

이건희의 '프랑크푸르트 선언'

삼성그룹 회장 이건희는 1993년 3월 22일에 열린 '제2창업 5주년 기념식'에서 "먼 훗날 삼성의 역사에서 여러분과 내가 함께 이 시대를 빛낸 주인공으로 기록될 수 있기를 간절히 기대한다"는 기념사의 마지막 대목에서 감정이 북받쳐 목이 메인 모습을 보였다.[46]

이미 그때에 무언가 큰 결심을 했던 것 같다. 이건희는 93년 3월부터 로스앤젤레스-프랑크푸르트-오사카-도쿄-런던으로 이어지는 4개월에 걸친 대장정에서 1,800여 명의 임직원을 해외로 불러 놓고 500여 시간 동안 열변을 토해냈다.[47] 삼성의 '신경영' 혁명을 위해서라고 했다.

신문과 방송은 앞 다투어 이건희의 발언 내용을 크게 보도했고 사람

---

46) 신준영, 〈이건희 신드롬의 허와 실〉, 『말』, 1993년 9월, 48쪽.
47) 김성홍 · 우인호, 『이건희 개혁 10년』(김영사, 2003), 26쪽.

들은 이건희에 관한 이야기를 많이 했다. 이는 이른바 '이건희 신드롬'을 낳았다. '이건희 신드롬'은 단지 삼성그룹과 이건희가 한국 사회에서 차지하는 막강한 위상 때문에 생겨난 것만은 아니었다. 아니 그게 전제되긴 했지만 그것 못지 않게 중요한 게 그 발언의 방식과 내용의 파격성이었다.

이건희는 전혀 재벌총수답지 않은 말을 많이 했다. 그는 삼성인들을 대상으로 이야기했지만 그의 말은 모든 봉급 생활자들, 아니 이 나라 모든 국민들의 가슴에 와 닿는 내용이었다. 절실했다. 이건희가 93년 6월 13일 독일 프랑크푸르트에서 삼성그룹 유럽 주재원 간담회를 가지면서 한 일련의 발언은 언론에 의해 '프랑크푸르트 선언'으로 불려졌다. 초일류 기업이 되기 위해선 우선 의식혁명이 이뤄져야 한다고 강조하면서 "마누라 자식 빼고 다 바꾸자"는 과격한 발언을 하였으니 언론이 그렇게 부르는 것도 무리는 아니었다.

삼성의 변화를 위한 몸부림이 일반인들에게까지 가시적으로 나타난 건 근무 시간 변경이었다. 7월 7일 삼성전자 회장 강진구 주재로 열린 사장단 회의는 이건희의 지시에 따라 오전 7시 출근, 오후 4시 퇴근이라는 파격적인 근무 시간을 결정했다. 이른바 7·4제였다.

처음엔 모든 사람들이 어리둥절했다. 심지어는 사장들까지도 말이다. 한 직원은 이건희에게 다음과 같은 내용의 팩스를 보냈다고 한다. "그룹의 조기 출퇴근 방침에 따라 하오 4시에 퇴근하고 있는데 4시가 되자마자 퇴근하는 사람들의 명단을 사장이 파악하도록 하고 있다." 이건희는 곧바로 사장단 회의를 소집해 사장들을 매섭게 질책했다.[48]

---

48) 그러나 7·4제는 10여 년이 지나 7·10제로 전락했다. '20년 삼성인'인 김병윤의 애정 어린 비판에 따르자면, "7·4제를 본래의 취지에 맞지 않게 운영하면서 직원들에게 신경영의 이념을 무조건 따르라고 한다면, 누가 그것을 흔쾌히 인정하고 따르겠는가? 주 70~80시간의 근무를 강요하면서 구조조정의 칼날을 줄곧 휘두르고 있는 현실이 과연 바람직한 것인지……." 김병윤, 『삼성신화 아직 멀었다』(한림원, 2005), 40쪽.

이건희의 '메기 경영론'

이건희는 집요할 정도로 '위기의식'을 강조했다. "우리는 진다는 것을 너무 모른다. 올림픽 100m 달리기에서 1등과 2등의 차이가 0.01초밖에 안 된다. 그래도 1등과 2등은 엄연히 다르다. 그걸 인정할 줄 알아야 한다. 우리는 2류다."

이건희는 '위기의식'을 강조하기 위해 이른바 '메기 경영론'이라는 걸 내놓았다. 이건희의 아버지가 직접 들려준 경험담이다. 논에다 미꾸라지를 모아 키운 것과 메기를 넣어 키운 것을 수확할 때 비교하면 메기를 넣은 쪽 미꾸라지의 살이 통통한 반면 미꾸라지만 넣어 키운 쪽의 미꾸라지들은 신통치 않다는 것이다. 왜냐? 메기와 같이 키운 미꾸라지는 메기에게 잡혀 먹히지 않으려고 항상 긴장하고 계속 움직이며 많이 먹어대 튼튼하다는 것이다. "개인이건 조직이건 위기감 속에서 문제의식이 싹트고 적당한 긴장감은 활력을 가져다 준다"는 게 이건희의 평소 신념이었다.

'메기 경영론'은 이건희의 체험적 철학이기도 했다. 그는 "세계 최고라는 사람은 누구나 만나고 싶다"면서 일본 유학 시절에 야쿠자 두목과 친교를 맺었고, 역도산을 흠모해 레슬링을 배웠다고 고백한 바 있다. 그는 89년 오효진과 가진 인터뷰에서 다음과 같이 말했다.

"제 성격이 여러 분야에 관심이 많아 파고들고, 또 세계 일류라고 하면 특히 관심이 많습니다. 사기 전과 20범이라든지, 절도 전과 20범이라든지……. 또 어떤 사람이 대한민국 1등이라면 전 만나고 싶고 얘기하고 싶고 그렇습니다. 일본에서도 일류 야쿠자 집단의 사람들하고도 한 1년 놀아 본 경험도 있습니다."[49]

---

49) 오효진, 『인터뷰의 황제가 되는 길』(월간조선사, 2004), 217쪽.

이건희는 아버지 고 이병철 회장의 경험담을 통해 '메기 경영론'이라는 것을 내놓았다.

이건희의 몰입과 집착력은 대단했다. 시작하면 반드시 끝장을 보고야 마는 성격을 갖고 있었다.[50] 무엇이건 한번 파고들면 끝장을 보고야 마는 이건희의 극단주의 기질은 질(質)에 '올인'을 하는 것으로 나타났다.

이건희는 93년 6월 프랑크푸르트에서 "양은 0%로, 질은 100%로 해라. 이를 위해서라면 시장점유율이 줄어도 좋고 회사가 1년 동안 문을 닫아도 좋다"고 단언했다. 이 과격한 발상엔 삼성 사장단도 전혀 수긍하지 못했다. 6월 10일 프랑크푸르트 켐핀스키호텔에서 삼성 사장단 10여 명을 대표해 비서실장 이수빈은 이건희에게 간곡하게 건의했다. "회장님, 아직까지는 양을 포기할 수가 없습니다. 질과 양은 동전의 앞뒤입니다."

---

50) 박원배, 『마누라 자식 빼고 다 바꿔라: 삼성 이건희 회장의 신경영어록』(청맥, 1994), 77쪽.

이건희는 순간 흥분해 손에 들고 있던 티스푼을 테이블 위에 던지고 문을 박차고 나갔다. 그로부터 4개월 후 비서실장은 현명관으로 교체됐다.[51]

이건희의 '복합화' 구상

이건희는 자신의 '복합화' 구상도 역설했다. 그의 정의에 따르면, "빌딩을 옆으로 넓히지 말고 위로 높이자. 좁은 국토를 효율적으로 이용해야 한다. 한곳에 모든 임직원이 모여 산다면 40초 만에 모일 수 있다. 이게 바로 경쟁력이다. 물류 비용이 줄고 경영 스피드가 제고된다. 교통 체증도 없어진다. 이게 바로 복합화다."[52]

그는 "한국 병원의 문제점은 한 사람 입원에 30~40명이 오는 것이다. 안 된다. 입원환자는 전문 관리하면 된다. 입원시 며느리 · 사위 등이 꼭 가야만 한다. 밤새워야 한다. 회사 일 팽개치고 가야 한다. 한국 사회 망가진다"고 비판했다. 가슴에 와닿는 진단이었지만, 이 또한 복합화를 역설하기 위한 이유로 제시된 것이었다.

"현재 우리나라 병원은 입원실은 1개인데 외부손님용 화장실은 5개다. 사회구조가 엉망이다. 개인 이기심 때문이다. 병원 1~2만 평에 병실 · 슈퍼 · 간호학교 · 주차장 · 수영장 · 공부방 · 양로원 넣고, 초 · 중 · 고 · 유아원으로 집단 거주시킨다. 이게 복합화다. 주부들은 문화생활하고. 지금 주부들 남편 흉이나 본다. 복합화(타운)되면 제대로 하면 삼성 정신, 삼성노하우가 형성된다. 이것만 보급해도 건설 일거리가 천지에 깔려 있다. 이사급, 과장급 이상 평생 보장해도 된다. 나는 100% 자신한

---

51) 김성홍 · 우인호, 『이건희 개혁 10년』(김영사, 2003), 30~31쪽.
52) 김성홍 · 우인호, 위의 책, 91쪽.

다. 약속한다. 나는 약속을 생명보다 중시한다. 대한민국 4천만에는 자신 못하지만 삼성맨 5,000명에는 자신한다."[53]

이 같은 내용의 발언이 7월 31일 밤 MBC-TV가 방영한 특집 프로그램 〈이건희 신드롬의 충격파—출근부를 찍지 마라〉를 통해 방영되자 MBC 노조는 노보를 통해 "이 회장의 발언 중에는 재벌의 농업참여, 금융실명제 비판, 복합단지의 건설, 골프예찬 등 사회적으로 민감한 사안에 대한 재벌 특유의 독선과 아집이 가득히 깔려 있다. 농민이 농토에서 축출되면 어디로 갈 것인가. 실명제 없이 지하경제의 창칼을 무슨 방법으로 막을 것인가. 대단위 복합단지가 건설되면 사회간접자본의 투자는 누구에게 부담시킬 것인가. 삼성 임직원들에게는 모두 골프를 치게 한다지만, 골프를 즐길 여유도, 놀 곳도 없는 서민들은 무엇을 할 것인가"라고 비판했다.[54]

이건희의 '도덕 경영'

이건희는 '도덕 경영론'도 역설했다. 그는 '프랑크푸르트 선언'을 하면서 "우선 시급한 것은 인간미와 도덕성의 회복이다. 도덕성을 회복하고 인간미를 살리지 않고는 아무것도 할 수 없다는 것이 나의 신념이다"고 했다.

그는 여기저기서 인간미, 도덕성, 신뢰성, 예의범절, 그리고 에티켓까지 강조하면서 그걸 가리켜 '삼성 헌법'이라고까지 했다. 그는 혹 재벌 총수들에게 결여돼 있는, 아니 자신들도 어쩔 수 없는 구조적인 이유로 결여될 수밖에 없는 것들에 대한 그리움을 이야기한 건 아니었을까? 삼

---

53) 박원배, 『마누라 자식 빼고 다 바꿔라: 삼성 이건희 회장의 신경영어록』(청맥, 1994), 232쪽.
54) 박원배, 위의 책, 235쪽.

성그룹의 임직원이 하청 기업들에 인간미와 도덕성과 예의범절과 에티켓을 보여 준다? 그건 상상하기도 어렵거니와 그게 과연 삼성의 이윤 추구에 도움이 되는 일인지 그것도 의아스러웠다.

이건희는 부서 이기주의도 문제삼았다. 그는 벽을 허물자고 호소했다. 아니 눈물겨울 정도로 애원했다. 그래도 말을 듣지 않는 삼성인들을 향해 개탄했다. 이럴 수가 있느냐고. 급기야 그런 개탄은 다시금 인간미와 도덕성으로까지 이어졌다.

"우리가 서로 잘 협조해서 개인과 부서의 이기주의를 없애보자. 제발 이것 좀 없애보자. 이것은 우리 자력으로 얼마든지 할 수 있다. 정부가, 국민이 아무리 협조하지 않는다 하더라도 우리가 분명히 할 수 있는 것도 하지 못하고 있으니 참으로 답답한 노릇이다."

"일본 고문이 와서 10년 동안 지적을 해 주고 떠들어도 안 되니까 이제 포기했다는 소리가 나온다. 포기! 게다가 이제는 회장이 나서도 안 된다고 할 정도로 아주 체념을 했더라. 이게 인간적으로 있을 수 있는 일인가. 인간의 도덕성이 어떻게 된 거냐. 민족이 어떤 거냐. 삼성인이 이런 것이냐. 삼성이 이 짓 하려고 기업 하느냐 말이다. 이게 더 화나는 일이다."[55]

왜 그 똑똑하다는 삼성인들은 이건희의 말을 그렇게도 안 듣는 것이었을까? 답은 오래 걸리지 않아 나왔다. 그건 이건희의 파편적 현실 인식 때문이었다. 그가 말하는 용어들은 체계적인 총체성을 갖고 있는 게 아니었다. 이건희의 '가상현실'에서만 들어맞는 편의주의적인 용어들이었다. 이건희는 한국 사회의 전반적인 현실에 관하여 포맷이 제대로 되어 있지 않았다. 하드드라이브치고는 불량 섹터가 아주 많았다.[56]

---

55) 유순하, 『삼성 신화는 없다』(고려원, 1995), 66쪽.
56) 이 표현은 이재현에게서 빌려온 것이다. 이재현은 "노무현은 실질적 민주주의에 관하여 포맷이 제대로 되어 있지 않다. 하드드라이브치고는 불량 섹터가 아주 많은 것이다"라고 말했다. 이재현, 〈박육근혜론: 수구냉전 국가주의의 이단(異端)심문관〉, 『인물과 사상 32』(개마고원, 2004), 155~189쪽.

'이건희 신드롬'은 여전히 진행중이다.

"강남을 개발한 사람들은 강도보다 더 나쁜 사람이다. 강도는 한두 사람 돈만 훔쳐가면 그만이지만 이것은 1천만의 인구가 몇백억 달러에 달하는 비효율, 하루에 적어도 몇 시간을 낭비하게 하고 불편하게 한다. 만들 때 구멍가게는 한 구(區)에 몇 개, 소방서 몇 개, 병원 몇 개 같이 규격을 딱 정해 놓았으면 좋지 않았겠는가? 옆에 있는 일본이 해 놓은 것을 보고, 장점만 살리고 단점을 줄이면 되는 것인데 이런 식으로 해 놓았으니 대한민국의 제일 중요한 서울이 엉망이 되어 버린 것이다."[57]

이 주장도 백번 옳은 말이긴 했지만, 한국이라는 나라가 그렇게 여유를 갖고 계획적으로 성장해 온 나라가 아니라는 점에서 좀 허망한 이야기였다. 아름답긴 하지만 현실과 동떨어진 이런 이야기들이 삼성인들의 머리와 가슴을 파고들긴 어려웠을 것이다.

---

57) 정현우 엮음, 『이건희 신사고 신경영』(자유시대사, 1993), 215쪽.

이건희의 인간성 개조론

한국의 자본주의는 돈 놓고 돈 먹는 세상이었다. 삼성에 다니는 보람이 무언가? 이건희의 주문은 그 보람까지 포기하라는 것 아닌가? 삼성보다 힘이 약한 거래처 사람들에게 군림하는 재미까지 포기한다? 심지어 접대도 받지 말라는 말인가? 그리고 오직 인간미와 도덕성이 철철 흘러넘치는 사람으로 변한다? 그건 종교인으로 변하라는 소리가 아니고 무엇인가? 아니 실제로 이건희는 종교인의 자세를 배울 것을 요구했다.

"요새 과학으로는 밥 안 먹고도 살게 되어 있다. 난 밥을 안 먹고, 생선 몇 조각 하고 야채만 하루 종일 집어먹고 있다. 금욕 · 권력욕 · 식욕, 이 세 가지 때문에 항상 사람이 버린다. 이 세 가지를 어떻게 없애느냐가 관건이다."[58]

이건 정말 놀라운 발언이었다. 자본주의의 원리에 반하는 주장이었다. 미국의 내로라 하는 자본가들이 탐욕이야말로 성장과 발전의 원동력이라며 "청년들이여, 탐욕을 가져라!"고 부르짖고 있는데, 한국의 이건희는 탐욕을 버리라고 외쳐댔다. 탐욕이 없다면, 무한 성장을 추구해야 할 이유가 무엇이며 세계 일류를 고집해야 할 이유는 또 무엇이란 말인가?

물론 이건희가 삼성인들에게 매사에 종교인의 자세를 가져야 한다고 요구한 건 아니었을 게다. 그는 아마도 삼성을 위해 인간미를 보이고 도덕성을 지키고 개인적인 탐욕을 버려달라는 말을 하고 싶었을 게다. 그러나 언어라는 건 보편성이 생명이다. 이건희는 다른 방법으로 말을 했어야 했다. 그래야 커뮤니케이션이 가능하고 '말발' 이 서는 법이다. 바로 여기서 그를 지배하는 그의 '가상현실' 이 문제가 되는 것이다.

---

58) 정현우 엮음, 『이건희 신사고 신경영』(자유시대사, 1993), 221쪽.

여러 사회주의 국가들이 '사회주의적 인간상'을 만들기 위해 몸부림 쳤지만 실패했거나 큰 재미를 보지 못했다. 인간은 기본적으로 자본주의 적이기 때문이다. 그래서 그 어떤 대기업가도 '자본주의적 인간상'을 만 들기 위해 애쓸 필요는 없었다. 그런데 이건희는 자본주의의 원칙과는 거리가 먼 인간상을 끊임없이 역설해 댔으니 이 어찌 놀랄 일이 아니랴.

그렇다고 이건희가 염원한 인간상이 '사회주의적 인간상'이냐 하면 그것도 아니었다. 뭐라고 한마디로 단정해서 이야기하기는 어려웠다. 또 그의 발언은 일관된 체계를 갖고 있는 것도 아니며 상호 모순되는 것도 많았기 때문이다.

그렇다면, 이건희가 외친 인간성 개조론에 아무런 효용도 없었단 말 인가? 그건 아니었다. 적어도 세 가지의 효과는 있었다.

첫째, 이건희의 제왕적 카리스마를 위한 '도덕적 우월감' 과시용이었 다. '이윤'이 아니라 '도덕'을 갖고 호랑이처럼 호통치는 회장에게 바짝 엎드리지 않을 삼성인이 누가 있겠는가? 세계 기업 역사상 회장이 일반 사원들에 비해 더 높은 '도덕적 우월감'을 과시한 경우는 아마 이게 처 음이었을 게다.

둘째, 이건희의 사회적 이미지 메이킹이다. 실제로 이건희의 팬들 가 운데엔 이건희의 인간성 개조론에 감동 먹은 사람들이 적지 않았다. 이 는 마치 정치지도자의 팬클럽이 그 지도자의 어두운 면은 외면하면서 그 지도자의 아름다운 발언에만 집착해 감동을 포기하지 않으려 드는 것과 비슷했다.

셋째, 인간성 개조론 그 자체의 효과가 전혀 없다고는 말할 수 없었 다. 적어도 다른 기업의 샐러리맨들에 비해 삼성인들의 도덕성이 비교적 높다는 것에 대한 증언들은 많았다. 그렇다면 이건희의 목표는 어느 정 도 달성된 것으로 볼 수 있었다. 이건희의 경우와 마찬가지로 삼성인들 의 도덕성 역시 내부지향성이 매우 강한 것이긴 했지만 말이다.

기차 · 비행기 · 배 참사: 구포에서 위도까지

구포 열차 사건 : 78명 사망

1993년은 유독 대형사고가 많이 일어난 해였다.

93년 1월 7일 충북 청주시 우암동 우암상가아파트에서 액화석유가스가 연쇄폭발하면서 5층 상가 아파트 전체가 무너져 내려 주민 28명이 숨지고 48명이 중경상을 당했다.

김영삼 대통령 취임 1개월 뒤인 1993년 3월 28일 오후 5시 30분경 부산 북구 덕천 2동 경부선 구포역 북쪽 2.5㎞ 지점에서 승객 600여 명을 태운 열차가 탈선 전복해, 78명이 숨지고 105명(중상 51 · 경상 54)이 부상하는 대참사가 발생했다.

이 사고는 서울을 떠나 부산으로 가던 제117호 무궁화호열차(기관사 노진환)가 덕천 2동 빅토리아호텔 뒤 덕천천 앞에 이르렀을 때 철도지반이 내려앉은 것을 발견, 급정거했으나 열차가 관성으로 미끄러지면서 탈선해 일어났다. 이 사고는 지난 81년 5월 55명의 사망자를 낸 경산열차

한국 철도사상 최대의 참사로 기록된 구포 열차 사건.

사고 이래 한국 철도 100년사상 최대의 참사로 기록되었다.

사고가 나자 경찰과 철도청, 부산시직원, 민방위대원, 인근 군부대 병력 등이 동원돼 구조작업을 폈으나 곧 날이 어두워진데다 비까지 내려 구난이 늦어졌다. 또 상당수 부상자들이 넝마처럼 일그러진 객차 안과 밑바닥에 끼여 사망자 수가 늘었고 사고현장은 "살려달라"는 부상자들의 절규와 함께 피와 옷가지 열차파편 등이 뒤엉켜 아비규환의 참상을 이루었다.

사고현장은 한국전력이 200억 원을 들여 북부산변전소-구포삼거리 간에 354KW 용량의 지하전력구공사(89년 12월 착공, 94년 6월 완공예정)를 하던 곳으로 공사는 삼성종합건설이 맡아 한진건설에 하청을 주었다. 이 공사를 하청받은 한진건설은 철로 밑 34m를 횡단하는 전력구(지름 4.2m)를 파고 들어가면서 철도청과 아무런 협의나 통보도 없이 공사를 강행해 사고가 일어난 것으로 밝혀졌다.[59]

---

59) 『동아일보』, 1993년 3월 29일, 1면.

부산지검은 대책을 소홀히 한 혐의로 남정우 삼성종합건설대표와 김봉업 한전 지중선사업처장 등 16명을 구속기소했으나, 남정우 등 14명은 무죄선고를 받고 석방됐으며 현장관계자 허종철 등 2명만 유죄를 선고받았다.

아시아나 항공기 추락 사건: 66명 사망

1993년 4월 19일에는 충남 논산 정신병원에서 불이 나 '발목이 묶여 있던' 입원환자 34명이 숨지는 사건이 일어났다.

93년 7월 26일 김포에서 승객과 승무원 110명을 태우고 목포로 떠난 아시아나항공 733편 보잉737기(기장 황인기)가 악천후 속에 무리한 착륙을 시도하다 전남 해남군 화원면 억수리야산 골짜기에 추락했다. 이 사고로 66명이 숨지고 44명이 중경상을 입었다. 국내 항공기 사고사상 최대의 참사였다.

이날 사고는 극적으로 생존한 김현식과 문형권 등 2명이 마을로 내려와 마산리 주민 임현덕에게 비행기 추락 사실을 알림으로써 전해졌다. 마산리 등 해남군 주민 150여 명과 공무원·군인·경찰 등 모두 500여 명의 구조대원과 헬기가 출동해 사상자 후송과 구조작업에 나섰으나 사고현장이 가파른 산중턱인데다 진입로마저 없어 구조활동에 큰 어려움을 겪었다.[60]

서해훼리호 침몰 사건: 292명 사망

1993년 10월 10일 전북 부안군 위도면 임수도 앞바다에서 서해훼리

---

60) 『한겨레신문』, 1993년 7월 27일, 1면.

아시아나 항공기 추락 사건은 국내 항공기 사고사상 최대의 참사였다.

호가 침몰해 292명이 사망했다. 나중에 중앙사고대책위 합동조사반이 밝힌 바에 따르면, 과적과 정원초과에 따른 선박의 복원력 상실과 사고 순간의 파도각도, 선박의 배수불량 등이 복합적으로 작용해 일어난 사고였다.

사고 당시 서해훼리호는 승선인원 362명, 멸치액젓 9t, 자갈 7.3t 등을 실어 최대 재화적재기준보다 6.5t을 더 실었으며, 선박의 바닷물 배수구 크기가 1.661㎡ 이상이 돼야 하나 서해훼리호는 0.267㎡밖에 안 됐다. 해운항만청이 만재흘수선(화물과 승객을 최대한 실었을 때 물에 잠기는 선)을 부적합하게 지정한 것도 한몫을 했다. 선박복원성 규칙에 따라 선박안전운항을 위한 만재흘수는 1.912m가 돼야 하나, 해운항만청은 이를 2.311m로 지정했다는 것이다. 이 때문에 서해훼리호는 6.5t의 화물을 실을 수밖에 없는데도 40t을 실을 수 있도록 만재흘수선을 지정받은 것으로 밝혀졌다.[61]

서해훼리호가 침몰 169시간 만에 설악호의 대형 크레인에 인양되고 있다.

　서해훼리호 사건이 일어나자 정부는 들끓는 여론의 분노를 잠재우기 위해 무슨 일이든 다 할 것처럼 보였다. 높은 사람들이 줄줄이 위도를 방문해 위도의 파격적인 개발을 약속했고, 유족의 보상을 위해 정부로서 할 수 있는 최선의 조치를 다하겠다고 했다.

　2개월 후 MBC-TV에서 '서해훼리호 침몰 그 후 위도 사람들'이라는 제목으로 방영된 〈PD수첩〉은 정부의 불성실, 언론의 무책임, 냄비 같은 여론 등의 실체를 보여 주었다. 이 프로그램은 정부 관계자가 아주 고압적인 자세로 정부가 배상을 해야 한다는 유족들의 요구를 묵살하는 소리를 들려주었다. 법정에 가봐야 유족들이 패소할 게 뻔하고 대법원까지

---

61) 『한겨레신문』, 1993년 12월 2일, 18면.

가다 보면 3~4년이 걸릴 텐데 그렇게 하겠느냐고 겁을 주는 것이었다. 해운항만청은 MBC의 인터뷰 요구도 거절했다. 유족들은 이러지도 저러지도 못한 가운데 분노만 삭였다.

게다가 파격적인 위도 개발을 약속했던 고위 관리들의 말도 식언(食言)이 되고 말았다. 위도는 낚시꾼들의 발길이 끊기고 주민들도 떠나는 바람에 아주 을씨년스러운 모습을 보여 주었다. 백운두 선장을 비롯하여 선원들의 가족들에게 엄청난 고통을 안겨 주었던 언론의 오보도 문제였다. 백운두는 침몰한 배와 함께 세상을 떠난 사람이었지만 당시 언론의 오보로 도망간 것으로 알려져 엄청난 명예훼손을 당했다. "내가 백 선장인데 자수하겠다"는 장난전화에 놀아난 수사기관은 백운두를 전국에 지명수배하기도 했으며, 일부 선원 가족들은 "숨겨놓은 사람을 내놓아라"는 요구에 시달리기도 했다.[62]

96년 1월 31일 서울지법 민사합의 19부는 서해훼리호 침몰사고로 숨진 신모씨의 부인 이모씨(충북 청주시) 등 사망자 10명의 유가족이 국가 등을 상대로 낸 손해배상청구소송에서 "국가 등은 이씨 등 유가족에게 각 2~4억 원씩 모두 24억여 원을 지급하라"며 원고승소판결을 내렸다. 재판부는 판결문에서 "국가는 운항관리자를 사고선박에 배치하지 않았고 한국해운조합 측은 사고 선박의 낙후된 무선설비를 방치했으며 서해훼리 측은 사고 당일 기상상태가 좋지 않았는데도 무리하게 출항시킨 책임이 있다"고 밝혔다. 또 재판부는 "피해자들도 소형낚싯배 등을 이용해 이미 만원이 된 사고 선박에 무질서하게 승선한 뒤 출항을 강요한 과실(20%)이 인정된다"고 밝혔다.[63]

---

62) 백종문, 〈서해훼리호 침몰, 그 후〉, 은희현 · 백종문 외, 『소쩍새 마을의 진실: MBC PD수첩 취재 풀스토리』(웅진출판, 1995), 315~330쪽; 김철용, 〈또다시 사고는 없다〉, 박란용 · 이충길 외, 『공직에는 마침표가 없다: 장 · 차관들이 남기고 싶은 이야기』(명솔출판, 2001), 368쪽.

63) 『동아일보』, 1996년 2월 1일, 46면. 2003년 10월 10일 위도에선 서해훼리호 참사 10주기 위령제가 열렸다. 참사 10주년을 맞은 위도는 올해 원전수거물 관리시설 유치 갈등까지 불거져 뒤숭숭한 분위기였다. 『한국일보』, 2003년 10월 11일, 10면.

쌀: 우르과이라운드 협상 타결

'쌀 수입 개방 반대 서명운동'

90년 7월 초부터 우르과이라운드 위협이 가시화되자 반대시위가 거세게 벌어지기 시작했다. 농협이 91년 11월 11일부터 12월 23일까지 전개한 '쌀 수입 개방 반대 서명운동'에는 1,300만 명의 국민이 참여했다. 한국농어촌문제연구소가 주관해 벌어진 반대서명엔 전국의 대학교수 및 강사, 연구소 박사 3,000여 명이 참가해 쌀 개방 반대의 수준을 넘어 UR 자체를 반대하는 운동을 전개했다.

그러나 일반 국민이나 농민은 자세한 내용은 몰랐다. 그래서 "우르과이 사람들이 우리를 괴롭힌다"는 말이 나도는가 하면 우르과이 대사가 어디 가서 뭇매를 맞을까봐 신분을 밝히지 못했다는 웃지 못할 해프닝이 생길 정도였다. 농민들은 UR을 '우르릉 쾅쾅 사태'로 부르기도 했다. 어느 정치인은 공식석상에서 '우르과이 사태'라고 한 일까지 있었다.[64]

우르과이라운드에 대한 공포는 컸다. "우르과이라운드로 마지막까지

우르과이라운드 위협이 가시화되던 1991년 1월 경실련은 기자회견을 열고 미국의 쌀 수입 개방 압력을 비판하였다.

남아 있을 시장은 보신탕 시장과 콩나물 시장밖에 없을 것이다"는 비관론이 떠돌았다.[65] 특히 쌀 시장 개방은 대통령 김영삼에겐 큰 부담이었다. 그는 대통령선거 유세 때에 "대통령직을 걸고 쌀 시장 개방을 막겠다"고 큰소리쳤기 때문이다. 또 그는 93년 1월 일본 『아사히신문』과 가진 인터뷰에서도 "한국은 농가소득의 30% 이상을 쌀에 의존하고 있다. 절대 개방할 수 없다"고 말했다.[66]

1993년 12월 2일 농림부장관 허신행은 쌀 수입 개방과 관련한 최후 협상을 위해 제네바로 출국하는 자리에서 기자회견을 통해 "쌀의 관세화는 물론 최소시장 접근도 허용"하지 않겠다고 말했지만, 출국한 지 불과

---

64) 이장규 외, 『실록 6공 경제: 흑자 경제의 침몰』(중앙일보사, 1995), 301~302쪽.
65) 김사승, 〈UR의 현안: 헐리우드 영화의 아시아 진출〉, 『상상』, 1994년 여름, 277쪽.
66) 〈대통령직 걸고 막겠다: 김 대통령·정부 어떻게 말해왔나〉, 『한겨레신문』, 1993년 12월 7일, 5면.

이틀 만인 12월 4일 "쌀의 관세화 예외 노력은 더 이상 어떻게 할 수 없는 단계이다. 협상이 막바지에 이르렀다. 협상보다 더 좋은 방법이 있으면 가르쳐달라"고 말해 사실상 쌀 수입 개방 압력에 굴복했음을 시인했다.[67]

"수입쌀로 키운 자식 애비 에미 몰라본다"

1993년 12월 7일 서울 여의도 광장에 모인 농민 3만여 명은 쌀 개방 반대시위를 개최하면서 "김영삼은 물러가라"고 쓰인 플래카드를 내걸었다.[68] 12월 8일 전국농민회총연맹은 농산물 수입 개방에 앞장선 혐의를 받은 정·관계 인사 5인에게 '계유 5적'이라는 딱지를 붙였다. 이들이 농업, 농민의 존립 기반을 붕괴시킨 것은 '을사 5적'이 국권을 일본에 넘겨주었던 것과 마찬가지라는 뜻이었다. 민자당 대표 김종필, 국무총리 황인성, 부총리 이경식, 농림수산부장관 허신행, 외무장관 한승주 등이었다. 전농은 이날 쌀 시장 개방 반대를 위한 농민운동을 '20세기 말의 의병운동'으로 규정했다.[69]

그러나 김영삼은 다음날인 12월 9일 '고립을 택할 것인가, 세계로 나아갈 것인가'란 제목의 담화를 통해 "쌀을 지키기 위해 관세 및 자유무역에 관한 일반협정(GATT)을 탈퇴하느냐, 세계화 국제화 미래화의 길로 나아갈 것이냐는 기로에서 국제사회 고립보다는 GATT 체제 속의 경쟁과 협력을 선택할 수밖에 없었다"고 밝히며 쌀 시장 개방을 공식 선언했다.[70] "국익을 위해 고립보다는 국제화를 선택했다"는 논리였다.

김영삼의 담화 직후 쌀 시장 개방 반대를 주장하는 시위가 전국적으로 확산됐다. 집회에서 터져 나온 구호들은 주로 쌀이 민족의 혼임을 강

67) 〈대통령직 걸고 막겠다: 김 대통령·정부 어떻게 말해왔나〉, 「한겨레신문」, 1993년 12월 7일, 5면.
68) 한국일보 특별취재팀, 「대통령과 아들: 실록 청와대-문민정부 5년」(한국문원, 1999), 244쪽.
69) 조경만, 〈UR 국면 속의 농민, 농업, 쌀: 문화적 의미들에 대한 단상들〉, 「문화과학」, 1994년 여름, 210쪽.
70) 〈김 대통령 담화: 국익 위해 국제화 택했다〉, 「동아일보」, 1993년 12월 10일, 1면.

조하면서 시장 개방에 앞장 선 인사들을 매국노로 비난하는 것이었다.

"조상님 제사상에 외국쌀이라니", "수입쌀로 키운 자식 애비 에미 몰라보고 우리 쌀로 키운 자식 바로 크고 튼튼하다", "이완용도 지하에서 쌀 개방은 반대한다", "조상님 제사상에 수입쌀이 웬말이냐", "쌀 수입 개방되면 고향 부모 다 죽는다", "우리는 쌀민족 우리 쌀 먹읍시다", "쌀 팔아 키웠더니 수입 개방 앞장서네", "농산물 수입하는 장차관들 수출하자."[71]

우르과이라운드 협상 타결

1993년 12월 15일, 8년 가까이 끌어 오던 우르과이라운드 협상이 타결되었다. 윤영관은 그날이 "한국인들의 전통적인 의식구조에 심각한 충격을 던져준 날"이었으며 "그동안 우리가 당연하게 받아들여온 국가관과 민족주의관에 대한 조정을 요구하는 외부로부터의 도전"이었다고 평가했다.[72]

김영삼 정권에도 큰 도전이었다. 쌀 시장을 지키지 못한 데 대한 국민의 분노가 날로 높아가자, 김영삼은 12월 16일 국무총리 황인성을 전격 경질하고 문민정부 출범과 함께 감사원장에 임명되었던 이회창을 새로운 국무총리로 발탁했다.

당시 청와대 비서실장 박관용은 "UR 문제는 김 대통령 취임 이후 국민이 처음으로 '들고일어난 사건'이었어요. 불이 더 번지기 전에 조기진화를 해야 했던 거죠. 그래서 당시 대쪽 이미지로 인기를 얻고 있던 이 감사원장을 발탁한 겁니다"라고 말했다.[73] 박관용은 또 "개각을 하니까

---

71) 이봉현, 〈"쌀 팔아 키웠더니 수입앞장" 관료에 화살: 쌀 시위현장 구호도 다양〉, 『한겨레신문』, 1993년 12월 12일, 15면.

72) 윤영관, 〈세계화: 민족주의의 새로운 지평을 위하여〉, 김경원·임현진 공편, 『세계화의 도전과 한국의 대응』(나남, 1995), 37쪽.

73) 동아일보 특별취재팀, 『잃어버린 5년-칼국수에서 IMF까지: YS 문민정부 1,800일 비화 1』(동아일보사, 1999), 86쪽.

다음날 아침 신문 머리기사에서 쌀 기사가 사라졌습니다. 문민정부가 개각을 자주 하게 된 데에는 이런 이유도 있었습니다"라고 말했다.[74]

이회창은 개각 후 처음 주재한 국무회의에서 단호한 목소리로 "실세장관이니 허세장관이니 하는데 우리 모두 실세가 돼야 합니다"라고 말했다. 새로 입각한 내무장관 최형우와 정무장관 서청원 등 '민주계 실세장관' 들이 지켜보는 자리에서 그들 들으라고 하는 소리이기도 했지만, 향후 김영삼과의 갈등을 예고하는 발언이기도 했다.[75]

12월 18일 전국 농대생 대표자 18명은 구한말 민족주권의 상징이었던 독립문 위에 올라가 태극기를 몸에 두른 채 "쌀 등 기초농산물을 지키는 일은 민족주권을 지키는 제2의 민족독립운동입니다. …… 80년 전 한일합방에 앞장섰던 매판관료들이 주장한 조선의 근대화는 결국 우리 민족의 노예화와 굴종만을 가져왔습니다. 지금의 개방과 국제화라는 구호는 다시 한 번 민족을 예속과 굴종에 빠뜨릴 것입니다"며 쌀 시장을 반대한다는 대국민 호소문을 뿌렸다.[76]

농민들이 쌀 시장 개방을 을사보호조약에 비유하자, 김영삼 정부는 쌀 시장 개방에 반대하는 농민과 국민들을 구한말의 쇄국주의자에 비유하고 나섰다. 12월 23일 공보처가 공무원과 농촌 계도용으로 전라남도에 보낸 '더 잘사는 농촌으로' 라는 소책자에서 쌀 시장 개방의 불가피성을 설명하면서 "쌀을 쇄국하면 우리는 엄청난 고립에 빠질 것은 불을 보듯 뻔한 일"이라며 쌀 수입이 세계화시대에 생존을 위한 어쩔 수 없는 일이라고 강변했다.[77]

---

74) 한국일보 특별취재팀, 『대통령과 아들: 실록 청와대-문민정부 5년』(한국문원, 1999), 247쪽.
75) 동아일보 특별취재팀, 『잃어버린 5년-칼국수에서 IMF까지: YS 문민정부 1,800일 비화 1』(동아일보사, 1999), 87쪽.
76) 백기철, 〈"쌀 등 농산물 수입저지는 제2독립운동"〉, 『한겨레신문』, 1993년 12월 14일, 19쪽.
77) 〈쌀개방 반대 쇄국에 비유〉, 『한겨레신문』, 1993년 12월 25일, 14면.

'우리농업지키기 범국민운동본부' 출범식 후 거리행진을 하는 회원들.

제2의 갑오경장인가?

정기용은 94년이 갑오경장 100주년이 되는 해라는 점에 주목하면서 "개항이라는 이름으로 밀어닥치던 열강의 위협으로부터 위정척사를 내세우며 역사의 시련을 견뎌내려던 한말의 백성들과 같이 통상압력의 일환으로 쌀 시장 개방을 강요받는 1993년 12월은 1994년을 제2의 갑오경장으로 준비하고 있는지도 모른다"고 했다.[78]

김영삼은 94년 연두기자회견 때 "사회 전반의 국제화와 세계화를 위해 시책을 펴나가겠다"고 말했는데, 서울대 교수 김수행은 김영삼 정부가 갑자기 국제화, 개방화, 국가경쟁력의 제고를 강조하는 이유에 대해 다음과 같이 말했다.

---

78) 정기용, 〈광화문에서 남대문까지〉, 『문화과학』, 1994년 봄, 51쪽.

"첫째는 미국의 요구에 따라 농산물 시장 특히 쌀 시장을 개방할 수밖에 없는데, 쌀 시장의 개방이 미국의 압력에 의한 것이 아니라 시대의 대세라는 것을 선전하기 위해서다. 그리고 농산물도 다른 모든 상품과 마찬가지로 국제경쟁에서 이겨야 하며, 국제경쟁에서 이기지 못하는 것은 미국 탓이 아니라 우리 탓이라는 것을 인정하기 위해서다. 참으로 끔찍한 사대주의적 사고방식이다. …… 둘째는 정부와 관변연구단체들이 국제경쟁력이 없는 농업은 포기해야 한다고 믿기 때문이다."[79]

농민들을 괴롭힌 건 우르과이라운드뿐만이 아니었다. '입맛의 서구화'도 큰 위협이었다. 매년 20~30%의 고성장을 기록해 온 패스트푸드 산업은 이미 90년에 연간 2,000억 원 규모에 이르렀으며, 30여 개의 외국 기업들이 국내에 1,000여 매장을 확보하고 성업 중이었다. 쌀 소비량은 점점 줄어들기 시작했다.

UR 농업협정문 부속서에는 한국에 대해 쌀의 완전개방(관세화)을 10년간 유예하되 10년 시한이 끝나는 2004년 말까지 관세화 유예여부에 관한 재협상을 해야 한다고 규정했다. 쌀 투쟁은 2005년부터 다시 거세게 일어나게 된다.

---

79) 『말』, 1994년 5월.

서편제 열풍

눈물 없인 보기 힘든 한(恨)의 영화

1993년 4월 10일에 개봉된 영화 〈서편제〉엔 손님이 별로 들지 않았다. 실제로 지방에서는 손님이 안 들어 간판을 내리기도 했다. 제작자인 이태원은 "이러다가 몇 주 만에 막을 내리는 게 아닌가"라는 불길한 생각이 들었다고 했다. 그는 "영화가 좋다"는 이야기가 입에서 입으로 전해지면서 관객이 늘기 시작했는데, 특히 김영삼 대통령이 한몫 단단히 했다고 회고했다. "5월 1일 청와대에서 김 대통령이 이 영화를 보고 찬사를 아끼지 않았다는 소식이 알려지면서 폭발적으로 관객이 늘어났다. 당시 막 취임한 새 대통령의 높은 인기 덕을 본 셈이다."[80]

서울에서 상영 266일 만에 113만 3,000명의 관객을 동원해 대성공을 거둔 〈서편제〉 열풍은 그렇게 시작되었다. 대통령의 관람 이후 정관계와

---

80) 이태원, 〈'흥행마술사'의 한국 영화 뒷얘기: 자존심 먹고사는 몽상가들〉, 『신동아』, 1995년 7월.

문화계 인사들의 영화 관람이 줄을 이었다. 국회에서 여야의원 시사회, 과천 정부종합청사에서 국·과장급 공무원 시사회에 이어 김대중 전 민주당 대표, 김수환 추기경, 법정스님, 문익환 목사 등이 단성사에서 직접 영화를 관람했다.

〈서편제〉는 눈물 없인 보기 힘든 한(恨)의 영화였다. 동국대 연극영화과 교수 정재형은 "정작 한을 간직한 측은 영화 속의 인물들이 아니고 옆구리만 찔러도 터져 버리는 울음보따리를 서너 개씩 갖고 있는 관객들"이라고 꼬집었지만,[81] 그렇게 옆구리 찌르는 일도 쉬운 일은 아니었다.

〈서편제〉를 보고 우는 관객이 너무 많아 단성사 측에서는 영화가 끝난 뒤 관객들이 눈가를 손질할 시간을 주기 위해서 불켜는 타이밍을 1분가량 늦출 정도였다.[82] 서울 목동의 이근영 주부는 "오랜만에 좋은 영화를 봤다"며 "울지 않으려고 무척 애를 썼는데 두 남매가 만나서 소리하는 대목에서 끝내 눈물을 쏟고 말았다"고 말했다.[83] "옆 관객에게 민망할 정도로 실컷 울었다"는 40대의 한 남자관객은 "이 영화는 우리가 잃어버린 것, 그래서 더욱 그리운 것들을 가장 아름다운 형태로 되돌려주었다"고 감격했다.[84]

〈서편제〉 관객의 절반 이상이 주부층이었는데 학부모들의 요청으로 각 학교에서는 단체관람을 했으며, 영화 속의 판소리를 담은 오리지널 사운드트랙앨범은 13만 장이나 팔려 국악사상 전무후무한 '사건'이 되었다. 직장에서는 휴식시간에 〈서편제〉의 주제음악을 틀어주고 일부 회사원들 사이에서는 카세트테이프로 이 음악을 듣고 있는 것이 유행이 되었다. 이청준 원작 소설 『서편제』도 교보문고, 영풍문고, 종로서적 등에

81) 황진선, 〈'한의 형상화 미흡 — '서편제' 새로운 평가 눈길〉, 『서울신문』, 1993년 7월 7일, 13면.
82) 김진규, 〈'서편제'가 관객 끄는 까닭〉, 『동아일보』, 1993년 8월 25일, 5면.
83) 김병재, 〈'서편제' 개봉관 '눈물바다'〉, 『문화일보』, 1993년 4월 20일, 20면.
84) 김경희, 〈'서편제' 관객 50만 돌파〉, 『한국일보』, 1993년 7월 13일, 19면.

영화 〈서편제〉는 서울에서 상영 266일 만에 113만 3,000명의 관객을 동원해 대성공을 거두었다.

서 계속 베스트셀러 1, 2위에 올랐고, 한 지방 여행사에서는 영화 속의
감동을 체험할 수 있는 '서편제 관광' 상품을 개발하여 좋은 반응을 얻
었다.[85]

언론의 '서편제 센세이셔널리즘'

〈서편제〉가 대승리를 거둘 수 있었던 이유는 임권택 감독의 탁월한
역량이었겠지만, 언론의 '서편제 센세이셔널리즘'도 큰 역할을 했다. 언

---

85) 〈'서편제관광' 인기〉, 『중앙경제』, 1994년 3월 11일, 11면; 김병재, 〈'서편제' 관객 45만 동원〉, 『문화일보』,
1993년 7월 1일, 24면.

론은 한국 영화라면 수년간 아니 수십 년간 단 한 편도 보지 않은 지식인들까지 끌어들이는 데에 성공했다. 심지어 어느 신문의 논설위원까지. 그는 신문 칼럼을 통해 〈서편제〉 예찬론에 동참하면서 〈서편제〉 덕분에 20년 만에 처음 한국 영화를 구경하게 되었다고 고백하기까지 했다. 언론의 그런 유인 효과에 대해 연세대 교수 최정호는 다음과 같이 고백했다.

"신문에는 '이래도 서편제를 안 볼래', '이래도 서편제를 안 보고 배길 거야' 하는 투의 기사들이 꼬리를 물고 있었다. 김영삼 대통령이, 김대중 선생이, 김수환 추기경이 〈서편제〉를 관람했다는 따위의 기사들이 …… 그러더니 마침내는 평소 내가 존경하는 작가 X씨도 내가 평가하는 교수 Y씨도 서편제를 예찬하는 합창에 끼어 들었다. …… 나는 …… 마침내 〈서편제〉를 구경하고 말았다."[86]

〈서편제〉는 제작사인 태흥영화사의 '뛰어난 마케팅과 매니지먼트'에 힘입어 신드롬으로까지 발전할 수 있었다. 이와 관련, 문화평론가 이재현은 "기획단계부터 일간지의 영화 담당 기자들에게 '판소리를 영화화한다'는 기사거리를 제공해 주었으며 크랭크 인, 제작발표회, 촬영현장과 제작과정 등이 계속해서 보도되었다. 또한 수십 회의 시사회를 가짐으로써 유명 인사 및 각계 각층의 영향력 있는 사람들의 입에 꾸준히 오르내렸을 뿐만이 아니라, 이들의 입선전과 평이 문화란 뿐만이 아니라 정치 가십란이나 칼럼에까지 등장했다. 예컨대, 2회에 걸친 DJ의 감상평과 이를 DJ의 정치적 한에 연결시킨 여러 사람의 칼럼 등이 그것이다"고 말했다.[87]

관객 동원이 20만 명대에 이르던 6월 초에 태흥영화사가 겨울 배경 속 봄노래 장면 30초분을 재촬영한 것도 탁월한 홍보술이었다. 〈서편제〉

---

86) 『경향신문』, 1993년 8월 11일.
87) 이재현, 〈우리 머리통 속의 숙변: '서편제 신드롬'과 '서태지 신드롬'〉, 『상상』, 제2호(1993년 겨울), 165쪽.

에 관한 무슨 새로운 뉴스 거리가 없나 하고 굶주려 있던 신문들이 그걸 놓칠 리 없었다. 거의 모든 신문들이 그걸 열심히 보도했다.

'우리 문화의 르네상스' 인가?

언론은 〈서편제〉의 흥행 성공을 가리켜 '전통으로의 회귀'니 "'우리의 것'의 '르네상스'가 도래했다"느니 하고 주장했지만, 그건 그렇게만 볼 건 아니었다. 이와 관련, 이재현은 "나는 솔직히 〈서편제〉가 불러일으킨 국악 붐이라든가, 소위 우리 것에 대한 관심이 오히려 걱정된다. 왜냐면 〈서편제〉가 환기시킨 소위 우리 것이라는 것은 엄밀히 말해서 우리의 문화 지형에서 보편적이며 지배적인 문화적 우세종은 아니기 때문이다. 그 '우리 것'은 현 단계에서 보자면 '에그조틱'한 발굴품이다"라고 주장했다.

"〈서편제〉의 소위 한국적인 것은 이 90년대의 단계에서 일련의 선택 가능한 '에그조틱'한 것들의 일부이다. 〈서편제〉가 일깨워주었다고 강변되는 그 무엇은 이미 '한국적인 것'이 결코 아니다. 이는 서편제 신드롬의 와중에서 국악 연주회나 국악 학원을 찾은 사람들의 관심과 열기가 제대로 지속되지 못하는 것을 봐서도 알 수 있다. 에그조틱한 우리 것? 그것은 동그란 네모나 마찬가지다. 이 대목에서 〈서편제〉를 둘러싸고 언표되는 '가장 한국적인' 것이 세계적', '신토불이'라는 말들은 명백한 자기기만임을 알 수 있다. 개화기 혹은 동학농민전쟁의 패배 이래 100여 년간의 그 '키치' 내지 '짬뽕국물'의 역사를 겪어내서 이제 압구정동이나 홍대 입구의 투명할 정도로 세련된 신세대 소비문화를 가진 이 마당에, '한국적인 것'을 어떻게 판소리에서 찾는단 말인가. 그것은 명백한 자기기만이다."[88]

---

88) 이재현, 〈우리 머리통 속의 숙변: '서편제 신드롬'과 '서태지 신드롬'〉, 『상상』, 제2호(1993년 겨울), 173쪽.

영화 〈서편제〉의 한 장면.

　언론이 판소리를 비롯한 '우리 것'을 예찬하기에 바쁜 가운데 〈서편제〉가 서울에서 관객 동원 40만을 넘어서던 6월 말, 판소리의 고향 남원에서 벌어진 사건도 그런 '자기기만'을 말해 주었다. 6월 29일 광한루 특설무대에서 열린 춘향제의 판소리 명창대회는 텔레비전에 유린당하는 수모를 겪어야 했다. 이 대회를 주관한 KBS가 "정규방송 때문에 시간이 없다"는 이유로 결승 참가자들에게 10분을 주어야 할 시간을 3분 만에 끝내도록 하는 횡포를 저질렀고, 급기야 이에 반발한 국악인들이 심사위원석에서 철수하여 나중에 광한루 완월정에서 결승 경연을 처음부터 다시 하는 촌극이 벌어졌던 것이다.

　그렇게 국악 알기를 우습게 아는 풍토에서 언론이 〈서편제〉를 보지 않으면 큰일이라도 날 것처럼 호들갑을 떤 건 잘한 일이었다고 볼 수도 있었다. 다만 문제는 언론 스스로 '서편제 신드롬'을 만들어 놓고 나서

"이제 우리 영화는 살았다!"고 외쳐 댔을 뿐만 아니라 '우리 문화의 르네상스'를 선언하기까지 했다는 데에 있었다. 언론은 대중문화 분야의 우르과이라운드를 〈서편제〉로 막을 수 있다는 듯이, 민족적인 논조 아니 국수적 논조까지 내비쳤지만, 그건 현실과는 거리가 있었다.

영화시장은 '40년 만의 최악'

〈서편제〉가 한국 영화 최다 흥행기록을 연일 깨는 그 순간에 전반적인 영화산업은 한국 영화 최저 흥행기록을 연일 깨고 있었다. 한국 영화를 본 관객의 수와 외국 영화를 본 관객의 수의 비율은 10년 전만 하더라도 50 대 50이었지만, 87년 7월 영화시장 개방 이후 20 대 80으로 크게 기울더니 급기야 93년 상반기엔 10 대 90으로까지 전락하고 말았다. 한국 영화가 영화시장의 겨우 10%만을 점유한 것이었다. 40년 만의 최악이었다.

그 10%도 〈서편제〉 덕분이었다. 〈서편제〉의 관객을 제외하면 한국 영화의 시장점유율은 5% 이하로 떨어졌다. 93년 상반기에 상영된 30편의 국산 영화 중 〈서편제〉와 몇 개 영화를 제외하곤 거의 모든 영화가 흥행에 참패한 것이다.

한국 최고의 스타 최진실이 주연한 〈나는 소망한다 내게 금지된 것을〉이 서울 개봉관에서 5만 명을 약간 넘는 관객을 끌어들이는 데에 그쳤고, 대종상에서 최우수작품상을 비롯해 6개 부분의 상을 석권한 〈두 여자 이야기〉가 고작 2만여 명의 관객 동원에 그친 채 개봉 3주 만에 막을 내리고 말았다.

1993년 한국 영화 제작편수는 64편이었으며 외화수입 편수는 417편이었다. 서울극장협회가 집계한 93년도 서울의 극장 관객 수는 2,190여만 명(개봉관 1,580만 명, 재개봉관 610만 명)이었는데, 이 가운데 86.7%

에 달하는 1,900여 만 명이 외국 영화를 관람했고 13.3%에 불과한 290여 만 명만이 한국 영화를 찾았다. 그나마 반응이 괜찮았던 영화는 관객 100만 명을 넘어선 〈서편제〉를 비롯해 〈그 여자 그 남자〉(21만 7,000명), 〈그대안의 블루〉(15만 3,000명), 〈가슴달린 남자〉(9만 8,000명), 〈101번째 프로포즈〉(8만 3,000명), 〈화엄경〉(6만 5,000명), 〈사랑하고 싶은 여자 결혼하고 싶은 여자〉(5만 2,000명) 등으로 서울 개봉관 기준 5만 명을 넘어선 영화는 7편에 불과했다.[89]

93년에 할리우드는 한국에서도 7월에 개봉돼 신드롬을 일으킨 〈쥐라기 공원〉의 흥행에 힘입어 처음으로 해외에서의 수익이 미국 국내 흥행을 넘어섰다.[90] 93년 2월엔 미국의 월트디즈니사가 '월트디즈니코리아'라는 이름으로 한국지사를 개설하고, 영화·홈비디오·일반소비상품 등의 사업에 직접 진출했다.[91]

한국 영화 의무상영일수를 5분의 2로 규정한 스크린쿼터제는 전혀 지켜지지 않았다. 정부가 단속을 하지 않기 때문이었다. 그래서 급기야 영화인들이 스스로 '스크린쿼터제 감시단'을 발족시켜 전국 극장을 돌기 시작했다. 감독관청인 극장 소재지 관할구청 공무원들은 재미있다는 듯 수수방관했다. 고발을 해도 그들은 이렇게 대답했다. "이왕 영화인들이 나섰다면 더 적극적으로 하시죠. 사진을 찍어 오신다든가, 극장 측에서 위반사실을 고백받아 오시든가 …… 그러면 저희들이 조처를 하겠습니다."[92]

대통령에 이어 문화체육부장관 이민섭은 "〈서편제〉를 계기로 우리 영화에 새로운 돌파구가 마련됐다"고 했지만, 그건 사실과 거리가 멀었다.

89) 정재권, 〈한국 영화 살아남을까〉, 「한겨레21」, 1994년 4월 28일; 조선희, 〈한국 영화 사상 최악의 '흉작'〉, 「한겨레신문」, 1993년 12월 31일, 11면; 〈침체늪 "허우적" 회생대책 부심〉, 「전북일보」, 1993년 12월 17일, 20면.
90) 정성일, 〈미디어 제국주의 실현 눈앞에〉, 「한겨레21」, 1994년 4월 28일, 76면.
91) 이규화, 〈외국 직배 5사 작년 흥행수입 337억 원〉, 「중앙경제」, 1994년 2월 19일, 19면.
92) 정지영, 「TV저널」, 1993년 9월 3일.

그래서 1년 후인 94년 5월엔 다음과 같은 기사가 나오게 되었다.

"한국 영화계에 비상이 걸렸다. …… 최근 많은 관심과 기대 속에 개봉된 우리 영화들이 제작비는커녕, 홍보비 등 기본 경비마저 제대로 건지지 못하는 부진을 면치 못하고 있다. …… 영화인들은 최근 개봉된 우리 영화들이 제작 과정에서 상당한 정성을 기울였을 뿐 아니라 캐스팅이나 연출 및 시나리오에 이르기까지 흠잡을 수 없을 만큼 높은 수준을 자랑했음에도 흥행 참패라는 참담한 결과가 나온 데서 심한 충격을 받고 있다."[93]

---

93) 연합통신, 〈한국 영화 연속 흥행 실패 '비상'〉, 「전북일보」, 1994년 5월 20일, 20면.

신문전쟁과 신문개혁

『동아일보』의 조간지 전환

1993년 4월 1일 『동아일보』가 석간지에서 조간지로 전환했다. 석간신문의 조간화는 세계적인 추세였다. 조간이든 석간이든 신문은 텔레비전과의 경쟁을 피할 수 없는 상황이지만 텔레비전으로부터 입는 타격에 있어서 석간은 조간에 비해 훨씬 더 불리했다. 게다가 날이 갈수록 인력난은 말할 것도 없고 교통난으로 인해 신문배달이 어려워지고 국제 뉴스의 신속성이 더욱 중요해지는 상황에서 석간은 조간에 비해 또 한번의 불리함을 감수해야만 했다.

3월 말 현재 중앙 일간지들 가운데엔 『경향신문』·『서울신문』·『세계일보』·『조선일보』·『한겨레신문』·『한국일보』 등 6개 일간지가 조간, 『국민일보』·『동아일보』·『문화일보』·『중앙일보』 등 4개 일간지가 석간이었다. 조간지가 더 많은 상황임에도 불구하고 『동아일보』가 굳이 조간시장에 뛰어들겠다는 건 앞서 말한 이유들로 인해 광고주들로부터 외면받는 현실을 근본적으로 타개해야 할 필요성을 절감했기 때문이었다.

『동아일보』가 조간시장에 뛰어든다는 건 실질적으로 그간 『동아일보』와 함께 한국 신문의 양대 지주로 군림해 온 『조선일보』와의 한판 전쟁을 치르겠다는 걸 의미했다. 『조선일보』는 이미 3월 5일부터 32면 제작을 주 5일로 확대하는 증면 경쟁을 실시하고 나섰다. 다른 신문들도 잇따라 32면 발행 체제에 뛰어들면서 이른바 '지면쇄신'을 부르짖고 나섰다.

"확장! 확장! 죽어도 확장!"

그 '지면쇄신'이라는 건 물론 『조선일보』식으로 중산층의 심리에 영합하고 '오락성'을 강조하는 방향으로 치달았다. 『동아일보』는 조간으로 돌아서기 직전 다른 조간지들처럼 매주 4면의 분량에 이르는 대입 학습지 서비스를 실시하기 시작했으며, 뒤이어 『세계일보』마저 이 '학습지 전쟁'에 뛰어들었다.

언론마저 사교육 산업으로 뛰어든 셈이었다. 한국교육개발연구원의 조사에 따르면 중고생의 과외비는 연간 1조 2,000억 원에 이르며, 이는 정부 1년 교육예산의 24.4%에 해당하는 것이었다. 학원 수강료, 각종 교재비 등을 포함한 전체 사교육비는 90년에 이미 9조 4,000억 원으로 공교육비 8조 6,900억 원보다 7,000억 원이 많은 것으로 나타났다. 이는 정부 예산의 26%, GNP의 6.8%에 해당하는 것이었다.

신문들이 앞 다투어 '학습지 산업'에 뛰어들면서 신문사 간 유통경쟁은 더욱 치열해졌다. 그런 경쟁의 전위대라 할 신문보급소 지국의 벽에는 붉은 글씨로 크게 써 붙인 슬로건들이 난무했다.

"전 구역을 우리 신문으로 도배하라", "확장의 최대 지름길은 작전지 살포", "죽느냐 사느냐의 갈림길이다", "확장! 확장! 죽어도 확장!"

'죽느냐 사느냐의 갈림길'에서 수단과 방법을 가릴 리 만무했다. 가장 치졸한 수법이 다른 신문을 빼내거나 복도식 아파트의 경우에 배달 도중에 경쟁사의 신문을 발로 툭툭 치며 달려 배달 사고를 유발시키는 것이었다. 그 실상에 대해 박상건은 다음과 같이 말했다.

"배달원 임창섭 씨는 '신문은 되도록 뒤집어 배달한다. 타사 배달원들이 제호를 확인하고 신문빼기를 되풀이하기 때문이다. 내 구역만 해도 최근에 불착 전화가 부쩍 늘어나 구독이 끊기고 있다'고 말했다. ㅎ신문 가락지국의 배달원 김정섭 군은 '신문빼기가 극에 달해 문틈 사이에 일일이 일자로 세워 넣고 있다. 신문들 저마다 이처럼 배달하는 버릇 때문에 이 지역 주공아파트 문틈은 온통 새까맣게 변해 버렸다'며 '주민들이 페인트칠을 새로 하여 신문 땟국물을 지워내곤 하지만 배달 사고 방지를 위해 배달원들은 줄기차게 문틈으로 집어넣을 수밖에 없다'고 말했다. 김군은 문틈을 테이프로 봉쇄해 버리면 독자와 합의해 소화전이나 항아리 밑, 경비실 같은 데에 배달해 신문빼기에 빈틈없이 대비하고 있다면서 이제 총무들이 다른 신문사 배달원을 감시할 지경에까지 이르러 새벽 운동 삼아 배달하던 시절은 지났다고 덧붙였다."[94]

이건 결코 웃어 넘길 에피소드들이 아니었다. 그런 살풍경은 승용차 등의 각종 상품과 해외여행 특전까지 주어가며 보급소들의 경쟁을 부추기는 신문사들의 경영정책의 산물이며, 이 '죽느냐 사느냐의 갈림길'에선 비장한 자세는 신문 제작에서도 그대로 적용되었다.

김영삼 정권의 언론개혁 시도

그렇다고 해서 성역 없는 보도를 하느냐 하면 그건 아니었다. 『조선일

---

94) 박상건, 〈끝도 없는 신문 전쟁〉, 『샘이 깊은 물』, 1993년 5월.

보」1993년 3월 5일자는 창간 73주년 기념사의 제목을 "『조선일보』 앞에 성역은 없다"로 내걸었지만, 새삼스레 성역이 없다는 것을 강조하는 이면엔 그간 한국 언론에 보도할 수 없는 성역이 존재해 왔다는 것을 우회적으로 시인하는 것에 다름 아니었다.

그 주장은 '대통령 만들기'에 앞장섰던 걸 염두에 둔 것이었을 뿐, 『조선일보』를 포함한 언론은 권력의 핵심부마저 비판의 대상으로 삼기엔 너무도 많은 약점을 갖고 있었다. 박준규가 재산공개 파동으로 국회의장직을 사퇴하면서 언론을 향해 "그쪽 집안 재산도 한번 들춰볼까?"라고 한 것은 괜한 말이 아니었다.

『길』지 93년 5월호는 "언론사주 부정축재와 여론대통령의 밀월"이라는 제하의 기사에서 한 국회의원 보좌관이 언론사 재산 관련 자료를 묻자 고개를 내저으며 다음과 같이 말하더라고 보도했다.

"누가 그런 자료 요구할 수가 있나요? 언론사 자료요? 그나마 돌아다니는 것들은 다 87년 언론청문회 때 나온 겁니다. 괜히 언론사 건드렸다가 뭐 하려고 그런 걸 요구하겠어요? …… 여기서 일하기 전엔 저도 몰랐는데 언론이 정말 무섭긴 무섭더군요. 제일 무서워요."

김영삼 정부도 나름대로 언론개혁을 염두에 두긴 했었다. 『미디어오늘』기자 장현철은 "김영삼 정부 집권 초기 사조직에서 활동했던 한 고위인사에 따르면 김 대통령 진영은 집권 전 강도 높은 언론개혁을 준비했다. 입안자는 청와대 정책기획수석으로 내정됐던 전병민 씨, 입안 기관은 김현철 씨가 주도한 임팩트 코리아. 언론사에 대한 세무혜택 폐지, 전면적인 방송사 통폐합 등이 그것이다. 사정기관을 통해 언론사 비리 사례도 대대적으로 수집했다. 그러나 이는 실패로 돌아갈 수밖에 없었다"며 그 이유에 대해 다음과 같이 말했다.

"언론개혁의 제도적 틀보다는 한건주의식 여론몰이에 의존했기 때문이다. 가장 먼저 사주들의 거센 반발이 뒤따랐다. 전병민 씨의 경우 언론개혁 움직임을 포착한 한 언론사주에게 불려가 '꾸중'을 들어야 했다. 그 뒤 전씨는 독립운동가 송진우 선생 암살범의 사위라는 다소 엉뚱한 덫에 걸려 물러나야 했다. 일부 유력 사주들은 김 대통령과 독대를 갖고 읍소와 협박을 거듭했다. 언론사주 재산공개를 추진하기도 했지만 그마저도 실패로 돌아갔다. 한 고위관계자는 '언론사주들과의 모임에서 대통령이 재산공개 얘기를 꺼내자 모두가 고개를 돌려버렸다. 다음날부터 개혁에 대한 각종 비판기사들이 신문지면을 도배질했다'고 말했다. …… 언론은 김영삼 대통령 집권 중반기부터 적대적 관계로 돌변해 개혁작업을 사사건건 물고 늘어졌다. 그 어느 때보다 권력의 힘이 집중된 초기 언론개혁이 조직적 저항에 직면해 결국 수포로 돌아갔던 것이다. 서슬퍼런 집권 초기에도 못한 일을 중반 이후에 시도하기는 무리였을 것이다. 언론은 더욱더 비대한 권력이 되어 갔고, 견제장치 없는 또 하나의 권부로 국민에게 군림했다."[95]

95) 『한겨레21』, 1998년 2월 12일.

'한완상의 충격적인 대북관'?

조갑제(좌)는 『월간조선』 1993년 9월호 인터뷰에서 한완상 통일부총리(우)를 상대로 설교하고 가르치는 모습을 보여 주었다.

김영삼 출범 이래 『조선일보』는 일련의 사설과 칼럼을 통해 한완상 통일부총리의 통일관을 집요하게 문제삼았다. 예컨대, 1993년 7월 11일자 '김대중 칼럼'은 한완상의 대북관을 "나이브한 감상적 통일론"으로 규정짓고 물러날 것을 촉구하기까지 했다.

『월간조선』 93년 8월호에 실린 기사 '한완상의 충격적인 대북관'은 한국사회학회가 펴낸 『한국전쟁과 한국사회변동』이라는 책에 실린 〈한국사회연구와 한국전쟁연구〉라는 권두논문을 문제삼아 '한완상의 충격적인 대북관'을 만들어 내기 위해 애를 썼다.

한완상이 한국사회학회장 시절에 공동필자로 참여한 이 논문은 그 책에 실린 다양한 견해들을 정리하고 있되 결론적으로 남한의 현실은 이데올로기적으로 비판하면서 북한의 현실은 그렇게 비판하지 않는 일부 진보적 학자들의 공평치 못한 태도를 비판했다.

그런데 『월간조선』의 기사는 글의 맥락을 무시한 채 한두 문장을 그 논문에서 발췌해 한완상의 '충격적인 대북관'을 만들어 내기 위해 이용했다. 기자가 시간이 없어서 그 논문을 다 읽지 못했기 때문이었을까? 논문에 오해의 소지가 있는 부분이 있다면 그 필자들에게 확인하는 게 올바른 취재윤리가 아니었을까?

『월간조선』 93년 9월호는 한완상과의 4시간에 걸친 인터뷰 기사를 게재했다. 이 인터뷰에서 『월간조선』의 조갑제는 통일부총리를 상대로 설교하고 가르치는 모습을 보여 주었다. 예컨대, 다음과 같은 질문은 '질문'이라기보다는 '주장'이었다.

"최근에 한 논문을 읽었는데 그 내용은 지난 81년 중국 공산당이 등소평의 지시에 의해 모택동에 대한 평가를 한 것에 관한 겁니다. 저는 이 논문을 읽고 큰 감동을 받았습니다. 모택동에 의해 두 번이나 숙청당한 피해자로서의 등소평이 모택동에 대한 평가를 하는데 그 태도가 매우 객관적입니다. 문화대혁명에 대한 평가를 하면서도 가급적이면 모택동 개인과는 분리시켜서 모택동에 먹칠을 하지 않으려고 애를 씁니다. …… 통계를 보면 우리나라의 GNP 성장률은 연 평균 9.5%로서 세계 9위, 80~89년엔 10.1%로 세계 1위입니다. 물론 중국과 나라의 크기는 다르지만 박정희, 전두환, 노태우 대통령이 이룩한 것이 이 정도인데 모택동보다 나쁘게 평가를 받아서야 되겠느냐는 생각이 듭니다. …… 만일 등소평이 모택동을 격하했다면 오늘의 모택동은 없었을 것입니다. 우리의 경우에는 항상 정권을 잡으면 전임자를 격하하고 계승을 하지 않았기 때문에 모택동이 없는 것 아니겠습니까."[가]

조갑제는 이 논리를 93년 11월호에 쓴 〈박정희와 김영삼의 화해〉라는 글에서 또 써먹었다.[나] '모택동–등소평'의 관계와 '박정희–김영삼'의 관계가 어떻게 비교될 수 있는 관계인지 그걸 지적해 주는 사람이 아무도 없었을까? 심지어 한완상마저 그런 논리의 강변에 대해 따끔하게 지적하기보다는 온화한 태도로 일관하였다.

결국 김영삼은 그런 공세에 굴복한 건지 93년 12월 한완상을 물러나게 했으며, 이후 대북정책은 정반대 방향으로 치닫게 되었다. 이런 오락가락 문제와 관련,『문화일보』기자 김교만은 "김영삼 대통령 스스로 남북문제에 대한 철학적 기반이나 장기적 비전이 없다"며 "따라서 누가 김영삼 대통령에게 영향력을 미치는가에 따라 대북정책은 달라질 수밖에 없다"고 진단했다.[다]

한완상의 퇴진은 그가 영국에서 귀국한 김대중의 '아시아태평양평화재단'에 백두산 천지 사진을 선물로 보낸 게 원인이었다는 주장도 제기되었다(김대중은 93년 1월 26일 영국으로 떠났다가 그 해 7월 4일에 귀국했다). 이 사실을 보고받은 김영삼이 화를 냈다는 것이다. 한완상의 경질은 김영삼의 통보가 아니라 경질 1시간 전 비서실장 박관용으로부터 연락을 받아 이루어졌다.[라]

가) 한완상 · 조갑제, 〈인터뷰: 한완상 부총리 겸 통일원장관과의 격론 4시간〉,『월간조선』, 1993년 9월, 190~212쪽.
나) 조갑제, 〈박정희와 김영삼의 화해〉,『월간조선』, 1993년 11월, 104~127면.
다)『길』, 1993년 8월.
라) 동아일보 특별취재팀,『잃어버린 5년-칼국수에서 IMF까지: YS 문민정부 1,800일 비화 1』(동아일보사, 1999), 94~95쪽.

박정희 복고주의

생전의 박정희 모습.

1993년 박정희 복고주의가 언론·출판·방송 등 문화 분야의 인기 품목으로 맹위를 떨쳤다. 이미 오래전부터 신문들은 인간 박정희를 중심으로 박정희 시대의 비화를 공개하는 데에 많은 지면을 할애해 왔지만, 93년에 연재된 것들만 하더라도 『동아일보』의 〈남산의 부장들〉, 『한국일보』의 〈실록 청와대〉, 『중앙일보』의 〈청와대 비서실〉 등이 있었다. 여기에 『월간조선』을 비롯한 월간지들도 박정희 비화를 판매하는 데에 여념이 없었다.

박정희 복고주의는 사회 저명인사들의 공개적 발언에서도 여실히 드러났다. 언제부턴가 내로라 하는 공인들이 박정희를 존경한다는 말을 아주 당당하게 하였으며, 이는 대통령에까지 출마했던 정주영에 이르러 그 정점을 이루었다. 그런가 하면 93년엔 박정희 회고록 출간이 붐을 이뤘다. 물론 대부분 박정희 시절 권세를 누리던 사람들이 박정희를 미화시킨 것들이었다.

TV도 가세했다. MBC-TV에서 방영된 다큐드라마 〈제3공화국〉은 61년 5·16쿠데타에서부터 72년 유신헌법 제정에 이르기까지의 11년간을 다뤘다. 이 프로그램의 연출자인 고석만은 이전에 권력의 압력으로 도중하차했던 드라마 〈땅〉에서 투철한 사회적 의식과 프로근성을 보여 주었다.

그러나 민족통일연구원 책임연구원 이우영은 〈제3공화국〉에 대해 제작 진의 사관이나 관점이 불명확하고 사안마다 '기회주의적으로' 상이한 관점들이 차용되어 있으며, 관계자들의 증언을 삽입하는 다큐멘터리기법이 드라마 내용을 정당화하는 데에 '동원'되고 있다는 등의 문제점을 지적했다.[가]

그런 문제점도 있었지만, 〈제3공화국〉의 한계라기보다는 텔레비전이라고 하는 매체 자체의 한계에서 비롯된 문제도 있었다. 엄밀히 따진다면 텔레비전이라는 매체가 역사를 다룬다는 것 자체가 무모한 일이었다. 시청자들이 부지불식간 드라마를 역사로 이해할 때에 생기는 문제는 〈제3공화국〉이 아무리 완벽을 기하여 애를 써도 극복하기 어려운 것이었다.

게다가 드라마에 출연하는 탤런트들의 고유 이미지는 그 어떤 노력을 기울여도 초월할 수 없는 본원적 역사적 왜곡이었다. 시청자들이 평소 특정 탤런트에 대해 갖고 있는 느낌은 그 탤런트가 맡은 역사적 인물을 채색할 수밖에 없었다. 게다가 박정희는 어차피 이 드라마의 주인공으로 그려지고 있는 이상 주인공이 선하든 악하든 주인공은 시청자들의 수용에 있어서 단지 주인공이라는 이유만으로 '특혜'를 누리게 되어 있었다. 드라마의 구조를 택하고 있는 이상 그 '특혜'의 극복은 원초적으로 불가능했다.

〈제3공화국〉에 쏟아진 시청자들의 뜨거운 관심을 두고 말하자면 한국의 60년대, 아니 한국의 현대사는 일요일 밤마다 재구성되고 있다고 해도 과언이 아니었다. 첫 회가 방영된 다음 작가 이영신은 "몰랐던 사실을 알게 해 주어 고맙다"는 격려 전화를 수도 없이 받았는가 하면 "그따위로 쓰다니 죽여버리겠다", "우리 선친을 모독한 죄로 고소하겠다"는 등의 협박 전화도 받았다고 했다.[나] 일요일 밤마다 〈제3공화국〉은 역사

가) 『시사저널』, 1993년 3월 11일.
나) 『경향신문』, 1993년 2월 24일.

와 텔레비전 간의 전쟁터가 되었다.

박정희 복고주의의 극치는 『월간조선』의 조갑제에 의해 이루어졌다. 그는 『월간조선』 93년 11월호에 쓴 〈박정희와 김영삼의 화해〉라는 글에서 박정희에 대해 "그의 장기집권은 권력욕보다는 일에 대한 욕심, 조국 근대화는 나 아니면 안 된다는 사명감에서 비롯된 바가 더 크다"거나 "인간이 가장 비참해지는 상태가 배고픈 상태라면 박 대통령은 인권 문제의 가장 중요한 부분을 해결한 것으로 봐야 한다"고 주장했다.[다]

조갑제가 시도한 박정희 복고주의는 상대적으로 김영삼을 폄하하는 것이었지만, 김영삼 쪽 인사들은 이에 침묵으로 대응했다. 이에 분노한 정치평론가 고성국은 "필자는 대통령이 이렇게 혹독하게 공격당하는데도 침묵으로 일관한 정부를 알지 못한다"며 다음과 같이 개탄했다.

"그것도 가장 영향력 있는 신문사의 월간지가 1년이 넘게 집중적인 공세를 퍼붓고 있는데도 미동조차 하지 않는 대통령과 비서실, 집권 여당과 정부를 본 적이 없다. 대통령의 역사관과 국가관까지 집중적으로 문제삼은 월간지의 기사에 대해 침묵으로 일관한 비서실과 집권당이야말로 복지부동이 아닌가. …… 한완상 부총리, 김정남 사회교육문화수석, 한승주 장관을 차례로 친 수구의 칼날이 다음은 어디로 향할 것인가? 『월간조선』이 나오면 '혹시 내 이름은 없나' 하고 걱정스럽게 페이지를 넘기다 '이번에는 없군' 하고 안도의 한숨을 쉬는 사람들이 이른바 개혁 주체세력으로 자임하고 있는 것은 아닌가 심히 우려된다."[라]

다) 조갑제, 〈박정희와 김영삼의 화해〉, 『월간조선』, 1993년 11월, 104~127면.

라) 고성국, 〈왜 당신 글이 문제인가〉, 『사회평론 길』, 1994년 6월, 80~91쪽. 고성국은 이후에도 조갑제의 박정희 복고주의를 반박하는 글들을 계속 발표했다. 고성국, 〈'혁명가 박정희' 부활은 상업적 선정주의와의 결탁이었다〉, 『사회평론 길』, 1994년 7월, 48~69쪽; 고성국, 〈그의 박정희 영웅론은 전두환·노태우를 또 영웅으로 만들었다〉, 『사회평론 길』, 1994년 8월, 158~177쪽; 고성국, 〈김영삼 대통령은 7공 청문회에 조갑제 부장과 함께 설 수 없다〉, 『사회평론 길』, 1994년 9월, 80~100쪽; 고성국, 〈개혁과 통일시대, 수구세력에게 보내는 만가〉, 『사회평론 길』, 1994년 10월, 92~115쪽.

텔레비전: 당당한 상업주의, 대담한 시청자

시청률 무한경쟁

1993년 8월과 9월에 걸쳐 실시된 한국출판연구소의 '제1회 국민독서 실태조사' 결과, 한국인의 여가활동시간에 있어서 성인은 TV 시청(34.6%)이 독서(7.6%)보다 훨씬 높고, 초중고교 학생들 역시 TV 시청시간(1시간 38분)이 독서시간(54분)보다 많은 것으로 나타났다. 지난 1개월간 책을 읽은 적이 있느냐는 질문에 성인의 50.4%가 단 한 권의 책도 읽지 않은 것으로 나타났다.

통계청의 93년 사회통계조사 결과도 크게 다르지 않았다. "여가를 어떻게 보내나?"는 질문에 대해 45.4%를 차지한 수면, 가사, 잡일 등을 제외하곤 단연 TV 시청이 제1위를 차지했다. 스포츠 및 여행 14%, 영화·연극·음악·전시회 4.9%, 바둑·화투·경마·당구 4%, 회화·서예·독서 3.7%인 데 비해 TV 시청은 24.4%였다. 이 조사에 따르면, 한국인의 평균 주당 시청시간은 17.5시간인 것으로 나타났다.

SBS-TV가 한국 텔레비전에 미친 영향은 93년에도 확연하게 드러났다. 문자 그대로 '이전투구'라는 표현이 어울릴 정도로 시청률 경쟁이 치열해졌다. 공영이고 민영이고 할 것 없이 방송사들마다 앞 다투어 스타 연예인을 스카우트하기 위해 거액의 뒷돈을 주고 방송제작자들끼리 치열한 소모적 신경전을 벌이기에 바빴다.

시청률 무한경쟁은 텔레비전 3사의 93년 봄철 프로그램 개편에서도 잘 드러났다. 서울 YMCA 시청자시민운동본부의 모니터 결과에 따르면 오락프로의 비율이 KBS-1TV 29.3%, KBS-2TV 63.6%, MBC 49.1%, SBS 60.2%로 나타나 각 사가 발표한 수치보다 최고 30%까지 차이를 보인 것으로 나타났다. 이는 방송사들이 프로그램 분류를 기준이 애매한 기존의 방송법 시행령의 허점을 이용하기 때문에 나타난 결과였다. 〈연예가중계〉나 〈이야기쇼 만남〉과 같은 프로그램조차 교양물로 편성되는 판국이니 방송사의 분류는 믿을 게 못 되었다.

시청자단체들의 모니터 보고서에 따르면 프로그램 개편에서 KBS와 MBC가 SBS의 간판 프로그램들과 비슷한 내용과 형식의 프로그램들을 신설해 결국 3개 방송사 모두 토크쇼, 코믹 홈드라마의 증가 등 전체적으로 오락성이 가미된 프로그램을 강화했고 내용의 중복으로 인해 채널별 차별화는 이뤄지지 않았다.

게다가 KBS는 3개 프로그램을 1회 방영으로 폐지하고 MBC는 개편한 달 만에 임시 개편을 함으로써 방송사들이 시청률에 얼마나 집착하고 있는가를 잘 보여 주었다. 또 방송 3사는 봄철 개편의 핵심으로 정보·보도 프로그램의 확대를 확정 발표하고 실시한 지 며칠도 안 돼 뉴스 프로그램을 대폭 축소하고 여성 대상 정보 프로그램으로 메우는 등 파행적인 행태마저 보여 주었다.

기독여민회, 민주언론운동협의회, 한국여성민우회 등 3개 단체는 "KBS-2TV가 민영방송의 오락성을 능가하는 등 공영방송의 위상을 저버린 채 명분 없는 시청률 경쟁에 가세한 이유가 의심스럽다"고 지적하였고, YMCA 시청자시민운동본부도 "KBS가 양 채널 차별화 정책을 내세우는 것은 제2TV의 연예·오락 프로그램 강화와 노골적인 시청률 우선주의를 합리화하는 명분에 불과하다"며 "결과적으로 공민영방송제도 아래서 공영인 KBS가 오히려 시청률 경쟁을 주도하여 프로그램 전반에 상업적 오락성을 양산하는 부정적 파급효과를 불러일으키고 있다"고 비난하였다.[96]

오락 위주의 편성에 원인 제공을 한 건 SBS였지만 더욱 큰 문제는 SBS를 흉내내지 못해 안달하는 공영방송사들의 무책임한 자세에 있었다. 이와 관련, 『문화일보』기자 김사승은 "전 TBC 사장 출신인 홍두표 KBS 사장은 매일 아침 회의 때 그 전날 KBS의 시청률 자료를 간부들에게 내민다고 한다"고 지적했다.

"KBS 사장은 KBS-1TV와 2TV의 차별화라는 묘한 전략을 통해 KBS-2TV의 오락화를 정당화하고 있다. 1TV는 철저히 공영방송을 하고 2TV는 '건전한 오락방송'을 하겠다는 것이다. …… 공영방송인 KBS가 이런 얄팍한 수를 부릴 수는 없다. 1, 2TV 어느 것인들 KBS가 아닌가. 어느 채널을 오락으로 묶어 두고 어느 채널을 그에 대한 비난을 회피하는 채널로 취급해서는 안 된다. …… 그럼에도 시청률 경쟁에 이기기 위한 오락 프로그램을 내보내고자 한다면 2TV를 KBS로부터 당당히 떼어내 버려야 할 것이다."[97]

시청자단체들은 텔레비전의 과도한 오락성에 항의하기 위해 수개월간 "7월 7일에 TV를 끕시다"라는 캠페인을 전개했지만, 별 성과를 거두진 못했다. 텔레비전은 이미 대다수 시청자들에게 '생활마약'이기 때문

---

96) 『한겨레신문』, 1993년 5월 23일.
97) 『문화일보』, 1993년 5월 14일.

에 지금의 텔레비전이 많은 문제를 안고 있다는 시민단체들의 주장에 공감하는 사람이라도 텔레비전을 끈다는 건 결코 쉬운 일은 아니었을 것이다.

텔레비전 간접광고

1993년 10월 공보처 산하단체에 대한 국회 문공위 국정감사에서 민자당 의원 박종웅이 밝힌 바에 따르면 텔레비전의 간접광고는 심각한 수준에 이르렀다. 공보처와 방송광고공사의 자료를 토대로 한 조사에 따르면 각 방송사가 보조출연, 경품제공, 장소제공, 현금지급 등의 편법으로 이루어지는 간접광고의 형태는 일주일에 157건에 이르고 있으며(KBS-1TV 7건, KBS-2TV 44건, MBC 52건, SBS 54건), 그러한 간접광고비를 금액으로 환산하면 최소 한 해 37억 원에 이른다는 것이었다.

박종웅 측이 공개한 자료에 따르면 이들 대부분의 간접광고는 자막이나 사회자의 멘트 혹은 화면에 상품을 비추는 형태로 이루어지는데, 해외기획물 등 해외촬영 때 국내 유수기업이 협찬사로 나서 제작비 등을 지원하고 앞뒤 자막에 협찬을 명시하거나 의상, 가구, 전자제품 등의 선전을 위해 드라마나 쇼프로에 해당 기업이 상품을 제공하는 간접광고가 가장 많은 것으로 나타났다.[98]

1993년 11월 2일 종영된 MBC 항공드라마 〈파일럿〉은 특정 업체를 간접선전했다는 이유로 국정감사에서 논란이 되었다. 방송위원회는 〈파일럿〉이 협찬사인 대한항공의 시설물과 회사마크 등을 프로그램 배경으로 사용했고 자막과 육성, 복장 등으로 해당 기업의 상호를 부각시켜 특정 회사의 간접선전 등을 금지한 방송심의에 관한 규정 제67조 제1항을 위배했다며 '시청자에 대한 사과명령'을 내렸다.[99]

---

98) 『경향신문』, 1993년 10월 19일.
99) 『한국일보』, 1993년 11월 3일.

MBC 항공드라마 〈파일럿〉에선 대한항공의 홍보가 드라마의 이야기 구조와 흐름 속에 잘 녹아들었다.

〈파일럿〉은 '파격적'이라는 표현이 어울릴 정도로 전혀 새로운 양상의 간접선전을 대담하게 선보였다는 점에서 주목할 만했다. 게다가 이 드라마는 "방영 초기부터 대한항공이 기본 시설 무료 제공, 에어버스·보잉사 촬영 협조, 직원들의 엑스트라 출연 등 전 사적인 지원을 통해 아시아나 쪽의 접근을 막았으며 그에 대해 아시아나 항공이 강력한 항의를 해 오는 등 양사가 팽팽하게 대립"한 가운데 제작·방영되었다.[100]

그러나 시청자들의 인기를 놓고 보자면 이 드라마는 성공작이었다. "전문직 드라마 가능성 보였다(동아일보, 1993년 10월 19일)", "조종사 세계 실감 있게 연출 '성공작'(세계일보, 1993년 11월 2일)", "볼거리 풍성…연출도 '합격'(중앙일보, 1993년 11월 4일)" 등의 기사 제목들이 시사하듯이, 신문들도 드물게 이 드라마에 대한 칭찬을 아끼지 않았다.

사실 오랜만에 한국 텔레비전 드라마의 지평을 넓힌 새로운 시도와

---

100) 『TV저널』, 1993년 10월 29일.

더불어 연출자의 집념과 재능은 크게 칭찬할 만했다. 이 드라마는 대한항공의 적극적인 협조가 없었더라면 제작이 불가능했을 것이다. 그렇다면 어떤 형태로든 어느 정도 대한항공의 간접선전은 출발서부터 불가피했다.

MBC 항공드라마 〈파일럿〉

그런데 이 드라마에선 대한항공의 '결과적인' 홍보가 엉거주춤한 자세로 마지못해 이루어진 게 아니라 아주 당당하게 드라마의 이야기 구조와 흐름 속에 탄탄하게 자리잡았다. 그로 인해 많은 시청자들은 대한항공의 간접선전에 대한 거부감 없이 이 드라마를 즐겼을 것이다. 〈파일럿〉은 그간 텔레비전이 당당치 못한 자세로 추구해 온 상업세계와의 포옹을 만인이 보는 앞에서 자랑스럽게 해 보였다는 점에서 주목할 만한 흐름이었다.

〈파일럿〉이 드라마 전반에 걸쳐 무언가 새로운 '볼거리'를 제공하는 데에 심혈을 기울이고 있으며, 그 '볼거리'는 자연이나 인간이 아니라 소비사회의 축복이라 할 '상품'이라고 하는 것도 결코 우연이 아니었다. 비행기마저도 예쁜 주인공들과 더불어 조종사라고 하는 직업의 어두운 측면이 상대적으로 은폐됨으로써(이 드라마엔 손에 땀을 쥐게 하는 '과장된' 위기는 있을 망정 드라마의 빠른 템포는 조종사의 지루함과 고독이 표현되는 것을 허용하지 않았다), 소비사회 대중의 가슴을 설레게 만드는 '상품'으로 제시되었다.

그런 분위기 속에서 주인공의 애정 갈등마저도 대한항공이냐 아시아나냐, 노스웨스턴이냐 델타냐 하는 '상품'의 선택처럼 '유쾌한 고민'의 범주를 벗어나지 못했다. 그런 점에서 사실 〈파일럿〉은 이 드라마의 연출자(이승렬)와 스토리 창안자(이순자)가 이전에 선보였던 〈질투〉의 연장선상에 놓여 있었다. 간접선전마저도 '자동차'에서 '비행기'로 바뀐 정도의 차이가 있을 뿐이며, 배경음악과 주제가가 드라마의 '양념' 정도로 머무르는 것이 아니라 드라마의 템포 조절을 위한 과감한 축약과 때로 어설프기 짝이 없는 이야기 구조를 이미지로 대치하려는 용도로 사용되는 것도 같았다. 〈파일럿〉이나 〈질투〉를 '신세대 드라마'라고 부르는 것이 온당할는지는 모르겠으나, 이 드라마들이 소비사회에 대한 새로운 '가치'로 무장한 드라마의 전형을 보여 주고 있다는 건 분명했다.

광고는 드라마를 포함한 모든 텔레비전 프로그램을 둘러싸고 있는 환경일 뿐만 아니라 그들의 '생존권'을 보장해 주는 '물주'요 '수호신'이 되었다. 이제 광고의 그런 역할은 '직접'과 '간접'의 경계마저 붕괴시켰으며, 그런 붕괴의 주도권은 광고주뿐만이 아니라 편법적인 경제적 이해타산에 몰두하는 방송사와 소비사회의 가치와 손을 잡은 연출자들에 의해 동시에 행사되었다. 방송사의 그러한 태도는 윤리적인 잣대로 심판할 수 있어도 연출자의 취향은 이미 사회적 정서의 일부가 되었다. 〈파일럿〉은 텔레비전과 소비사회의 관계는 윤리적 판단의 영역을 넘어 보다 깊고 넓게 탐구될 가치가 있다는 걸 보여 주었다.

TV 속의 보통사람들

1993년 한국 시청자들은 카메라에 대해 매우 대담해졌다. 텔레비전 카메라만 보면 기를 쓰고 달려들어 손가락을 흔들어대는 어린이들뿐만 아니라 성인들도 이전과는 다른 모습을 보여 주기 시작했다. 텔레비전 카메라 앞에서 적극적이고 심지어 호전적인 모습을 보여 주는 보통사람들이 늘었다. 많은 사람 앞에 자기 자신을 드러내야 할 그 무슨 곡절이 있는 것이었을까?

예전엔 보통사람들이 참여하는 프로그램을 제작하는 프로듀서들은

'카메라 공포증'이 없는 사람들을 찾느라 이만저만 힘들었던 게 아니었다. 그런데 이젠 '카메라 집착증'이 있는 사람들의 출연 신청이 쇄도해 즐거운 비명을 지르는 동시에 그 가운데 옥석을 가려야 하는 수고를 해야 할 정도로 상황이 뒤바뀌고 말았다. 시청자 참여 프로그램이 호황을 누린 것도 그처럼 공급이 수요를 초과하는 상황의 덕을 톡톡히 보고 있는 것이었다.

시청자 참여 프로그램은 그 장르를 일일이 구분하기 어려울 정도로 그 종류가 매우 다양했다. 93년 현재 〈세상사는 이야기〉, 〈전국노래자랑〉, 〈주부가요열창〉, 〈열전 달리는 일요일〉, 〈우정의 무대〉, 〈성공시대〉 등이 그 대표적 프로그램들이었다. 그 밖에도 보통사람들의 참여를 중심으로 하거나 곁들인 퀴즈 프로그램들과 토론 프로그램들이 있으며, 또 많은 오락 프로그램들이 길거리로 나가 시민들을 만나는가 하면 방청객들에게 부분적인 참여의 기회를 제공했다.

보통사람들의 방송 참여 기회가 그만큼 확대된 건 그 자체로선 바람직한 일임에 틀림없지만, 문제는 방송 참여의 내용이었다. 일부 보통사람들이 텔레비전 카메라 앞에서 취하는 행동은 그들의 평소 모습이라고 보기엔 너무도 작위적이었다. 그들은 텔레비전 카메라 앞에선 그 어느 한순간이라도 평범하게 행동해선 안 된다고 굳게 믿고 있는 듯했다. 심하게 이야기하면 모두가 보는 사람들을 웃겨야 한다는 강박관념으로 피가 마를 지경인 신인 개그맨들처럼 행동했다.

언제부턴가 〈세상사는 이야기〉에선 웬만한 개그맨을 능가하는 입심으로 사회자인 황인용을 압도하는 출연자들을 심심치 않게 볼 수 있게 됐다. 그 덕분에 이 프로그램은 초기의 신선한 맛을 잃고 '쇼'의 냄새가 너무 짙게 배었다. 〈전국노래자랑〉에선 사회자인 송해와 '동격'에 서서 한바탕 코미디를 벌이는 출연자가 매회 빠지는 법이 없었다. 그 순박한 시골사람들에게 텔레비전 카메라 앞에선 그렇게 행동해야 한다는 걸 가

〈전국노래자랑〉에선 사회자인 송해와 함께 한바탕 코미디를 벌이는 출연자가 매회 빠지지 않는다.

르쳐 준 건 누구였을까? 또 그와는 정반대로 지나치게 엄숙한 자세로 기성가수들의 흉내를 철저히 내고 있는 〈주부가요열창〉의 주부들에게 '스타'의 행동거지를 가르쳐 준 건 누구였을까?

〈열전 달리는 일요일〉이나 〈우정의 무대〉의 출연자들은 그야말로 '동심의 세계'를 보여 주었다. 도시를 벗어나 장애물이 설치된 야산에서 뛰어 놀거나 제복을 입고 극도로 통제된 단체생활을 하면서 동심으로 돌아가지 않는다면 그게 더 이상한 일일 터이다. 이 프로그램들의 포맷 자체가 그런 '동심'의 표현을 요구한다는 건 이해하지만, 출연자들이 그 요구를 과잉 충족시킨다는 생각을 지울 길이 없었다. 특히 〈우정의 무대〉는 사회자 이상룡이 워낙 어린이 프로그램의 사회를 많이 해 온 탓인지 어린이들에게 던질 수 있는 수준의 질문을 출연자들에게 하거니와 출연자들은 동료 군인들을 웃겨줘야 한다는 사명감 때문인지 한치의 오차 없이 더욱 유치한 답변으로 대응했다. 정도의 차이일 뿐 〈성공시대〉의 출연자들도 평소 같으면 그러지 않았을 모습을 보여 준다는 점에선 마찬가지였다.

왜 많은 사람들이 텔레비전 카메라 앞에선 그렇게 투철한 '프로 정신'으로 무장하고자 했을까? 굳이 그렇게 할 필요가 없었는데도 말이다. 물론 시청자 참여 프로그램의 제작진이 출연자들을 그렇게 행동하도록 유도하는 점도 없진 않겠지만 그것만으론 설명이 부족했다. '무언가 보여 주겠다' 던 어느 유명 코미디언의 말마따나 이젠 모든 사람들이 텔레비전 카메라 앞에선 무언가 보여 주어야 한다는 걸 상식으로 받아들였다.

이제 대중은 텔레비전 속에서 살게 되었다. 현실은 외부 세계와의 접촉에 의해 파악되는 것이 아니라 텔레비전 화면을 통해 주어졌다. 아무리 발이 넓고 부지런한 사람일지라도 하루에 접촉할 수 있는 외부 세계의 '양' 은 아주 하찮은 것에 지나지 않는 반면 텔레비전은 즉각적으로 '지구촌' 구석구석을 보여 줬다. 스타의 침실도 보여 주고 부정을 저질러 얼굴을 감싸고 고개를 숙이는 높은 사람들의 모습도 보여 주고 심지어는 더러운 돈을 주고받는 부정의 현장까지도 보여 줬다.

사실 텔레비전은 예전의 공중 영역을 점령했다. 가구별로 파편화된 삶을 가능케 하거나 불가피하게 만드는 도시의 아파트 생활에서 '공동체' 란 똑같은 텔레비전 프로그램을 동시에 시청한다는 의미에서만 가능할 뿐이었다. 바로 이웃집에서 무슨 일어났는지 전혀 모르는 사람들도 대부분 드라마 주인공들에게 어떤 일이 일어났는지 너무도 잘 알고 있었다. 그런 상황에서 스타들이 노는 세계에 동참하는 것을 가능케 해 주는 텔레비전 카메라의 유혹은 거부하기 어려운 것인지도 모를 일이었다.

신세대: 네 멋대로 해라

'신세대 신드롬'

1991년 서울대 교수 한완상은 〈한국 사회에서 세대갈등에 대한 연구〉라는 제목의 논문을 통해 한국의 사회현실에 대한 불만은 계급(소득계층)이나 지역 등의 요인보다는 세대변수(세대차이)에 따른 차이가 가장 크다고 주장했다.

한완상의 주장을 입증이라도 하듯, 92년부터 언론매체들은 세대갈등 문제에 큰 관심을 기울였다. 여러 신문들이 '신세대'에 관한 특집을 연재했으며, 그러한 경향은 93년 '신세대 신드롬'이라 해도 좋을 정도로 최고조에 이르렀다. 신세대는 93년 한국 문화계의 최대 화두가 되었다.

문화이론연구회는 "93년에 들어와 본격적으로 논란의 대상이 된 '신세대'는 한국 사회의 전반적인 변화와 더불어 등장하고 있는 90년대 세대 전체를 지시하는 '고유명사'의 지위를 확보하기에 이르렀다"고 주장했다.[101]

'미메시스'라는 그룹이 공동 집필한 『신세대: 네 멋대로 해라』라는 책이 미친 영향도 컸다. 93년 8월 1일에 출간된 이 책은 이렇게 선언했다.

"미메시스 필진들은 신세대를 철없는 아이들로 규정하는 관행에 반대한다. 이는 신세대의 사회적인 파워와 감성적인 열정을 적극적으로 옹호하기 때문이다. …… 90년대의 신세대는 최고의 전문가적 기질을 발휘하며 자신들의 세계를 구축하고 있다. 결코 만만히 대하거나 무시할 수 없는 사고와 행동을 추구한다."[102]

이영미는 "그 책의 논지에 찬동하든 안 하든 그 책의 존재와 그 책이 불지른 신세대에 대한 관심에 대해 모르는 대학생은 거의 없을 정도이니까. 그 책의 지나치다 싶을 정도의 공격적 어투(증오, 전복, 파괴 등의 단어를 즐겨 쓰는 것에서도 드러나듯)와 자극적인 극단적 논리 구사가 그 센세이션에 큰 몫을 하고 있고"라면서 이 책을 93년의 가장 센세이셔널한 책 중의 하나로 꼽았다.[103]

이영미는 이 책이 신세대가 아니라, 운동권 출신 20대 후반 정도의 또래들이 전술적 고려로 만든 책으로 보았다.

"이들 '미메시스' 그룹은 신세대가 (반항을 그 특성으로 하는 청년이라는 세대의 특성상) 진보 가능성이 있다고 판단하고 그러한 잠재적인 진보 가능성을 일깨우고자 한다. 그래서 이들은 '신세대=진보적'이라는 등식을 만들어 내고, 주로 우리 사회의 가속화된 미국화 경향에 따라 90년대 대중문화에서 보다 대중적 관심을 확보하고 있는 60년대 미국과 유럽의 청년문화의 저항성을 한국 신세대의 특성과 동일시함으로써 신세대에게 진보 가능성을 부여하고 촉발시키고자 한다."[104]

그간 신세대론이 주로 기성세대에 의해 우려스러워하는 목소리로 다

101) 문화이론연구회, 〈'신세대론'을 비판한다〉, 『문화과학』, 1994년 봄, 288쪽.
102) 미메시스, 『신세대: 네 멋대로 해라』(현실문화연구, 1993), 15쪽.
103) 이영미, 『서태지와 꽃다지: 대중문화시대 예술의 길찾기』(한울, 1995), 141쪽.
104) 이영미, 위의 책, 142쪽.

루어져 온 것에 저항이라도 하듯, 신세대에 의한 신세대론은 매우 당당
해졌다. 93년 서울대 총학생회장에 당선된 후보들의 선거운동 책자에
담긴 다음과 같은 주장도 그러했다.

"신세대의 가장 큰 특징은 자신에 대한 당당함과 중심성이다. 자신을
소중하게 여기고 부단히 자신을 발전시키려는 노력을 하며 주위 세계에
대한 합리적 태도를 취한다. 이러한 특성은 무한한 창조력으로 나타난
다. 제도와 이데올로기, 일상에 묶인 기성세대에게 숨통을 틔워줄 수 있
는 가능성이 있다."[105]

'신세대'는 점점 진보의 기호로 자리잡게 되었다. 93년 가을호로 창
간한 대중문화 전문 계간지 『상상』은 창간사에서 "『상상』은 신세대 잡지
이다. 우리가 말하는 신세대란 1960년대와 70년대에 태어난 세대가 아
니다. 이 혼돈의 위기를 넘어서 새로운 가능성을 찾아보려 하는 세대이
다. 그런 의미에서, 『상상』은 신세대 잡지이다"라고 선언했다.[106]

'욕구' 에서 '욕망' 으로

어느 시대를 막론하고 '신세대'는 늘 존재해 왔지만, 1993년에 꽃을
피운 '신세대'란 말은 단지 어느 시점을 기준으로 해 그 이전 세대는 '구
세대'요 그 이후 세대는 '신세대'라고 부르는 그 이상의 것을 의미하는
것이 되었다. 신세대는 무엇보다도 TV세대였다. 92년 통계청의 집계에
따르면 한국 인구 가운데 20대 이하는 44%, 30대 이하를 따지면 62%에
이르렀다. 이 62%의 인구는 이른바 'TV세대'였다.

TV의 역사는 이제 불과 50년이었으며, 한국 TV 역사는 30년에 지나

---

105) 정의길, 〈신세대—모방성 강해 상업주의의 타깃〉, 『한겨레신문』, 1993년 12월 3일, 8면.
106) 주인석, 〈창간에 부쳐: 상상, 넘나들며 감싸안는 힘〉, 『상상』, 1993년 가을, 9쪽.

지 않았다. 60년대의 TV 수신기 보급이 신통치 않았다는 것을 감안한다면, 한국에선 20대 초반까지의 인구를 'TV세대'로 볼 수 있었다. 그러나 10살 이후에 미친 영향력도 무시할 수 없기 때문에 넓게 보자면 30대 초반까지의 인구를 'TV세대'에 포함시킬 수 있었다.

TV세대는 그 이전 세대에 비해 세상을 이해하는 방식이 달랐다. TV세대가 이해하는 세계는 TV 속의 세계와 비슷했다. TV 속의 세계는 질서정연하다. 온갖 갈등도 곧 해결되게끔 되어 있다. 또한 TV 속의 세계는 지루하지 않다. 속도감이 있다. 따분하다고 생각하면 채널을 돌리면 간단히 해결된다. TV세대에겐 불확실성과 무료함에 대한 본능적인 거부감이 있으며 속도감과 감각적인 이미지의 쾌락에 대한 본능적인 친밀도가 강했다.

이른바 '신세대' 광고는 바로 그런 TV세대를 겨냥한 '문화공학'의 성격이 강했다. 1가구 2자녀 시대의 신세대는 그 자체로서 막강한 구매력을 자랑할 뿐만 아니라 가족 전체의 구매 행위에도 무시 못할 영향력을 행사하기 때문이었다. 게다가 구세대는 시대에 뒤떨어져서는 안 된다는 일종의 강박관념을 갖고 있기 때문에 신세대 광고의 소비자로 편입될 수도 있었다.

신세대 광고는 그런 계산에 결코 소홀하지 않았다. 신세대를 겨냥한 광고는 밝고 당당하고 건강한 젊은이들의 모습을 보여 주지만 광고주와 제작자들은 '건전 사회 캠페인'을 벌이자고 그 많은 돈과 노력을 투자하는 건 아니었다. 건전한 사회든 삶이든 오로지 광고하는 상품의 구매를 통해서만 가능하다는 것을 역설하고자 할 따름이었다.

신세대와 구세대의 차이는 욕망(desire)과 욕구(need)의 차이이기도 했다.

"물리적인 생존을 위한 사용가치 그 자체로서 소비가 필요하던 기성 세대에서는 '욕구' 차원의 노동과 생산활동이 필수적이었다면, 90년대

세대는 욕망의 미적·문화적 소비를 위한 노동, 생산활동을 선택한다."[107]

강내희는 "옛날에 오란씨 광고가 있었죠. 그 광고에서는 마시면 시원하다고 했어요. 그건 욕구 차원입니다. 마시면 시원하니까 이것을 사서 마시라는 거죠. 소비자에게 필요하다는 것을 강조합니다. 그런 의미에서 오란씨 선전의 논리는 사용가치가 있다는 것을 주지시키는 방식이라면, 지금의 코카콜라 같은 경우는 차이가 납니다. 코카콜라라는 상품을 통해서 새로운 삶을 살 수 있다는 식으로 바뀌었지요"라고 말했다.[108]

심광현은 "욕구에서 욕망으로의 전환은 굉장히 중요한 문제"라며 "이윤증식을 위해서 이제는 광고나 포장에서도 사용가치, 단순한 미적가치보다는 디자인과 같이 욕망 생산 메커니즘에 대한 투자가 중요해지기 시작하고 그것이 훨씬 더 큰 경제적 이윤을 불러일으켜 주는 작용을 하는 것"이라고 말했다.[109]

쾌락의 문화공학

신세대는 최첨단 유행에 민감하고 외래문화에 대한 거부감도 없었다. 광고 문안은 이들을 겨냥해 다음과 같은 공세를 퍼부었다.

"내 감각대로, 내 개성대로 톡톡 튀는 나의 표현", "천만번을 변해도 나는 나, 이유 같은 것은 없다", "신세대에게는 설명하지 마라. 단지 표현하라", "나는 세계의 중심"

'문화이론연구회'는 "이 광고 문안들에서 읽어낼 수 있는 공통성은 신세대로 하여금 의식적, 무의식적으로 자기도취하며, 스스로를 과장하

---

107) 문화이론연구회, 〈'신세대론'을 비판한다〉, 『문화과학』, 1994년 봄, 292쪽.
108) 강내희 외, 〈창간좌담: 현단계 자본주의 문화현실과 과학적 문화이론의 모색〉, 『문화과학』, 창간호(1992년 여름), 29쪽.
109) 강내희 외, 위의 글, 29~30쪽.

고, 자발적으로 자신을 신격화하도록 하는 '자아지시적 블랙홀'로 안내하고 있다는 점이다. 즉, 신세대는 상품을 직접 소비하지 않고 광고 자체만 소비하더라도 이미 '신세대 신화'에 빠져든다. 왜냐하면 최근의 상품들은 사용가치 그 자체보다도 분위기나 느낌 등의 미적 체험과 같은 기호로 소비된다는 점에 주시하는 상품미학으로서 생산되기 때문이다"고 말했다.[110]

사랑도 우정도 코카콜라나 펩시를 통해서만 가능했다. 섹스인들 마다할까. "적셔준다. 깊고 빠르게", "촉촉한 거 좋아하니" 심지어 꼬마들의 '행복'도 '해피프렌드'를 통해서만. "친구 여러분! 난 지금 무척 행복해요. 왜냐구요. 해피프랜드를 입었기 때문이죠. 해피프랜드는 편안해요. 촉감도 부드럽고요. 또 나를 더 예뻐보이게 하거든요. 한번 입어보세요."

약 광고는 약의 이름을 시청자들의 머리에 주입시키는 것으로 족했다. 한국 소비자의 반 정도가 약국에서 약을 살 때에 약의 상표를 댄다는 조사 결과도 나왔다. 게다가 약을 먹는 게 무슨 유행인가? 그래서 약 광고는 세련될 필요가 없었다. 그러나 유행에 민감한 신세대를 겨냥한 광고들은 아주 세련되게 '분위기'와 '느낌'과 '속도감'을 전달하고자 애를 썼다.

신세대 광고는 라이프스타일과 인생관까지 바꾸고자 시도하는 '문화공학'이었다. 그 이미지는 다양할 망정 그 내재적 메시지는 거의 동일했다. 쾌락은 즉각적으로 충족되어야 한다. 겉은 속보다 훨씬 더 중요하다. 감각은 곧 실체다. 당신은 부족하고 무능하고 시대에 뒤떨어져 있다. 풍요롭고 유능하고 진취적일 뿐만 아니라 아름답고 매력적인 광고모델들과의 공감대는 똑같은 소비를 통해 구현될 수 있었다.

물론 그 어떤 광고도 그런 주장을 언어적으론 하지 않았다. 이미지 커

---

110) 문화이론연구회, 〈'신세대론'을 비판한다〉, 『문화과학』, 1994년 봄, 283쪽.

뮤니케이션엔 언어가 필요 없다. 여성 의류 선전을 하는 어느 유명 탤런트가 모델이 되어 괜히 폼을 잔뜩 잡으며 자신의 매력을 한껏 과시하는 것만으로 그런 주장은 쉽게 이루어질 수 있었다.

그리고 신세대 광고는 가능한 한 이미 서구 사회에 근거를 둔 '다국적 문화'에 통합된 신세대의 '코스모폴리터니즘'을 염두에 두고 이국적인 풍경을 보여 줬다. 외국에 나가지 않고 국내에서 촬영을 하더라도 괜히 외국인 듯한 느낌을 주어야 했다. 하다 못해 제품 이름이라도 국어를 사용해선 안 될 일이었다. 영어는 너무 익숙하니까 그것도 이왕이면 불어나 이태리어로.

그리고 거기에 신세대가 시(詩)보다 더 좋아한다는 감각적인 문구 하나만 보태면 금상첨화였다. "내 마음을 감추기 위해 커피를 마셨습니다. 젊은 날의 커피—맥스웰", "생활에 자기 주장이 있는 옷—에뻴뤼스", "뛰는 거 그게 좋아 신세대 감각 패션—미네라인" 다 말이 안 되는 말인데도 그러면 그럴수록 무언가가 있는 것 같아 신세대의 마음을 더욱 사로잡았다.

시인 이승훈은 "최근의 카피문화나 광고문화는 놀라운 데가 많다. 신문을 보거나 TV를 보거나 우리의 시선을 끄는 것은 광고다. 문안도 신선하려니와 그림이나 이미지 역시 예술작품 뺨칠 정도로 감동적인 것들이 많다"고 말했다.[111]

"소비한다 고로 나는 존재한다"

광고에 들이는 노력도 그 어느 분야보다 더 치열했다. 광고모델은 불과 몇 초에 지나지 않는 한 장면을 찍기 위해 하루 종일 똑같은 동작을

---

111) 『세계일보』, 1993년 8월 28일.

수십, 수백 번 반복하기도 했다. CF모델로 활약하다 TV 드라마의 주연급으로 발탁된 이종원은 다음과 같이 말했다.

"많은 사람들이 기억하고 있는 '리복' CF에서 의자를 발로 밟고 넘어지는 신을 촬영하기 위해 500번을 반복했습니다. 그리고 피아노 위를 스르르 미끄러지는 신을 위해서는 엉덩이에 '불'이 날 정도로 되풀이했습니다. 세트장에서 쓰러질 정도로 탈진했지만 저를 오늘 이 자리에 있게 한 것은 순전히 그 CF 덕입니다."[112]

광고 속의 '신세대'는 교묘히 합성된 '모자이크'이지만 자아(自我)의 풍선에 바람을 불어넣기에 충분했다. 미국의 담배회사들이 여성 흡연 인구를 늘리기 위해 '남녀평등'의 구호를 이용했듯이, '신세대 광고'는 모든 종류의 긍정적인 사회적 가치를 소비사회의 덕목에 종속시켰다. "소비한다 고로 나는 존재한다"가 신세대적 삶의 이념이라고 해도 과언은 아니었다.

그 삶의 이념은 늙기를 두려워하는 인간의 본능과 그 본능을 최대한 착취하는 광고 공세에 의해 기성세대에게도 전파되었다. 모든 소비재 상품은 신세대의 소비감각에 호소하지 않고선 시장에서 살아남기가 어렵게 되었다. 일본 기업들이 여고생을 '히트 상품 감별사'로 이용하고 있는 것도 결코 우연이 아니었다. 신세대를 비판하는 사람도 신세대 상품 소비를 통해서나마 그 신세대에 근접해 신세대에 대한 비판의 자격과 정당성을 얻으려는 노력은 소비사회의 역설이 아닐 수 없었다.

물론 '신세대'는 '문화'라는 보호막으로 '경제'를 은폐할 수 있었다. 아니 '신세대'는 결코 은폐할 생각이 없지만 피상적인 사회적 담화가 그런 은폐의 기능을 수행해 주었다. 대학생들의 연예계 취업 욕구가 과거 그 어느 때보다 더 높아진 것에 대해 언론은 그것을 '신세대문화'의 한

---

112) 설주원, 〈이종원—인간성 정말 괜찮은 전천후 '터프가이'〉, 『TV저널』, 1994년 1월 7일, 32면.

단면이라고 이야기했지만, 그 동력은 '경제'였다.

영화감독 정지영은 "한 여자아이가 영화에 출연하고 싶다고 했다. 왜 냐고 물었더니 탤런트 되기 쉬워서 그런다고 했다. 탤런트는 왜 되려느냐고 다시 물었다. 그래야만 광고방송 출연료가 높아진다는 것이다"고 말했다.[113]

그럴 만도 했다. 93년 40대 광고주가 쓰고 있는 모델의 42%가 1억 원을 넘게 받았으며, 3억 원을 넘게 받는 연예인도 여럿 되었고, 연간 모델료 수입이 5억 원을 넘는 연예인도 여럿 되었다.[114] 광고계에 먼저 진출한 다음에 탤런트가 되어 나중에 큰돈을 만질 수도 있었다. 93년 서울방송 3기 신인 탤런트 최종 합격자 17명 가운데 전문 광고모델은 전체의 70%인 12명이었다.

소비사회의 대중문화는 문화적 현상인 동시에 경제적 현상이기도 했다. '신세대문화'는 '경제'와의 구분이 불가능할 만큼 경제적 동력에 의해 움직였다.

그러나 신세대는 그것이 실체이건 허구이건 분명 긍정적인 장점을 많이 갖고 있었다. "내 식대로 살겠다. 남에게 피해를 주지 않는다. 평판에는 관심 없다." 이 얼마나 당당한 선언인가. 물론 신세대가 꼭 그런 선언대로 사는 건 아니었지만 말이다.

---

113) 『TV저널』, 1993년 6월 4일, 42면.
114) 『TV저널』, 1993년 9월 3일; 『경향신문』, 1993년 9월 3일.

'연예인 신드롬'과 연예저널리즘

청소년들의 연예인 숭배

일간지들의 치열한 증면 경쟁은 연예 기사를 대폭 늘리는 결과를 가져 왔으며, 이에 질세라 스포츠신문과 연예잡지들은 더욱 강도 높은 선정주의로 치달았다. 청소년용 잡지들도 연예 기사를 늘렸다. 대표적 중고생 잡지인 『하이틴』 93년 7월호의 경우, 총 59건의 기사 중 39건이 연예 관련 기사고 나머지 20건 중 10여 건은 애독자 엽서추첨 등 잡지 제작에 의례적으로 끼는 난이며, 나머지도 다이어트나 패션 등 관련 기사로 채워졌다.

대중가요 분야는 10대가 실세였다. 그들은 한국 음반시장의 70%에 해당되는 구매력을 과시했다. 음반시장은 93년에 최대의 불경기를 맞았지만 10대를 주요 팬으로 확보하고 있는 가수들의 음반은 여전히 호황을 누렸다. 신승훈의 〈널 사랑하니까〉, 서태지와 아이들의 〈하여가〉, 김건모의 〈핑계〉 등은 모두 100만 장 이상 팔렸다. 그것도 아주 단기간 내에.

당연히 음반회사의 판매전략은 최대 고객인 10대에 맞춰졌다.

초등학생들도 대중가요의 주요 고객으로 떠올랐다. 어린이 잡지 『굴렁쇠』가 93년 7월에 조사한 바에 따르면, 서울 초등학교 어린이의 65%가 동요보다 가요를 더 즐겨 부르는 것으로 나타났다. 91년 KBS와 현대리서치연구소의 공동조사에 따르면 서울시내 초등학교 4, 5, 6학년 어린이들의 애창곡 가운데 1위부터 5위는 〈오직 하나뿐인 그대〉, 〈날 울리지마〉, 〈이별여행〉, 〈이젠〉, 〈그녀를 만나는 곳 백미터전〉 등 모두 대중가요였다.

청소년들의 연예인 숭배도 도를 더해갔다. 한 청소년 상담 교사는 다음과 같이 말했다.

"'선생님 어쩌면 좋아요. 제 아이가 드디어 일을 저질렀어요. 아빠에게 대들고 소리를 지르며 이젠 부모도 필요 없고 학교도 안 가겠다는 거예요.' 고등학교 다니는 딸아이를 둔 이 어머니는 상담을 하면서도 내내흥분을 가라앉히지 못했다. 대학 진학을 앞두고 얌전히 공부만 하던 딸아이가 좋아하는 가수가 대마초를 흡입한 혐의로 구속된 뒤로는 밥도 먹지 않고 학교에서 돌아오면 그 가수의 노래만 듣다가 성적까지 뚝 떨어졌다는 것이다."[115]

스타들은 열성 팬들의 애정 공세로 몸살을 앓아야 했다. 가수 신승훈은 "얼마 전 차에 가보니 한 남학생이 번호판을 떼어내고 있었다. '도대체 왜 이런 짓을 하느냐'고 물었더니, '내가 번호판을 떼어가면 친구들사이에서 스타가 된다'고 대답해 실소를 금할 수 없었다"고 말했다. 탤런트 최진실은 "국민학생, 중학생들이 지방에서 올라와 밤샘을 하곤 한다. 심정은 이해가 가지만 다른 주민들과 함께 사는 빌라 벽면 1층부터 4층까지 낙서로 도배질을 해 난감하기 이를 데 없다. 몇 번 칠을 새로 했지

---

115) 김회성, 〈연예인 흉내 심할 땐 '꿈' 심어주라〉, 『동아일보』, 1993년 11월 10일, 17면.

대중가요 분야의 실세는 10대였다. 때문에 음반회사의 판매전략은 10대에 맞춰졌다.

청소년 팬들의 낙서로 얼룩진 최진실의 집 현관.

만 소용없고, 현관문과 초인종에까지 연필 · 크레용 · 매직으로 낙서를 해서 이웃 주민 볼 낯이 없다"고 말했다.[116]

93년 서울방송 제3기 신인탤런트 시험엔 20명 모집에 7,578명이 몰려 380 대 1의 경쟁률을 기록하였는데, 한 신문은 청소년들의 '연예인 신드롬'에 대해 다음과 같이 보도했다.

"최근 3~4년 동안 호황을 누려 온 서울 여의도 방송가의 10여 개 연기학원에는 이번 여름방학 기간에 10대 수강생들이 더욱 많이 몰려들었다. 연기학원가에서 명문으로 소문난 ㅇ학원의 경우, 성인반 · 중고반 · 유치반과 대학진학을 준비하는 연극영화학과반 등 4개반에 180명의 수강생을 1년에 세 차례씩 모집하고 있으나 보통 1,000여 명씩 수강을 희망하고 있어 간단한 전형을 통해 선발하고 있는 실정이다. 수강 희망생 90% 이상이 중고생이고 특히 중학생이 이 중 60%여서 중고생반 등은 항상 수강인원을 초과해 100여 명을 받고 있다."[117]

연예저널리즘의 횡포

연예지들 간 경쟁이 치열해지다보니, 부작용이 없을 리 없었다. 1993년 10월 주간 『TV저널』이 창간 2주년 기념으로 마련한 인기스타 9명의 좌담에서 연예인들이 일부 스포츠신문과 연예오락잡지들에 대한 불만을 토로해 논란을 빚었다. 이 좌담에서 이들은 "모 잡지에서 인터뷰 요청이 있어 갔더니 동료 개그맨과 기념사진을 찍게 하더니 다음날에 그 사진이 대문짝만하게 신문에 실렸다", "결혼 예정 기사를 낙종한 쪽에서 호통을 쳐 그날 여러 곳을 돌며 양해를 구했다", "무의식적으로 한마디 한 말을

116) 설주원, 〈열성팬 천태만상—꽃사랑에 보약은 애교 칼부림 사이코팬엔 오싹〉, 『TV저널』, 1993년 10월 29일, 44~46면.
117) 정의길, 〈청소년 '연예인 신드롬' 열병〉, 『한겨레신문』, 1993년 8월 30일, 5면.

가지고 다음날 '인기 추락', '미스캐스팅' 하면서 깎아내렸다" 등 피해 사례를 구체적으로 열거했다. 특히 이들은 '검은 돈'을 요구하는 부문까지 밝혔는데, 이 좌담 내용이 알려지면서 이들 연예인들은 물론 좌담을 정리한 기자에게까지 '위협성' 전화가 끊임없이 걸려와 좌담에 참석한 연예인들이 곤란을 겪었다.[118]

가수 조용필도 한 인터뷰에서 언론에 대한 불만을 터뜨렸다. 그는 "전 허구한 날 당하고만 살았어요. 환멸감을 느낄 때도 숱했지요. 예전에 어떤 기자가 이런 얘길 하더군요. 연예부 기자가 되려면 먼저 저에 관한 스캔들을 한 가지 터뜨려야만 했다구요. 물론 그런 시대에 살고 있는 제 자신이 원망스럽긴 하지만 매스컴에서 너무 스캔들을 만든다는 생각이 들어요. 그것도 엄청나게 부풀려서 말입니다. 기회가 온다면 우리나라 매스컴에 대해서 책을 쓸 생각이지요"라고 말했다.[119]

왜 그런 일이 벌어진 걸까? 한 스포츠지 기자의 증언에 따르면, "인기 연예인의 결혼발표와 같이 쇼킹한 내용이 실렸을 경우 신문판매부수에 엄청난 차이가 납니다. 보통 7~8만 부 이상이 더 나가면 한 부에 300원씩이니까 하루면 2,000여만 원, 한 달이면 6억 가까운 돈이 들어오는 거죠. 물론 매일 특종을 낼 수는 없지만 이런 영향력이 있으니 경영자의 입장에서는 팔릴 수 있는 기사를 요구하지 않을 수 없게 됩니다."[120]

연예기자 경력 10년이 넘는 한 스포츠지 기자는 이렇게 말했다.

"무턱대고 스포츠지 간에 특종 경쟁을 계속한다는 건 제살깎기나 다름없어요. 취재원인 연예인들이 기자 만나기를 꺼리고, 기자들 역시 스스로도 만족할 수 없는 기사로 지면을 메운다면 무슨 발전이 있겠습니까? 누구 하나 다치기 전에는 쉽게 분위기가 가라앉지 않을 기센데 그렇

---

118) 『동아일보』, 1993년 10월 23일.
119) 『TV저널』, 1993년 10월 8일, 83면.
120) 『TV저널』, 1993년 2월 12일, 16면.

다고 기자들을 위한 보호장치가 있는 것도 아니거든요. 가능한 한 빨리 이 사이클에서 벗어나야 합니다."[121]

대중문화를 외면하는 교육

연예저널리즘의 횡포엔 대중문화에 대한 사회적 무관심과 몰이해도 적잖이 작용했다. 학교에서는 물론이고 사회에서도 대중문화 교육이 전혀 이루어지고 있지 않은 가운데 일부 청소년들은 그야말로 독학으로 대중문화에 대한 전문적인 지식을 쌓아가고 있었다. KBS-TV의 〈지구촌 영상음악〉이라는 프로그램을 맡은 전진국 PD는 청소년들의 뮤직비디오에 대한 높은 관심도에 대해 다음과 같이 말했다.

"시청자 엽서나 컴퓨터 통신을 받아 보면 정말 '악' 소리가 날 정도로 시청자들의 음악상식이 대단합니다. '루이스 미겔'이니 '엘자'니 쉽게 접하지 못하는 아티스트들의 최근 근황까지 세세하게 알고 더 많은 정보를 요구합니다. 우리 방송은 지금까지 그런 욕구를 충족시켜 주기는커녕 제대로 반영도 못하고 있었다는 거죠."[122]

015B의 장호일은 "기성세대들은 젊은이들의 노래와 활동을 그냥 못 봐주는 것 같아요. 사랑에 관한 노래는 무조건 진부한 사랑타령으로 몰아세우고, 환경음악이라도 부르면 뭔가 의식이 있는 것처럼 바라보는 시각은 큰 문제라고 생각해요"라고 말했다. 그는 "멀쩡하게 좋은 대학 나와 왜 '딴따라'를 하느냐는 소리를 어른들로부터 많이 들었다"며 "그러나 결국 중요한 것은 주위 사람들이 어떻게 생각하느냐가 아니라 스스로 선택한 자신의 삶"이라고 말했다.[123]

---

121) 『TV저널』, 1993년 2월 12일, 18면.
122) 이숙이, 〈해외 음악계 뮤직 비디오 집중 소개〉, 『TV저널』, 1993년 12월 24일, 64~65면.
123) 『TV저널』, 1993년 10월 29일.

기성세대의 대중문화에 대한 인식 부족은 교육 영역에서 두드러졌다. 『한겨레신문』 논설위원 김선주는 "서울대에는 영화학과가 없다. 서울대 음대도 대중음악을 가르치지 않고 있다. 대중음악을 가르치는 곳은 서울 예전의 실용음악과 정도로 알려져 있다. 서울대 음대 출신들이 몇 년째 잇따라 대중음악 쪽으로 진출하고 있어도 서울대 음대 교과과정에는 대중음악에 대한 배려가 없다"며 다음과 같이 말했다.

"중국의 제5세대 감독으로 세계 영화계에서 주목을 받고 있는 장이무, 첸카이커 등은 전부 베이징 예술대학 출신이다. 이들이 세계 영화제에서 잇달아 그랑프리를 거머쥐고 있고 흥행에서도 대성공을 거두면서 베이징 예술대학은 세계 각지의 영화지망생들에게 꿈의 학교가 되고 있다. 대중문화를 대학에서 가르치는 것이 아카데미즘의 심각한 손상이거나 대학 권위의 실추라고는 생각하지 않는다. 오히려 발상을 전환해 교과과정을 젊은 세대들을 흡수할 수 있는 쪽으로 능동적으로 개편하는 것이 시대에 맞는 일일 뿐 아니라, 대중문화를 통한 문화의 확대라는 점에서 긴요하리라 생각한다."[124]

'연예인 신드롬'과 연예저널리즘의 과잉 호황은 제도권 교육의 그런 오만한 직무유기에 대한 저항이었는지도 모를 일이었다.

---

124) 김선주, 〈대학이 '대중문화' 껴안아야〉, 『한겨레신문』, 1993년 6월 9일, 5면.

지역생활정보신문 돌풍

1993년 전국적으로 지역생활정보신문들이 돌풍을 일으키며 대호황을 누렸다. 89년에 첫 선을 보인 생활정보신문은 93년 3월 400여 개에 이르렀으며 공보처엔 매달 50~60건의 신설 정보지의 등록 신청이 쇄도했다. 『교차로』와 같은 선두주자는 전국 40개 지역에서 주당 300만 부를 발행했다.

주로 부동산, 구인, 구직, 생활용품매매 등의 정보를 싣고 있는 생활정보신문의 강점은 모든 수입을 광고에 의존해 무료로 배포하는 점이었다. 그와 동시에 생활정보신문의 급성장은 그간 기존 사회적 커뮤니케이션 채널에서 생활정보가 배제되어 온 현실에 대한 반작용의 결과이기도 했다.

생활정보신문의 맹활약으로 특히 부동산 중개업소가 위기에 처하게 되었다. 전국부동산중개업협회는 "지난해까지만 해도 부동산 직거래가 비교적 액수가 적은 전·월세 임대계약 수준에 머물렀으나 올해 들어서는 덩치가 큰 주택·토지매매로까지 확산되고 있다"며 "소속 회원들로부터 생존권을 보호해 달라는 호소까지 터져 나오고 있는 실정"이라고 말했다.[가]

생활정보신문은 『문화일보』 93년 1월 26일자 1면 머리기사 제목이 잘 지적했듯이, 한국 사회에 '직거래 문화 돌풍'을 일으켰다. 그로 인한 부작용이 만만치 않았지만 생활정보신문이 값싸고 신속하고 종합적인 생활정보에 대한 국민적 욕구를 꿰뚫어보았다는 건 분명했다.

생활정보신문의 호황은 전반적인 지역 커뮤니케이션의 활성화엔 위

가) 이강혁, 〈부동산·중고차 직거래 늘어 중개업자 울상〉, 『한겨레신문』, 1993년 6월 24일, 14면.

기로 작용했다. 지방자치에 기여하고 지역 커뮤니케이션의 활성화를 위한 지역신문으로 기능하면서 그 재원을 마련하기 위한 용도로 생활정보와 관련된 광고를 싣는 것이 가장 바람직한 모델이었지만, 생활정보신문은 '신문'이라기보다는 '광고지'였기 때문이다. 생활정보신문은 기존의 일간지들에 큰 위협이 되었다. 생활정보신문이 일간지들의 2, 3행짜리 광고 물량을 급격히 잠식했기 때문이다.

그래서 그런지 일간지들은 생활정보신문의 부작용을 지적하기에 바빴다. "생활정보지 범죄악용 많다: '훔친 물건' 버젓이 게재 '고객물색'"[나] "지역생활정보지 과당경쟁 부작용 많다"[다] "생활정보지 난립 부작용 심각"[라] "도내 생활정보지 난립, 시군 단위 10여 개씩…과당경쟁 일쑤, 유해광고 여과 없이 게재, 독자 '정보공해'에 시달려"[마] 등과 같은 기사 제목들이 일간지들의 불편한 심리를 반영했다.

그런 불만에 명분이 없진 않았다. 돌풍을 일으킨 생활정보신문들은 거의 100% 광고만을 싣는 생활정보지에 불과했기 때문이다. 지역뉴스를 취재하는 데에 소요되는 인력과 예산을 줄이기 위한 상업적 계산과 지역뉴스가 지역민들로부터 별로 환영받지 못하는 배경으로 인해 순수한 지역신문마저도 점차 생활정보지로 변신해 가는 모습을 보이기 시작했다. 이는 지역저널리즘의 위기를 가중시키는 결과를 초래했다.

나) 『동아일보』, 1993년 11월 14일, 22면.
다) 『서울신문』, 1993년 3월 16일, 16면.
라) 『전북일보』, 1993년 3월 12일, 10면.
마) 『전북도민일보』, 1993년 3월 11일, 14면.